KB271311

21세기 공부법

공부를 다른 시각으로 바라보는 공부법

21세기 공부법

| 정의석 지음 |

씽크북

우리가 공부를 하는 이유는 무엇일까요? 태어나면서부터 죽을 때까지 우리는 공부로부터 자유롭지 못합니다. 좋은 학교에 입학할 때도, 남들이 부러워하는 직장에 들어갈 때도 공부를 통해 만들어진 결과가 차지하는 비중은 매우 큽니다. 그렇기 때문에 학생들 대부분은 좋은 성과를 내기 위해 치열하게 노력합니다. 이 과정에서 낙오되는 사람들이 생기면서, 공부가 마냥 좋은 것만은 아니라는 인식이 사람들 사이에 확산되었습니다.

대개 우리는 주변으로부터 공부를 열심히 해야 한다는 이야기를 많이 듣지만, '공부를 왜 하는가?'에 대한 명쾌한 답을 알고 있는 사람은 거의 없습니다. 학생들은 언젠가 행복한 삶이 올 것이라는 희망을 갖고 공부에 몰두하지만 그 과정은 생각만큼 쉽지 않습니다. 다른 나라의 학생들에 비해 포기하는 것도 많지요. 한국에서 공부하는 사람들에게는 매우 슬픈 소식입니다. 왜 우리가 이런 상황에 처하게 된 것일까요?

사전에서 말하는 공부의 정의는 '학문이나 기술을 배우고 익힘'입니다. 하지만 저는 여기에 한 가지의 질문을 더 해보고자 합니다. 학문과 기술을 배워서 똑똑해진 다음에 우리는 무엇을 해야 할까요? 이 질문에 대한 답을 찾는다면 글의 서두에서 던진 공부를 하는 이유 역시도 알 수 있습니다. 그 과정에서 다른 나라의 공부 방식을 확인하고 우리의 옛 선현이 어떤 전략을 활용했는지 알아보면 앞으로 어떻게 나아가야 할지에 대한 방향을 설정하는데 큰 도움이 됩니다.

우리들 대부분은 유치원에 입학한 뒤부터 학교를 졸업하고 직장에서 정년을 마칠 때까지, 공부를 하는 목적과 방법을 전혀 고민하지 않았습니다. 이렇게 공부하면 실패할 것이라는 사실을 몰랐기 때문인지, 단순히 한국인의 착한 습성 때문이었는지는 확실치 않습니다만 요즘 들어 기존의 학습법이 잘못되었다는 연구와 결과가 나오면서 많은 분들이 이상적인 공부 전략을 찾고 있습니다. 바람직한 현상입니다.

저는 이 책을 통해 글을 읽는 독자 분들께 공부를 다각도로 바라보고 생각할 수 있는 기회를 드리고 싶습니다. 날마다 올바른 것이 무엇인지 스스로 생각하고 전략을 수립하며 자신을 발전시키는 사람들이 많아질 때, 우리 주변이 더 아름다워질 것이라는 확신을 다시 한 번 가져봅니다. 이 글을 읽는 모든 분들의 건승을 기원합니다.

공부법 4 : 휘둘리지 않는 힘, 공부 속에 답이 있다

공부법 5 : 세상을 바로 보는 힘, 인문고전

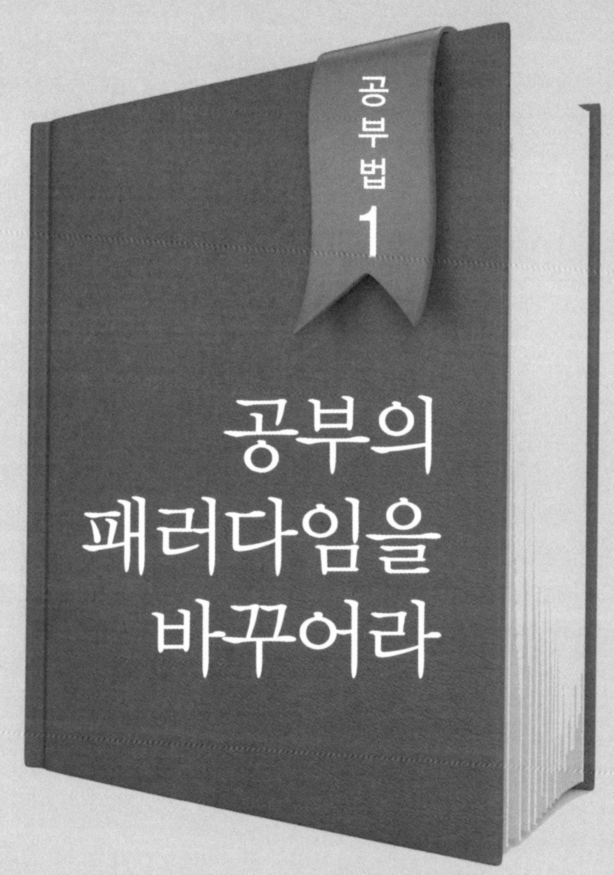

공부의 패러다임을 바꾸어라

공부가 변하고 있다

미국 콜로라도 주의 고등학교에서 근무하는 화학교사, 존 버그만에게는 고민거리가 하나 있었습니다. 최근 집안 사정으로 결석하는 학생들이 많아졌기 때문입니다. 안타깝게도 결석생의 대부분은 태도가 좋았습니다. 그들이 수업을 꼭 들었으면 하는 마음이 간절했던 버그만은 무엇을 해주어야 이들에게 도움이 될지 생각했습니다.

지난 시간을 돌이켜보니, 이전에도 이들처럼 수업을 받지 못한 학생들이 많았습니다. 모든 학생들이 일 년을 하루도 빠지지 않고 수업에 참석하기는 현실적으로 불가능했기 때문입니다. 그래서 선생님은 교실에 들어오지 않더라도 학생들이 공부를 자유롭게 할 수 있는 강의방식을 기획했습니다. 먼저 자신이 지도하는 과목부터 시작하기로 했지요.

선생님이 택한 방법은 유투브를 통한 인터넷 강의였습니다. 학교 교과

서와 수업에서 기본적으로 배우는 핵심 내용을 온라인 강의로 만들어 학생들에게 수업 전에 미리 시청하도록 한 뒤, 실제 수업에서는 수업과 연계되는 모든 활동에 학생들이 자발적으로 참여하도록 만들었습니다. 자연스럽게 수업의 주도권은 선생님에서 학생으로 넘어갔습니다.

이후 학생들의 변화는 놀라웠습니다. 수업에 참여하지 못했던 학생들의 성적이 크게 올랐기 때문입니다. 수업을 열심히 들었던 기존의 아이들에게도 이 수업방식은 큰 도움이 되었습니다. 인터넷에 수업 내용이 올라와 있기 때문에 궁금할 때마다 강의를 들으며 이해도를 높일 수 있었기 때문입니다. 이 수업방식은 전세계적으로 반향을 불러일으켰고 우리나라에도 바로 도입되었습니다. 우리는 이 수업방식을 '거꾸로 교실(Flipped Classroom)'이라고 부릅니다.

이 시스템이 성공할 수 있었던 원인은 무엇이었을까요? 저는 먼저 수업의 반복성을 들고 싶습니다. 수업시간에 한 번만 설명을 들었던 기존과 달리, 잘 이해되지 않으면 몇 번이고 반복하며 개념을 깊게 이해할 수 있는 환경 덕분에 학생들의 성취도는 이전과 달리 큰 폭으로 향상되었습니다.

그 외에도 선생님과 인간적인 소통을 할 수 있는 시간이 늘어났다는 점, 작은 성공경험이 축적되며 성취감을 느끼는 학생들이 많아졌다는 점 등이 해당 시스템의 성공 원인으로 제시되었습니다. 이전의 시스템이 한 사람(교사)에 의해 돌아가는 것이었다면 새롭게 도입된 방식은 많은 사람들이 동시에 참여하며 서로의 시너지를 극대화시키는 형식이었기 때문에 이런 좋은 결과가 나올 수 있었던 것이죠.

공부의 주체는 누구일까요? 물론 학생이라는 사실을 우리 모두가 잘 알고 있지만, 실제 교육현장에서 이 진리는 오랫동안 사장되어 있었습니다. 앞으로 교육은 축적된 지식의 정확성을 확인하는 방식에서 벗어나, 스스로 공부할 수 있는 능력을 길러주는 방향으로 바뀌어야 합니다. 이를 통해 선생님의 위상이 더 높아지고 학생들과의 유대관계 역시 돈독해질 것입니다.

우리는 공부를 한다는 사실보다는, 공부로 무엇을 해야 할지 아는 것이 더 중요하다는 사실을 깨달아야 합니다. 현상보다는 본질을 보는 자세가 우선시 되지 않으면 공부는 아무런 의미가 없습니다. 본질을 보려면 사물이나 현상을 끊임없이 관찰하고 이를 하나의 개념으로 통합하는 힘이 필요합니다. 다양한 자료를 조사하고, 깊게 연구하여 이치를 따지는 것도 물론 큰 도움이 되지요. 이를 단적으로 묘사한 문구가 있어, 아래에 기록하고자 합니다. 조선 후기의 실학자로 유명한 다산 정약용의 말입니다. 우리가 공부하며 꼭 가슴에 새겨야 될 말이라고 생각합니다.

"단 한 번이라도 속이거나 거짓이 있어서는 안 되는 것을 성(誠)이라고 합니다. 때문에 저는 공부에서 오직 이 성만을 추구하였고, 다만 이것만을 따랐으며, 이것만을 고집하였습니다. 옳은 것을 선택하여 굳세게 주장할 때에는 널리 고증하고 정밀하게 연구하여 지혜를 다하지 않은 적이 없습니다. 마음가짐을 마치 빈 거울이나 공평한 저울대처럼 하였고, 뜻을 파헤치기는 마치 송사를 결단하고 옥사를 다스리듯 하였습니다. 그런 뒤에야 감히 주장을 세웠으니, 어찌 감히 긴가 민가 하는 견해로 남들과 같은 말을 하거나 그림자보고 짖어대듯 하여 대동(大同)의 논의를 어기려 한 것이겠습니까?"

즐겁게 날아가라

노는 게 공부다

우리가 공부하는 이유는 다양합니다. 대개 동양에서는 개인과 공동체의 성공 때문에 공부에 몰입했습니다. 반면에 서양에서는 지식을 함양하고 호기심을 해결하며 진리를 추구하려는 성향이 큽니다. 공부는 무엇일까요? 대답은 다양하겠지만 일단 한국사람들이 생각하는 공부는 우리가 원하는 것을 이뤄주는 도구로써의 성격이 강합니다.

그렇기 때문에 한국인 대부분은 공부를 즐기지 않습니다. 싫어하지만 참으면서 미래에 원하는 것을 얻기 위해 노력하지요. 저는 이런 현상이 예로부터 전해진 주입식 교육 때문에 벌어진 일이라고 생각합니다. 우리는 그동안 공부하는 이유를 알지 못했고 그저 학교에서 시키는 것만 암기했습니다.

그런데 사람들이 이상적인 교육을 실시한다고 생각하는 핀란드에서는 우리와 교육방식이 좀 다릅니다. 대표적인 예로 볼 수 있는 것이 바로 방과 후 수업입니다. 핀란드의 방과 후 수업은 정해진 일정이 없습니다. 한국 교육청에서 수업을 시작할 때 교육 일정표를 요구하는 것과는 상당히 대조적이죠. 교실은 일반 가정집처럼 꾸며져 있고 안에는 아이들이 집에서 할 수 있는 거의 모든 것이 구비되어 있습니다. 요리가 좋은 사람은 음식을 만들고, 뛰놀기 좋아하는 아이들은 놀이터에서 시간을 보내면 됩니다.

저는 이런 사례가 논어의 첫 구절인, '학이시습지 불역열호(學而時習之 不亦說乎)'가 정말 잘 반영된 사례라고 생각합니다. '배우고 때때로 익히니 어찌 즐겁지 아니한가?' 라고 해석하는 논어의 학이편은 우리에게 배움의 즐거움을 알려주지만 오히려 이를 잘 적용하는 민족은 서양인이니 참으로 아이러니 한 상황입니다.

사실 한국인은 어떻게 해야 공부를 즐길 수 있는지 잘 모릅니다. 이에는 다양한 이유가 있지만 그 중 대표적인 원인은 학원으로 대표되는 사교육입니다. 대개 아이들은 경쟁이 일반화 된 환경에서 뛰어난 상대에 대한 열등감을 느끼고, 주변의 친구를 짓밟아야 할 대상으로 생각합니다. 자연스럽게 학생들의 마음에는 우울한 감정이 자리잡습니다. 시간이 지나면서 공부가 주는 스트레스의 강도는 점차 커지고 심한 경우 학생들에게 극단적인 선택을 강요하도록 만듭니다.

공부가 즐거우려면 경쟁상대가 오로지 나여야만 합니다. 다른 사람을 따라잡기 위해 노력하기 보다는 오늘보다 더 멋진 나를 만들기 위해 자신의 열정을 불태우는 것이 훨씬 생산적이라는 뜻입니다. 그렇게 되었을 때 진정으로 공부를 즐길 수 있지요. 비교 대상이 나 하나로 한정되면 주변의 시선을 신경쓸 필요가 없습니다. 개인이 정한 목표를 조금씩 달성해나가는 기쁨은 무엇과도 바꿀 수 없을테니까요.

이 글을 쓰는 저 역시 다른 사람들과 비교하는 삶에 익숙했었습니다. 다른 사람의 재산을 부러워하고 내가 갖지 못한 것에 질투한 적이 많았습니다. 그러나 책을 좋아하면서 내가 하고 싶은 일을 하게 된 이후 삶이 더 풍요로워졌습니다. 비록 돈을 많이 벌거나 인생이 큰 폭으로 바뀐 것은 아니지만 조금씩 발전할 수 있는 무언가에 몰입한다는 사실이 저를 기분 좋게 합니다. 즐거운 일을 통해 인생을 바꾼다는 말이 참이라는 걸 요즘 들어 조금씩 깨닫는 중이죠. 그래서 요즘은 매우 감사하며 살고 있습니다. 공부를 통해 느끼는 소소한 행복 중 하나입니다.

어디까지 날아갈 것인가?

"보랏빛 소가 온다"라는 책으로 유명해진 마케팅 전문가가 있습니다. 세스 고딘이라는 인물이지요. "보랏빛 소가 온다"는 일반적인 소들 사이에서 특정 소가 다른 사람들의 눈에 더 잘 띄기 위해서는 색깔이 달라야 되는 것처럼, 우리가 사회에서 살아남기 위해서는 다른 사람들에게는 없는 특별한 재능이 있어야 한다는 점을 강조한 서적입니다.

이 지면을 통해 이야기 할 내용은 그의 다른 저서인 "이카루스 이야기"

입니다. "이카루스 이야기"는 현대 사회에서 신화를 어떻게 해석할 것인지에 대한 관점을 제시하는 책이기에 새로운 시선으로 세상을 바라보는 데 큰 도움이 될 것입니다.

신화가 재미있는 점은 똑같은 이야기인데도 해석하기에 따라 다양한 시각을 가질 수 있다는 것입니다. 돌을 끝없이 산 위로 올려야 하는 시지프스의 이야기는 사람의 노력이 쓸모 없다는 것으로 이해할 수도 있지만, 부질없음을 알면서도 이를 극복하려 노력하는 인간의 모습으로 볼 수도 있습니다. 결국은 해석의 문제죠.

책에 나오는 이카루스 신화의 내용은 의외로 간단합니다. 이카루스의 아버지 다이달로스가 그에게 밀랍으로 된 날개를 달아주었는데 이카루스가 너무 높이 날아간 나머지 태양열에 밀랍이 녹아 떨어져서 죽게 되었다는 내용입니다. 파에톤의 황금마차가 생각나는군요. 물론 자세히 살펴보면 다르게 해석해야 될 부분이 분명 있지만 이야기의 전개 자체는 유사한 점이 많습니다.

저자인 세스 고딘은 우리가 이 신화를 간과하고 있다고 말합니다. 비록 이카루스가 높게 날아가는 과정에서 비극적인 결말을 맞았지만 우리가 집중해야 할 부분은 이곳이 아닙니다. 낮게 날았을 때의 위험성 역시 존재하기 때문입니다. 주변 환경이나 권위에 복종하고 자신의 능력을 펼치지 않는 사람들은 대개 서서히 자생력을 잃어가는데 우리는 의외로 이런 상황에 둔감합니다.

이카루스에게 날개를 달아준 다이달로스는 그에게 대략적인 기준만을 알려주었습니다(높게 혹은 낮게 날지 말아라). 그 이후에 이카루스가 한 행동은 전적으로 그의 자유의지에 의한 것입니다. 호기심으로 인해 얻게 될 결과에 책임을 진다는 약속 아래 그는 자유를 만끽했습니다. 아마 산을 날아갈 수도, 들에서 뛰어 놀 수도 있었겠죠. 어떤 경험을 했느냐에 따라 그의 미래가 조금씩 바뀌었을 것이라 생각합니다. 이런 과정을 거치며 사람들은 이전과 다른 생각을 갖고 조금씩 발전합니다.

노자는 도덕경에서 신으로부터 벗어나기 위해 필요한 것으로 '덕' 이라는 인간성을 강조했습니다. 이카루스가 신에게 가까이 다가가려고 노력했다는 사실은 결국 인간이 지닌 기본적인 속성인 '발전하는 자아상' 을 보여준 것입니다. 괴테의 파우스트 역시도 '수많은 실수를 했지만 결국 끊임없이 성장하고 도전하며 발전하는 인간상' 을 저희에게 제시합니다. 우리는 의지를 가진 인간이 노력을 통해 어떤 결과를 내는지 확인한 뒤 이를 내 삶에 적용할 수 있어야 합니다. 아마 그게 저자인 세스 고딘이 우리에게 원하는 것일지도 모른다는 생각이 듭니다.

자유로운 생각은
어떻게 만들어지는가?

기획과 노력의 산물, 평생 공부

평생 공부를 하는 사람들이 늘어나고 있습니다. 학생시절에 공부를 열심히 해서 평생 부귀영화를 누린다는 이야기는 이제 구시대의 유물이 된 지 오래입니다. 안정적인 직장이 사라지고 있는 지금 우리가 살 수 있는 방법은 공부라는 것을 깨닫고 열심히 노력하는 사람들이 그래서 요즘은 상당히 많은 편입니다. 우리는 항상 공부를 통해 다른 사람들에게 긍정적인 영향을 줄 수 있으며, 궁극적으로는 인생을 변화시킬 수 있지요. 그렇다면 우리가 인생을 변화시키기 위해 마음 속에 새겨야 될 가치는 무엇일까요?

먼저 저는 '인생의 오답을 정답으로 바꾸어라' 라고 말씀드리고 싶습니다. 우리는 지금까지 부모님과 학교의 선생님으로부터 배운 내용만이 진리라고 생각했습니다. 좋은 대학교와 직장에 들어가서, 편한 인생과 노후를 보내는 것이 정답이라고만 생각했던 것이죠. 하지만 생각해보시기 바랍니다. 위의 조건을 만족하는 사람들의 비율이 얼마나 될까요? 일단 통계상으로 나온 서울권 10여 개 주요 대학에 재학 중인 학생은 대략 수능시험 정원의 3% 정도 됩니다. 그럼 한국의 대학생 중 3%만 행복한 것일까요? 저는 그렇지 않다고 봅니다. 다른 곳에서 행복을 찾는 사람들도 많기 때문입니다. 돈을 잘 버는 사람들도 많구요. 그들 모두가 학창시절에 공부를 잘하고 좋은 대학교에 갔던 것은 아닙니다.

다음으로 알아볼 것은 책의 중요성입니다. 사람은 자신이 읽은 책 수준만큼의 인물이 되는 법입니다. 아이가 판단을 할 수 없는 이유는 경험해보지 못한 것들이 너무 많기 때문입니다. 주변에서 일어나는 일이 모두 생소하기 때문에 무언가를 판단할 수 있는 능력 자체가 없는 것이죠. 우리는 경험을 통해 지식을 조금씩 확장시킵니다. 그러나 만약 특정한 경험이 신체의 균형을 무너트린다면 몸이 망가질 위험성도 있기 때문에 결국 간접적인 체험이 중요해 질 수밖에 없습니다. 책은 이를 도와주는 아주 좋은 도구입니다. 비록 직접 체험하는 것만큼의 학습 효과는 없지만 안전하다는 것은 그 단점을 상쇄하고도 남습니다.

또한 말만 앞서거나 순간의 언변으로 상황을 모면하는데 능숙한 사람의 경우 이후의 인생에서 예외 없이 추락하게 마련입니다. 언변이 뛰어난 사람일수록 대개 행동력이 떨어지기 때문에 다른 사람들의 눈에는 이런 모순이 쉽게 보입니다. 말을 실행할 수 있는 능력을 키우는 일이 매우 중요하다는 사실을 알면서도 순간의 이익을 위해 할 수 없는 것을 할 수 있다고 거짓말하는 태도는 옳지 않습니다. 아쉬운 사실은 이를 알고 있는데도 불구하고 이익을 위해 거짓말을 하는 사람들이 많다는 것입니다. 우리는 이런 이들을 경계해야 합니다. 이들은 결국 자신이 던진 말로 인해 헤어나올 수 없는 늪에 빠지게 됩니다. 책임지지 못하는 말은 안하는 것이 낫죠. 결국 자유로운 인생은 저 멀리 허황된 꿈으로 남습니다.

자유로운 인생을 보내기 위해서는 먼저 이 글을 읽는 여러분들에게 편견이 없어야 합니다. 많은 사람들이 좋다고 하는 방법에 무비판적으로 휩쓸리지 말고, 자신이 진정으로 좋아하는 일을 찾고 이를 실현해 낼 수 있는 능력을 키우시기 바랍니다. 자유로운 인생은 스스로 노력하며 키우는 능력과 이를 올바르게 활용하는 것에서부터 시작됩니다. 그래서 진짜 배움은 우리가 흔히 알고 있는 공부랑은 그 궤를 달리합니다.

인문학 공부, 자유로운 사고

좀 더 나은 인생을 보내기 위해 인문학을 공부하면 좋다고 얘기하는 사람들이 많습니다. "리딩으로 리드하라"라는 책으로 엄청난 신드롬을 일으켰던 이지성 작가가 그랬고, "호모 쿵푸스"의 저자인 고미숙 작가가 그랬죠. 이 두 사람뿐만 아니라 인문학과 고전의 중요성을 강조한 사람은 너무나도 많습니다.

그런데 문제는 이런 인문학을 어떻게 공부해야 하느냐는 점입니다. 일례로 인문고전을 보면 어느 하나 쉬운 게 없고 그 분량도 엄청나게 많습니다. 한마디로 말하자면 인문고전을 공부하기는 참 어렵고 엄두가 나지 않지요.

고전을 공부하기 위해 가장 필요한 것은 무엇일까요? 저는 '호기심'이라고 생각합니다. '사람은 왜 악해질 수 밖에 없는가?', '경제는 왜 몰락하는가?', '사람들에게 자유란 무슨 의미일까?' 라는 추상적인 질문들에 대한 대답을 시원하게 해주는 사람들이 없었기 때문에 이전의 철학자들은 공부하고 사색하며 나름대로의 해결책을 내놓았습니다. 이게 우리가 오늘날 말하는 인문고전이죠. 당연히 내용이 어렵고 이 때문에 많은 사람들이 고전 읽기의 고충을 토로합니다.

인문고전이 어려운데도 불구하고 사람들이 이를 읽어야 한다고 권하는 이유는 간단합니다. 고전을 통해 스스로 생각해 볼 기회가 생기기 때문입니다. 우리는 어떤 사건이나 현상을 바라볼 때 무조건 정답이 있다고 배웠습니다. '보스턴 차 사건은 언제 일어났고 프랑스 혁명의 결과는 이러이러하다' 라는 류의 지식이지요. 그러나 사실 우리에게 더 중요한 것은 위의 사건들이 왜 일어났으며 이런 역사를 삶에서 어떻게 적용할 것인가 하는 문제입니다.

물론 자유로운 사고를 익히는데 고전만을 강조하는 태도 또한 옳지 않습니다. 인문학이 고전만을 의미하는 것이 아니기 때문입니다. 인문학의 본질은 사람과 주변의 현상에 의문을 갖고 지속적으로 무언가를 알아내기 위해 질문하며 자신만의 해답을 찾아나가는 것입니다. 만일 고전이 아니라 다른 곳에서 스스로에게 질문을 던지고 이에 대한 답을 구할 수 있는 사람이라면 굳이 이해가 안 되는 어려운 고전을 읽을 필요는 없습니다. 칸트의 표현을 빌리자면 '철학보다는 철학함'을 배워야 하는 것이지요. 우리에게 더 중요한 것은 생각하는 힘입니다.

공부의 목적은 자유로운 사고를 통해 진정한 나를 찾아나가는 과정입니다. 안타깝게도 우리는 지금까지 이 부분을 너무 소홀히 해왔습니다. 인생이라는 배를 모는 선장이 나인데 너무 자동항법장치에만 의존해 온 것은 아닌지 생각해보았으면 좋겠습니다. 자동으로 길을 안내해주는 수단은 물론 매력적이지만 고장 났을 경우 우리의 삶은 급격히 위험해집니다. 물론 스스로 이 어려움을 이겨내기도 쉽지 않습니다. 무언가를 기획하고 이뤄나가며 자신의 미래를 꾸준히 생각해보는 과정이 중요한 이유는 이 때문입니다.

올바른 공부는
무엇을 뜻하는가?

참 공부의 의미

요즘 사람들이 이해하고 있는 '공부'의 정의는 성적표의 숫자를 조금이라도 좋게 만드는 일입니다. 외국어 역시 마찬가지여서 한국에서는 오래 전부터 토익, 토플 시험이 유행했고 이런 추세는 지금까지도 이어져오고 있습니다. 그런데 이와 같은 학습 트렌드에는 고질적인 문제가 하나 있습니다. 고득점자는 많은데 외국인을 데려다 놓으면 꿀 먹은 벙어리가 되는 것이지요.

저는 기본적으로 공부가 사람에게 도움이 되어야 한다고 생각합니다. 단순히 성적을 올려서 만족감을 주는 수준이 아니라 인생이 변하고 삶의 가치관을 새롭게 정립할 수 있는 수준으로 말입니다. 요즘 이런 공부를 하는 사람들이 얼마나 있을까 하는 생각이 듭니다. 지금 한국에서 공부하는 학생들의 최대 관심사는 좋은 대학과 직장입니다. 공부의 본질이 뒤바뀐 것이지요.

역사를 살펴봐도 이런 사례는 무수히 많습니다. 조선시대 성리학이 유행했을 시기에 학자들은 이기일원론(理氣一元論)과 이기이원론(理氣二元論) 중 무엇이 옳은지에 대하여 엄청난 설전을 벌였습니다. 이 분들의 학문적 성과를 무시하고 싶은 생각은 전혀 없지만 이 사실이 지금 저에게는 중요하지 않다고 생각했기에 관련된 책을 읽다가 조용히 덮었던 기억이 납니다. 물론 호기심이 있다면 읽어보는 것도 나쁘지 않습니다. 옛 선현의 지혜가 담긴 학문이니 그 자체로도 큰 의미가 있을 것입니다.

그러나 성리학 이후 조선에서 발생한 실학은 조금 다릅니다. '실생활에서 유용한 것만 익히고 활용하자'를 슬로건으로 삼고 이전의 학문과는 상당히 다른 길을 걸었기 때문입니다. 당시 주류를 차지했던 성리학자들은 실학을 천한 학문이라고 욕을 했지만 실학자는 스스로 구했던 길을 묵묵히 갔습니다.

앞에서 언급한 실학자들과 궤를 같이 한 박지원은 저희에게 '독서궁리(讀書窮理)'라는 개념을 소개했습니다. 책의 내용을 탐구하며 지식을 익혀 자신을 발전시켜야 한다는 뜻입니다. 이는 실학자에게도 중요하고 성리학자에게도 중요합니다. 공부를 하기 위해서는 책을 봐야 하기 때문이죠. 그런데 여기서 두 집단 사이에 큰 차이를 보이는 대목이 있습니다.

박지원은 독서궁리를 살아있는 지식에 한정했습니다. 아무리 좋은 책이라도 내가 배워서 쓸 데가 없다고 생각이 들면 굳이 읽을 필요가 없다는 주장을 펼친 것입니다. 책과 씨름하는 것 보다는 실제로 체험하면서 사람들과 부대끼는 가운데 익히는 지식이 더 낫다는 판단을 했다고 예측할 수 있습니다.

성리학자는 당연히 박지원의 의견과 반대였습니다. 그들이 말했던 방법은 '온고지신(溫故知新)'. 옛 것을 익혀 새 것을 안다는 말로 경전 연구가 기본이 되었습니다. 박지원의 표현을 빌리면 늙은 서생의 진부한 이야기입니다.

그렇다면 어떤 이치를 탐구하는 것이 옳은 걸까요? 사람마다 그 기준이 다르겠지만 저는 책을 통해 사람들과 소통하는 가운데 삶에 필요한 지혜를 구하는 것이 옳다고 생각합니다. 글과 말을 통해 세상의 지식을 전달하는 연결고리가 된다면 더 보람찬 삶을 살 수 있지 않을까요? 하지만 안타깝게도 삶에 필요한 지식을 제대로 익히고 이를 적재적소에 활용할 수 있는 사람은 많지 않습니다. 그렇다면 우리는 어떤 방법으로 지식을 익혀야 할까요?

스스로 배우는 능력

보통 사람들은 무언가를 새로 배우기 위해 제일 먼저 학원에 등록합니다. 체계를 갖춰서 배우는 걸 선호하기 때문입니다. 이런 방식으로 새로운 지식을 익히면 안전하고 기초를 탄탄히 할 수 있다는 장점이 있습니다. 경제위기를 여러 번 겪으면서 사람들은 이전과 달리 매우 신중해졌습니다. 쉽게 선택하지 않고 여러 면을 비교하여 최적의 방안을 도출하는 과정은 이제 일반적인 추세로 자리잡았습니다. 그러나 남들에게 배우는 것은 득보다는 실이 많습니다.

남들에게 배우는 것이 좋지 않은 이유는 바로 응용력 및 상상력을 키울 수 없는 환경 때문입니다. 학원의 교육과정은 다른 사람들에게 자신의 모든 것을 대가 없이 알려준다는 좋은 이미지를 지닙니다. 그러나 과정을 수료한 학생이 배우지 않은 분야가 나왔을 경우 이전의 지식을 응용하는 건 매우 어렵습니다. 깊이 생각하지 않고 시키는 대로만 따라 했기 때문입니다.

그런 점에서 동양인은 좀 유리한 환경을 타고 났습니다. 동양철학의 골자가 관찰에 의한 경험을 기초로 하기 때문입니다. 불멸의 고전이라고 일컬어지는 손자병법과 도덕경 역시 인간관계와 자연 현상을 관찰함으로 얻은 귀납철학입니다. 이와는 반대로 서양은 토론과 사고에 의한 변증법의 형식으로 그들의 철학체계를 완성시켰습니다. 그래서 동양과 서양의 사고방식은 여러 면에서 차이가 있습니다.

영국의 철학자 프란시스 베이컨이 저술한 "학문의 진보"라는 책을 보면 위에서 말씀드린 내용을 더 잘 이해할 수 있습니다. 베이컨은 책에서 사람의 성향을 기억, 감정, 이성의 3가지로 구분하고 이에 관련된 영역을 역사, 시, 철학으로 세분화하여 사람의 학습과정을 설명하려 했습니다.

우리는 이 책을 통해 사고에 의해 개념을 구조화하는 전형적인 서양식 사고방식을 확인할 수 있습니다. 학문을 새롭게 정비하고, 배우는 방법을 체계화하려 노력한 그의 노고와 열정이 담긴 책이라 할 수 있습니다.

한국인은 취업을 할 때나 승진 시 준비해야 될 것이 많습니다. 이 때문에 많은 사람들이 큰 비용을 들여서 학원에 등록해 공부하고 있습니다. 효과가 좋지 않은데도 불구하고 다닐 수밖에 없는 이유는 대안을 찾기가 쉽지 않기 때문입니다. 더 좋은 방법을 발견하려면 이전에 익혔던 배움의 방식을 탈피해야 합니다. 다른 사람들에게 배우는 방법이 아닌 스스로 익히는 법을 찾는 게 오늘날 사람들이 해결해야 할 선결과제인 셈이죠.

호모 쿵푸스, 공부하는 인간

공부는 의문을 해결하는 과정이다

요즘에는 평생 공부하는 시대라는 인식이 팽배해 있습니다. 직장인들은 외국어를 익히기 바쁘고 학교에서는 학생들이 스펙과 자격증을 갖추기 위해 많은 노력을 기울입니다. 이전에는 대학을 졸업하면 쉽게 취직이 되었었는데 요즘에는 그렇지 않다는 깃이 그 원인 중 하나라고 생각하는 사람들이 꾸준히 늘어난 탓입니다.

이런 상황에서 공부에 관한 근본적인 물음을 던진 책이 있어 소개하고자 합니다. 책의 이름은 앞서 언급된 "호모 쿵푸스". 공부하는 인간이라는 뜻을 지닌 이 도서는 우리가 살아가는데 공부가 어떤 역할을 하는지 아주 자세히 소개한 책이라 읽으면 도움이 됩니다. 그렇다면 책에서 얘기하는 공부란 무엇을 의미하는 것일까요?

저자인 고미숙이 정의하는 공부는 열심히 해서 남 주는 것입니다. 즉, 자신이 가진 지식을 사회에 환원하고 다른 사람들의 인생을 바꿀 수 있는 촉매재가 되어야 한다는 뜻이죠. 우리는 일반적으로 공부를 출세의 지름 길로 생각하는 경향이 많은데 이 책을 읽으면서 제 시각을 바꿀 수 있는 계기가 되어 참 좋았습니다. 이 글을 읽는 분들께 말씀드리고 싶은 부분은 아래의 2가지로 요약됩니다.

① 현대사회에서 학교의 역할

호모 쿵푸스에서는 현대사회의 학교가 평범한 사람들을 찍어내는 공장의 역할을 수행한다고 강조합니다. 세상의 존재 이유나 근원적인 사유가 필요한 지혜를 가르치지 않고 사회생활을 하는데 필요한 기술만을 가르치기 때문입니다. 사실 이렇게 배운 지식과 기술은 사회에 나가면 다 쓸모 없어집니다. 로버트 기요사키의 "부자들의 음모"와 세스 고딘의 "린치핀"에서도 비슷한 내용을 언급하고 있습니다. 기술이 물론 중요한 것은 사실이지만 더 중요한 것은 기술을 사용하는 사람의 마음가짐입니다. 우리는 이런 기회를 통해서 학교의 의미를 다시 한 번 생각해보고 자신이 어떤 방법으로 공부해야 할지에 대한 방향을 설정해야 합니다.

② 배움의 목적

원래 배움의 목적은 자신을 발전시키는 것입니다. 일반적으로 편식은 좋지 않은데 그 이유는 편식이 우리 몸을 영양학적으로 불균형하게 만들기 때문입니다. 영양에 문제가 생기면 자연스럽게 사람의 몸은 그 기능을 조금씩 잃어갑니다. 공부 역시 마찬가지입니다. 우리는 공부를 해서 개인과 사회에 이로운 제도와 실천방안을 만들어야 합니다. 그러나 오늘날의 공부는 개인의 영달에만 초점이 맞춰져 있습니다. 경쟁하는 가운데 다른 이들을 짓밟아야 한다는 인식이 자연스럽게 아이들을 지배하고 있으며 이런 사고를 바탕으로 자라난 아이들은 당연히 이기적이 될 수밖에 없습니다. 이진의 공부가 실천적 지성에 근거한 올바른 사람을 만드는 과정이 었다면 요즘의 공부는 이론적인 지식만을 주입하는 반쪽짜리라는 생각이 듭니다. 어떤 면에서 보면 반쪽만도 못한 경우 또한 종종 보입니다.

그렇다면 우리는 어떻게 공부해야 할까요? 그 질문에 저자는 아주 간단한 해답을 내놓습니다. '책을 읽어라' 라고 말입니다. 사실 우리나라 사람들의 독서량은 정말 부끄러운 수준입니다. 제 지인만 살펴보더라도 시간이 없다는 핑계로 일 년에 책을 한 권도 읽지 않는 이들이 많습니다. 개인적으로 안타깝게 생각하는 부분입니다. 사실 책은 시간을 내서 읽는 것입니다.

저자 역시도 앞서 제가 강조한 바와 같이 우리에게 인대한 비전, 눈부신 지혜로 가득 찬 고전을 읽는 것을 추천했습니다. 내가 쉽게 이해할 수 있는 것이라면 다 읽어도 얻는 것이 적다는 게 그 이유이지요. 읽을 때 가장 중요한 부분은 낭독입니다. 사실 이는 우리의 선조들이 사용했던 방법입니다. 뜻을 알지 못하더라도 일단 암송을 하고 나면 나중에 그 의미가 머릿속에 다가오면서 지혜를 깨치는 경우가 많습니다. 스스로 생각하고 질문하며 이에 대한 해답을 찾아나가는 과정을 반복하기 때문입니다.

또한 이렇게 배운 지식을 다른 사람들과 공유하는 일도 잊어서는 안 됩

니다. 이를 위해서는 일상에서 날마다 공부하고 삶의 의미를 찾는 과정이
선행되어야 합니다. 자신을 변화시키는 공부를 하기 위해 지금 내가 실행
해야 될 것이 무엇인지 한 번 떠올려보시기 바랍니다. 그곳에서부터 작은
변화를 만들어 나간다면 이전보다 더 나아진 내 모습을 조금씩 볼 수 있
게 될 것입니다.

사람들은 왜 공부하는가?

사람들은 매일 공부를 합니다. 좋은 대학교를 가기 위해서, 좋은 직장
을 얻기 위해서 또는 좋은 짝을 만나기 위해서 우리는 날마다 책에 빠져
하루를 보냅니다. 각자의 목적이 공부를 하는 의미를 부여하는 셈인 것이
죠. 이유야 어쨌든 근본적으로 공부하는 사람들의 마음에는 다른 이들에
게 인정받고 싶다는 욕망이 자리하고 있습니다. 하지만 그들이 정확히 어
떤 생각을 하며 하루를 보내는지, 공부를 하는 목적이 무엇인지에 관해서
는 알기 어렵습니다. 우리가 신이 아닌 이상에야 그것을 알 방법은 사실
전무하다고 할 수 있습니다.

이런 상황에서 우리는 어떤 마음을 가지고 인생을 살아야 할까요? 이
에 대해 우리에게 생각할 거리를 많이 던져주었던 프로그램 하나를 소개
하고자 합니다. 공중파에서 방영되었던 다큐멘터리인 공부하는 인간입니
다. 동명의 책으로도 출간이 되었고, 사회에 상당히 많은 반향을 일으키
기도 했습니다. 제목도 매우 특별해 보이는군요.

공부하는 인간은 기본적으로 사람들이 갖는 욕망을 공부라는 관점에

서 파헤친 프로그램입니다. 특히 인간 안에 내재된 심리를 동서양의 문화적인 차이를 바탕으로 구성한 것이 신선합니다. 이를 위해 프로그램 제작자는 하버드 대학교에 재학 중인 학생 4명과 함께 전세계를 떠돌며 그 지역의 학생들이 어떤 방식으로 공부하는지를 조사했고 이를 통해 한국인이 올바르게 공부하기 위한 방법을 생각하도록 돕습니다. 개인적으로 한국의 학생들과 학부모님들이 이 프로그램을 TV나 책을 통해 꼭 접해보았으면 합니다.

현재 한국의 교육은 영혼이 없는 주입식으로 진행됩니다. 치열한 입시 경쟁을 거치며 다른 사람들은 안중에도 없고, 내 주변의 친구들을 이겨야 할 경쟁상대로 인식합니다. 대학교를 졸업하게 되면 자기밖에 모르는 이기적인 사람이 되는 것은 어찌 보면 당연한 일입니다. 이런 현상은 드라마에서도 단골 소재로 등장하고 있습니다. 학교가 붕괴되고 있는 것이죠. 간단히 말하면 우리의 공부방식은 바뀌어야 합니다.

그렇다면 외국의 아이들은 어떻게 공부하고 있을까요? 먼저 중국을 살펴보도록 하겠습니다. 학생들은 거의 대부분 매우 열악한 환경에서 공부하지만 열심히 노력해서 가족들에게 자부심을 불어넣어주고, 자신이 속한 나라를 바꿀 수 있는 뛰어난 인재가 되어야겠다는 생각을 합니다. 중국의 학생들은 대개 암기식으로 지식을 습득하다, 해당 지식의 양이 임계점을 넘어가면서 공부를 해야 하는 진짜 이유를 자각하는 편입니다. 인도역시 사정은 마찬가지여서 공부를 통해 세상을 바꾸고 자신과 가족에게 다른 삶을 선물하려 노력하는 사람들의 열정이 대단합니다. 특히 인도는 이제는 사라졌다고 여겨지는 카스트 제도의 영향이 아직까지 남아있어 천민은 성공하지 못한다는 논리가 지배적이기 때문에, 하위 계급에 있는 사람들은 신분상승을 목적으로 공부에 엄청난 시간을 투자합니다. 이들에게 공부는 치열한 생존의 과정입니다.

하지만 서양의 공부는 동양과 전혀 반대 방향으로 진행됩니다. 그들은 공부를 즐거움이라고 생각합니다. 내가 하고 싶을 때 공부하고, 궁금한 것에 대한 질문을 던지면서 사람이 무엇인가에 대해 알아나가는 것이죠. 암기나 책을 통한 공부도 교과과정에 포함되어 있지만 주로 이들의 공부 방법은 토론입니다. 특히 유대인은 다른 사람들이 보았을 때 버릇이 없다는 생각이 들 정도로 열띤 토론 문화를 보유하고 있습니다. 사람들이 삼삼오오 모여서 토라(모세오경과 이를 해석한 내용이 담긴 경전)를 공부하는 광경은 유대인들에게 그렇게 특별하지 않습니다. 프로그램에서는 동양과 서양의 공부법이 갖는 차이점을 설명하면서 리처드 니스벳이 쓴 "생각의 지도"의 내용을 언급하고 있습니다. "생각의 지도"는 동양과 서양 간 관점의 차이를 기록한 책으로 저자인 니스벳 교수는 동양은 관계중심적이고 서양은 개인의 가치를 중시한다고 주장합니다. 그에 따르면 동서양 학생들의 이런 성향은 그들이 선택하게 될 공부법에 큰 영향을 미칩니다.

저는 이 글을 읽는 여러분들이 공부의 목적을 다시 한 번 생각할 수 있는 기회를 갖게 되길 소망합니다. 왜 공부를 하는지 그리고 공부를 통해 사회에 어떻게 공헌할 수 있는지를 생각해봅시다. 마음이 약해질 때는 세계의 사람들이 지금 어떤 꿈을 갖고 공부를 하는지 떠올려 보는 것도 좋

습니다. 약해지는 결의를 다시 한 번 확고하게 만드는 자극제가 되기 때
문입니다.

열등감과 자존감

우리는 왜 지기 싫어할까?

　한국의 학부모, 특히 어머님들은 아이들에게 관심이 많습니다. 장난감이나 옷, 유모차부터 시작해 가급적이면 아이들에게 가장 좋은 것을 주려고 노력하지요. 아이를 사랑하는 마음은 세계 어느 곳이나 다 같은가 봅니다. 그런데 이런 사랑이 자신을 드러내려는 욕심으로 바뀌면, 아이의 인생은 불행해집니다. 아이가 싫어하는데도 스스로가 원하는 것을 강요하기 때문입니다.

　이런 상황에서 학부모의 욕망이 가장 잘 드러나는 것이 두 가지가 있는데 하나는 외국어 능력이고 다른 하나는 내신과 좋은 학교입니다. 영어 발음을 좋게 만들기 위해 혀 밑을 자르는 설소대 수술을 시키는 것은 기본이고 아이가 엄청난 스트레스를 받으며 배변장애를 일으키고 있는 상황에서도 영어 유치원에 보내며 자신의 능력을 자랑하길 원합니다. 아이의 포트폴리오를 매니저처럼 관리해주는 헬리콥터 맘도 이제는 쉽게 볼 수 있습니다. 차에 아이를 태워 학교, 학원, 독서실에 데려다 주고, 그 사이에 같은 처지의 엄마들을 만나 정보를 교환합니다. 그 중에서 성공한 아이를 자녀로 두고, 다른 엄마들보다 정보 면에서 우위에 있는 사람들을 속칭 돼지엄마라고 부릅니다. 돼지엄마의 힘은 막강하지요.

드라마에서도 비슷한 사례를 살펴볼 수 있습니다. 김혜자가 주연을 맡았던 케이블 드라마인 "청담동 살아요"가 대표적입니다. 돈이 없지만 우연한 기회로 강남의 청담동에서 소규모의 허름한 만화방을 운영하는 김혜자가 그 지역에 살고 있는 부잣집 사모님들과 만나면서 벌어지는 에피소드가 드라마의 주된 내용입니다. 김혜자는 돈도 없고 능력도 없지만 청담동에 살기 때문에 있는 척을 해야 합니다. 이는 본인에게도, 그 사실을 알고 있는 주변 사람들에게도 괴로운 일입니다.

우리는 왜 이런 행농을 하는 것일까요? 이유는 많겠지만 저는 그 이유를 '다른 사람들에게 잘 보이고 싶은 욕망'에서 찾고 싶습니다. 어렸을 때부터 보편화 된 경쟁 속에서, 공부의 즐거움을 느끼지 못하고 친구들을 성적으로 꺾어야만 희열을 느끼는 안타까운 문화적 배경이 우리의 욕망에 불을 지폈습니다. 물론 욕망은 긍정적으로 활용하면 사람을 발전시킬 수 있는 촉매제가 되지만 지금은 그렇지 않은 것 같아 많이 아쉽습니다.

저는 가장 우리가 경계해야 될 상대를 '나 자신'으로 꼽아야 한다고 생각합니다. 다른 사람과 비교하면 할수록 우리는 불행해집니다. 생산적인 일도 아닐뿐더러 쓸데없이 힘과 자원을 낭비하는 꼴밖에는 되지 않습니다. 그렇지만 나 자신을 발전시키기 위해 필요한 것을 계획하고 그 목표를 이루기 위해 노력하면 이런 문제를 해결할 수 있습니다. 실제로 큰 성공을 이루는 사람들은 목표를 외부에 두지 않습니다. 다른 사람들이 발전하는 것을 지켜보며 안타까워하는 시간조차도 아까웠기 때문이 아닐까요? 오히려 그 시간에 스스로를 생각하고 어떻게 하면 더 멋진 나를 만들 수 있을까를 고민하는 것이 훨씬 더 가치 있다고 생각했고 결국 이런 마인드는 그들을 성공으로 이끌었습니다.

성취욕은 어떻게 작용하는가?

우리 주변에 있는 단체들은 다양한 방법으로 집단 내 구성원의 성취욕을 자극합니다. 성취욕은 대개 경쟁심리를 통한 것과 자발적으로 나오는 것으로 나뉩니다. 주변을 살펴보면, 경쟁구도 속에서 허우적거리며 불행하게 사는 사람도 있는 반면에 스스로 세운 기준에 따라 자신의 한계를 시험하며 지속적으로 발전하는 이도 있습니다.

사실 이 이야기를 하려면 제가 초등학교 시절에 겪었던 사건 하나를 언급해야 합니다. 미술 수업시간에 장승관련 내용을 공부하던 때였습니다. 선생님께 인정받고 싶었던 저는 2개의 장승에 써있는 한자를 열심히 읽었습니다. 그러나 수업에 방해가 된다고 생각했던 선생님은 저를 계속 무시하다 나중에는 크게 화를 냈습니다. 장승에 써있던 한자는 우리가 잘 알고 있는 대로 남자를 상징하는 천하대장군(天下大將軍)과 여자를 상징하는 지하여장군(地下女將軍)이었습니다. 지금 생각하면 그 때의 저도, 선생님도 좀 아쉽습니다. 지금이라면 선생님의 기분을 상하게 하지 않으면서도 자신을 드러낼 더 좋은 방법을 찾을 수 있을 것 같습니다.

아이들은 항상 어른들에게 인정받고 싶은 욕구가 있습니다. 이 범위에는 부모도 포함됩니다. 사회에 나가 성인이 되어서도 그 마음은 비슷하기 때문에 더 열심히 일하려고 하지요. 저 역시도 회사생활을 하고 있지만 근본적으로 마음 속에 품은 생각은 이와 크게 다르지 않습니다. 다른 사람들이 내가 하는 일을 알아주고 인정해주는 것만큼 좋은 상황이 또 있을까요? 다행히 지금은 저를 무시하는 사람이 없고 서로를 존중해주기 때문에 비교적 행복하게 일하고 있습니다.

많은 사람들이 상대방의 성취욕을 다양한 방법으로 자극하는 이유는 그에게서 좋은 결과를 기대하기 때문입니다. 그러나 어떤 방식으로 성취욕을 불러일으킬지에 대해서는 다시 한 번 생각해보아야 합니다. 이전까지 부모나 회사의 상사들은 비난, 꾸중 등의 부정적인 피드백을 통해 사람들의 성취욕을 자극했습니다. 하지만 장기적으로 좋은 결과가 나오는 것은 칭찬, 격려의 긍정적인 피드백입니다. 지금 내가 지시를 하는 입장이 아니더라도 이 사실은 유효합니다. 먼저 주변의 가족들에게 이 법칙을 활용해보는 것은 어떨까요? 지금 내가 공부를 하고 있거나 주변에 공부를 하는 사람들이 있다면 그곳부터 긍정적인 피드백을 활용해보시기 바랍니다.

긍정적인 피드백으로 무엇을 할 수 있는가에 대한 논의는 예전부터 지금까지 끊임없이 이루어졌습니다. 대부분은 좋은 결론이 나왔습니다. 긍정적인 마음을 갖춘 사람이 사회적으로 더 큰 것을 이룬다는 뜻이었습니다. 다만, 긍정적인 마음만 갖고는 아무것도 되지 않습니다. 끊임없이 생각을 현실로 이루려는 노력을 실시해야 하겠지요. 긍정적인 피드백이 우리에게 좋은 이유는 그 말을 들음으로 인해 생각을 현실로 이루려는 노력에 대한 당위성이 생김과 동시에 우리의 성취욕을 자극하기 때문입니다. 공부 역시도 긍정적인 피드백을 통해 좋은 성과가 나오는 영역입니다. 그렇기 때문에 저는 이 글을 읽는 모든 분들이 지금부터 마음을 바꾸었으면 합니다. 나쁜 생각보다는 좋은 생각이 훨씬 더 낫습니다.

만들면 1류, 배우면 2류

학교에서는 다양한 과목을 배웁니다. 학생들 별로 각각 좋아하는 것과 싫어하는 것이 다르기 때문입니다. 저는 학창시절에 언어과목을 좋아하고 수학을 싫어했지만 친구들은 달랐습니다. 과학을 좋아하는 친구, 수학을 좋아하는 친구 등 그 종류도 매우 다양했지요. 어린 시절에 저는 '학교가 우리에게 다양한 과목을 가르치는 이유'를 우리의 개성을 존중해주기 위해서라고 생각했습니다. 물론 이 생각은 지금도 변함이 없습니다.

그러나 시간이 지나면서 우리가 배워야 할 내용이 조금씩 획일화됩니다. 학교에서 정하는 기준으로 시험을 치러야 하기 때문입니다. 기준이 정해지면 대개 학생은 서열화되고 이 기준이 학생들의 행복을 결정합니다. 이렇게 중학교와 고등학교 시절에 결정된 서열은 결국 자신이 갈 수 있는 대학교에 영향을 미칩니다. 대개 서열이 높을수록 좋은 대학교에 입학하게 되죠.

그런데 재미있는 사실이 있습니다. 높은 서열에 있는 대학교를 졸업해도 생각보다 우리가 할 수 있는 일이 많지 않기 때문입니다. 좋은 회사에 입사를 하지만 거기서 또 다시 회사에서 필요한 사람이 되기 위한 교육을 받습니다. 심지어는 자신이 대학교에서 배운 것과 전혀 상관없는 분야를 다시 공부하기도 하죠. 이런 일이 생기는 이유는 우리가 근본적으로 사물을 통찰할 수 있는 힘을 갖고 있지 않기 때문입니다. 당연히 스스로 판단해서 업무를 처리하는 능력은 거의 사라집니다.

우리를 이렇게 만든 원인은 바로 '듣고 암기하는 것이 진리'라고 여기는 교육 속에 있습니다. 학창시절을 떠올려보시기 바랍니다. 새로운 것을 만들어내는 사람들을 우리가 어떻게 생각했었나요? 아마 거의 대부분의 경우 그들은 주위 사람들에게 별종으로 취급받거나 따돌림을 당했을 것입니다. 그러나 곰곰이 생각해보면 역사의 변화는 창조의 힘에서 시작되었습니다. 우리는 역사 속에서 새로운 패러다임으로 무장한 사람이 기존의 낡은 권력을 밀어내고 새로운 주인이 된 사례를 어렵지 않게 찾아볼 수 있습니다.

원시시대에 발견된 불, 깨진 돌에서 착안한 타제석기, 물을 적셔 열심히 문질러 만든 마제석기, 농사 등등 사람들은 이전에 없던 새로운 것을 만들며 변화를 주도했습니다. 하지만 오늘날 우리는 전혀 반대의 방식으로 생활합니다. 다른 사람들이 만든 것을 받아쓰는 것만 잘해도 좋다고 생각하는 사람들의 수가 많아졌습니다. 서양에서는 새로운 것을 만들어 내려는 시도가 계속되고 있지만 적어도 우리나라는 그렇지 않습니다.

사실 현대에 필요한 능력은 문제해결력 및 상황대처능력입니다. 하나의 정답만이 인생의 전부라고 생각하는 사람은 더 이상 다른 사람들보다 우위에 설 수 없습니다. 이미 모든 사람들이 하나 이상의 정답을 알고 있고, 그 정답대로 행동하려 노력하기 때문입니다. 같은 일을 하는 사람들이 많아지면 자연스럽게 경쟁구도가 형성되기 때문에 이는 그다지 바람직한 방안이 못됩니다. 오히려 기존 질서에 의문을 제기하고 스스로 해답을 찾으며 이를 다른 이에게 납득시켜 내가 속한 회사 또는 개인의 능률을 향상시키는 것이 훨씬 더 바람직합니다.

이런 원리를 가장 잘 실천한 사람으로 저는 '맥가이버'를 들고 싶습니다. 오래 전에 나왔던 외국 드라마의 주인공입니다(인터넷이나 유투브를 검색하면 그가 누구인지 쉽게 알 수 있습니다). 첩보원으로 활약했던 그는 항상 적들의 간계에 빠져 밀실에 홀로 남거나 어려운 상황에 처합니다. 그럼에도 불구하고 그는 주변의 도구를 활용하여 적재적소에 필요한 장비를 만들고 결국 임무를 훌륭하게 완수합니다.

맥가이버가 이런 임기응변을 발휘할 수 있었던 이유는 그에게 과학지식과 이를 응용하는 능력이 있었기 때문입니다. 사실 아무것도 없이 무언가를 하기에 세상은 너무 위험합니다. 맥가이버의 경우 만일 그가 지식이 전혀 없는 상태에서 화학약품이나 금속을 다루었다면 상당히 위험한 상황에 처하게 될 수도 있었습니다. 무언가를 알고 있다는 사실이 중요한 이유는 이 때문입니다.

지식을 올바르게 활용하려면 내가 익힌 지식에 계속해서 의문점을 제기하며 생각을 확장하는 습관을 갖추어야 합니다. 올바르게 질문하는 능력을 기르기 위해서는 사물과 현상의 구조를 파악하려는 노력이 무엇보다도 중요합니다. 살면서 우리가 얼마나 이런 일을 하고 있는지 한 번 생각해 볼 필요가 있습니다.

우리가 다니고 있는 그리고 이전에 다녔던 학교에서 이런 교육이 이루어지지 않는다는 것에 정말 안타까움을 느낍니다. 학생들은 주어진 지식을 기억하고 암기하는 일이 공부의 전부라고 생각합니다. 숫자로 보이는 학업 성취도는 높을 수 있으나 이는 문제해결력과 응용력 및 상상력을 포기한 반쪽짜리 결과입니다.

한국 전쟁(6 · 25) 이후 우리는 지금까지 다른 곳의 모습을 받아들여 이를 세분화하고 실행하며 경제와 문화를 발전시켰습니다. 그러나 21세기에 살고 있는 우리가 변화하려면 이전과는 다른 패러다임이 필요합니다. 문화와 트렌드를 선도하고 새로운 것을 만들어내는 능력이 필요한 시점입니다. 새로운 것을 창조할 수 있으면 1류, 이를 응용만 할 수 있다면 2류라는 말이 있습니다. 우리는 1류가 되기 위해 공부하는 것일까요? 아니면 2류가 되기 위해 공부하는 것일까요?

유대민족은 어떻게 공부했는가?

유대인의 경전, 탈무드

저는 무언가를 배우는 것을 좋아합니다. 특히 독서에 관심이 많은데 그이유는 책을 통해서 제가 이전에 알지 못했던 새로운 것을 경험할 수 있기 때문입니다. 사실 영어를 배운 이유도 영어로 쓰인 책을 읽기 위해서였습니다. 요즘에는 그 목적을 어느 정도 달성하여 편하게 책을 볼 수 있게 되었습니다. 프로젝트 구텐베르크를 살펴보면 무료로 좋은 고전을 얼마든지 찾을 수 있기 때문에 돈을 들이지 않고도 양질의 자료들을 핸드폰이나 태블릿에 넣어 볼 수 있습니다. 영어를 할 수 있기 때문에 얻을 수있는 즐거움이 아닐까 생각합니다.

책을 읽으면서 제 눈과 귀에는 특정 민족에 대한 이야기가 많이 포착되었습니다. 바로 전 세계적으로 엄청난 성공을 거두고 있는 민족 유대인입니다. 탈무드로도 유명한 이 민족은 미국인구의 약 2% 정도밖에 되지 않지만 이들이 버는 미국 내 수입의 비율은 20% 이상입니다. 가히 놀랄만한 일이 아닐 수 없습니다. 유대인은 어떻게 해서 이토록 큰 성공을 거둘 수 있었을까요? 조사를 통해 제가 내린 결론은 교육이었습니다. 우리나라 역시 교육강국이라고 많은 곳에서 말하지만 유대인의 교육과 우리나라의 교육은 많이 다릅니다.

유대인의 교육을 이야기할 때 우리가 빼놓을 수 없는 것은 바로 탈무드와 하부르타입니다. 유대인은 먼저 그들의 지혜가 집대성 된 탈무드를 배웁니다. 이후에는 탈무드를 기반으로 토론 문화를 학습하는데 바로 이것이 하부르타입니다. 하부르타의 핵심은 '생각 주고받기' 입니다. 유대인들은 다른 사람들의 의견을 듣고 자신의 생각을 말하며 창의력을 향상시킵니다. 가끔 토론을 하며 목소리가 커지기 때문에 버릇이 없다는 오해를 사기도 하지만 기본적으로 그들은 나와 다른 사람의 의견이 다르다는 사실을 인식하고 타인을 배려하는 마음을 갖습니다. 하부르타 방식으로 공부한 유대인들은 근본적으로 미릿속에 의문을 갖기 때문에 이를 해결하면서 놀랄만한 성과를 냅니다. 노벨상 수상 비율이나 세계의 정치, 경제, 언론, 문화를 주름잡는 사람들 중 그들의 수가 얼마나 되는지 확인한다면 아마 깜짝 놀라실 겁니다.

그렇지만 한국의 상황은 많이 다릅니다. 대개 학부모들은 등수를 매기는 것을 좋아하고 다른 사람들 위에 나의 아이가 있어야만 만족감을 느낍니다. 학창시절에 영어수업을 들으면서 저는 이 사실을 느낄 수 있었습니다. 대개 숫자로 표현되는 영어성적과 개인의 실제 영어능력은 비례하지 않습니다. 그러나 우리는 이 차이를 인식하지 못하고 단순히 숫자를 높여서 좋은 대학에 가기 위해 노력합니다. 물론 이렇게 열심히 공부해도 실제로 원하는 대학교에 입학하거나 취업을 하는 시점이 되면 생각하는 능력을 거의 잃어버립니다. 지식을 안에서 끌어내려는 노력보다는 바깥으로부터 받아들이는데 익숙해진 탓입니다. 자신에게 뛰어난 능력이 있다고는 생각하지 못하죠. 아마 학생들 대부분이 이런 상황에 공감하고 있을 것입니다.

유대인의 교육 중 우리가 또 주의 깊게 바라보아야 할 것은 바로 그들이 자식들에게 어린 시절부터 금전관념을 심어주며 미래를 대비할 수 있도록 도와준다는 점입니다. 저는 돈관리의 중요성을 상대적으로 좀 늦게 안 편이었기에, 처음 월급을 받았을 때 이를 어떻게 해야 될지 전혀 알지 못했습니다. 솔직히 이 문제는 저뿐만 아니라 대한민국에 있는 사람들 대부분이 공감하고 있을 것입니다.

그러나 유대인은 저희와 다릅니다. 이들은 13세가 되면 성인식을 거행하는데 이 때 모이는 돈의 액수가 우리나라의 축의금 규모와 비슷합니다 (인터넷으로 조사해보니 뉴욕 중산층 유대인의 성인식에서는 평균 5만 달러 가량이 모인다고 합니다. 우리나라 돈으로 약 5천만원 정도입니다). 성인식이 끝나면 아이의 부모님은 이 돈을 바로 쓰지 않고 아이가 첫 사회생활을 시작하기 전까지 함께 투자를 하며 돈을 굴립니다. 아이의 성향에 따라 다양한 수단을 이용해서 돈을 불리면, 대개 이 금액은 아이가 사회생활을 할 무렵인 24~26세 무렵에는 투자를 시작했던 초기에 비해 상당히 큰 액

수로 불어납니다. 어떤 곳에 활용할지는 오롯이 아이의 몫이 되는 거죠. 우리와 출발선이 다를 수밖에 없는 이유가 여기에 있습니다.

유대인은 항상 깨어있으며 배움을 게을리 하지 않고 다른 사람들에게 자선을 베풀며 힘든 일이 있을 때 서로를 끌어주는 민족이었습니다. 성공하지 못하는 것이 이상할 정도이지요. 물론 역사적으로 팔레스타인과의 분쟁으로 인해 많은 비난을 받고 있지만 그들의 생활방식에서 좋은 점을 배우고 우리의 것으로 만드는 일은 매우 중요합니다. 앞으로 잘 될 것이라는 믿음을 갖고 최선을 다하면 좋아질 수 있다는 확신을 갖고 지금부터 노력하는 모두가 되었으면 합니다.

유대인과 선비의 공통점

공부법은 그 나라의 문화와 밀접한 관계가 있습니다. 각자 경험하는 바가 다르기 때문입니다. 그렇기 때문에 다른 나라에서 어떻게 공부하는지 이해하는 것은 우리의 학습방식을 개선시키는데 큰 도움이 됩니다. 특히 한국 사람들은 유대인의 공부방식에 관심이 많은데, 이는 앞서 말한 대로 적은 인구임에도 불구하고 그들이 어떻게 전 세계적으로 영향력을 행사하는 엘리트가 되었는지를 알고 싶은 한국사람들의 호기심이 반영된 결과입니다.

재미있는 것은 우리가 유대인의 공부방법을 찾기 위해 열심히 조사를 하지 않아도 된다는 점입니다. 우리나라에도 유대인과 똑같은 공부방식을 고수했던 때가 있었습니다. 바로 조선시대의 선비들이 그 주인공입니다. 전혀 연관성이 없어 보이는 두 집단이 비슷하다고 말하는 이유를 독자분들이 납득하기 어려울 수도 있지만 사실 이 둘 사이에는 눈여겨보아야 할 점이 참 많습니다. 이 둘의 공통점은 무엇일까요?

먼저 유대인과 선비는 옛 것을 존중하고 이를 통해 새로운 것을 익히기 위한 노력을 게을리 하지 않았습니다. 유대인은 탈무드, 선비는 사서삼경을 비롯한 선현들의 고전을 읽으면서 삶에서 중요한 가치가 무엇인지 판단하려고 끊임없이 노력했습니다. 단순히 뜻을 파악하고 지식을 뽐내는 수준에 머무르지 않고, 책의 진리를 삶에 적용하는 과정을 거쳐 배운 내용을 확실히 자신의 것으로 만들었지요.

책을 읽은 뒤에는 느낀 바를 다른 사람들과 나누었다는 점도 두 집단 간의 공통점입니다. 유대인은 탈무드를 익힐 때 한국학생처럼 역사를 암기하는 식의 공부는 하지 않습니다. 사건의 전말을 들었으면 왜 그렇게 할 수밖에 없었는지, 이 사건을 통해 얻을 수 있는 교훈은 무엇인지 철저하게 따지며 지식의 장을 넓힙니다. 우리나라의 선비들 역시 경전의 해석을 놓고 설전을 벌이는 일이 많았고 거리가 먼 경우에는 서신으로 논쟁을 하기도 했지요.

이처럼 유대인과 조선시대의 선비들의 학습방식 간에는 공통점이 많습니다. 그러나 둘 사이의 공통점을 찾다가 저는 약간 아쉬운 점을 발견했습니다. 전 세계를 주름잡고 있는 유대인은 이전에 효과를 보았던 공부 방식을 지금까지도 고수하고 있지만 한국은 이전에 어떻게 공부했는지 그 유래를 찾아 볼 수 없을 만큼 옛 것을 잃었기 때문입니다.

세계의 지식인들은 산업혁명 이후의 학교를 공장이라고 비판합니다. 기업이 요구하는 최소한의 능력만 교육시켜 실제 현장에 투입할 수 있도록 훈련시켜주는 기관이었기 때문입니다. 오늘날 한국의 학교도 이와 비슷합니다. 학생들은 고등학교를 졸업할 때까지 학교에서 주는 지식을 받아들이는 역할만 하고 대학교에 가서도 자신의 생각을 표현하지 않습니다. 오히려 질문을 하는 사람이 이상한 취급을 받는 경우가 허다하지요.

사람들이 올바른 삶을 목표로 끊임없이 묻고 답하며 자신과 주변 사람들의 인생을 개척하면 우리 사회가 어떻게 바뀔 것인지에 대해 고민해보았습니다. 책을 읽지 않고 자신의 생각을 조금씩 잃어가고 있는 상황에서 나를 찾는 일은 큰 의미가 있을 것이라고 생각합니다. 그런 면에서 저는 유대인이 부럽습니다. 자신의 행복을 위해 끊임없이 노력하고 질문하며 그 해답을 찾는 습관이 완전히 몸에 배어있기 때문입니다. 우리는 언제쯤 이렇게 될 수 있을까요? 옛 선비들의 학습법이 절실히 필요한 시기가 아닐 수 없습니다.

구조화의 힘

공부는 어떻게 할까?

우리는 학교에서 선생님들에게 공부를 열심히 해야 성공한다는 애기를 수도 없이 듣습니다. 사실 이 말은 상당부분 일리가 있습니다. 그렇지만 학교공부만을 잘한다고 해서 성공이 보장되는 것은 아닙니다. 만약 그렇다면, 명문대학교에 들어간 사람들은 모두 성공해야 합니다. 하지만 현실은 이와는 많이 다릅니다. 명문대를 졸업해도 회사에 입사하지 못하는 경우도 있는 반면, 우리의 기준으로 보았을 때 좋지 않은 대학을 나와도 자신이 원했던 것을 모두 이루며 성공하는 사람도 있습니다.

학교에서 배우는 지식만으로 세상의 모든 것에 다 대처할 수 있을까요? 아마 많이 어려울 것입니다. 개인적으로 저도 학교를 다닐 때 공부를 못하는 편은 아니었지만 사회에서 새롭게 일을 시작하고 돈을 모을 때는 정작 필요한 것에 대해 아는 바가 적었습니다. 물론 이 때문에 손해도 많이 봤지요. 그렇기 때문에 지혜로운 사람들은 학교공부도 중요하지만 인생을 보내는데 도움이 되는 진짜 공부를 하라고 주장합니다.

그렇다면 이런 진짜 공부는 어떻게 해야 잘 할 수 있을까요? 잘 모를 경우에는 서점에 가서 책을 구입해 읽어보는 것을 추천합니다. 물론 독서가 100% 정답이라고 할 수는 없지만 지금까지 확인된 방법 중 가장 안전하므로 우리가 배울 점이 많기 때문입니다. 각 분야를 대표하는 전문가들이 자신의 생각을 기록한 결과가 바로 책이니까요. 그래서 저는 독서를 우리가 할 수 있는 가장 합법적인 컨닝이라 말씀드리고 싶습니다.

독서를 하면서 중요한 것은 책의 내용을 생각하고 이에 대한 의문을 끊임없이 제기하며 나름대로의 해답을 찾아야 한다는 점입니다. 앞서 이야기 한 유대인의 공부방식인 하부르타와 비슷하다고 생각하시면 됩니다. 단순히 지식을 익혀 머릿속에 기억하고 있는 것은 그다지 중요하지 않습니다. 중요한 것은 이렇게 배운 지식을 실생활에 활용할 수 있어야 한다는 점입니다.

그렇다면 어떻게 해야 지식을 효율적으로 쌓고, 실생활에 잘 활용할 수 있을까요? 물론 이에 대한 답은 정말 많이 있겠지만 그 중에서도 저는 다음의 3단계를 먼저 시도해 볼 것을 권합니다. 이 과정을 통해 자신의 생각을 정리하고 지식을 쌓기 위한 기반을 마련할 수 있기 때문입니다.

1단계: 지식의 흡수 및 습득

2단계: 마인드맵을 통한 지식의 정리(응용, 장기화)

3단계: 지식의 정리(메모, 글, 블로그 등), 적재적소에 지식을 응용

1단계는 다양한 것을 접하는 과정입니다. 책을 읽고 기록하며 생각의 폭을 넓히는 것입니다. 중요하게 생각해야 될 것은 단순히 특정한 사건을 외우고 기억하는 것에만 집중해서는 안 된다는 점입니다. 생각의 폭을 넓히는 것은 학교 시험에 나오는 지식을 익히는 일과는 완전히 다릅니다. 우리는 알려진 지식을 다양한 기준과 근거로 판단하고 이에 대한 자신의 생각을 논리적으로 말할 수 있어야 합니다. 학생들 대부분은 공부를 할 때 사건과 공식을 기억하는 일이 가장 중요하다고 생각합니다. 그러나 실제 우리의 삶에 더 도움이 되는 것은 생각을 정리하는 이상적인 전략과 토론을 기반으로 하는 지식공유법입니다. 어느 곳에나 적용할 수 있지요.

그러나 이렇게 열심히 배운 지식이더라도 오랫동안 활용하지 않으면 금방 잊어버리게 마련입니다. 그렇기 때문에 언제든지 꺼내서 활용할 수 있도록 관련 내용을 정리해야 합니다. 이 때 유용한 것이 마인드맵입니다. 마인드맵은 토니 부잔이 발명한 것으로 전세계적으로 사랑 받고 있는 생각정리 도구입니다. 마인드맵을 작성할 때 가장 중요한 것은 어떤 사건이나 논리 또는 현상을 가장 잘 나타낼 대표적인 개념을 정리하는 일입니다. 이렇게 하기 위해서는 무언가를 일반화하여 그 안에 모든 것을 정리할 수 있는 능력이 필요합니다. 당연히 많이 생각해야 되겠죠?

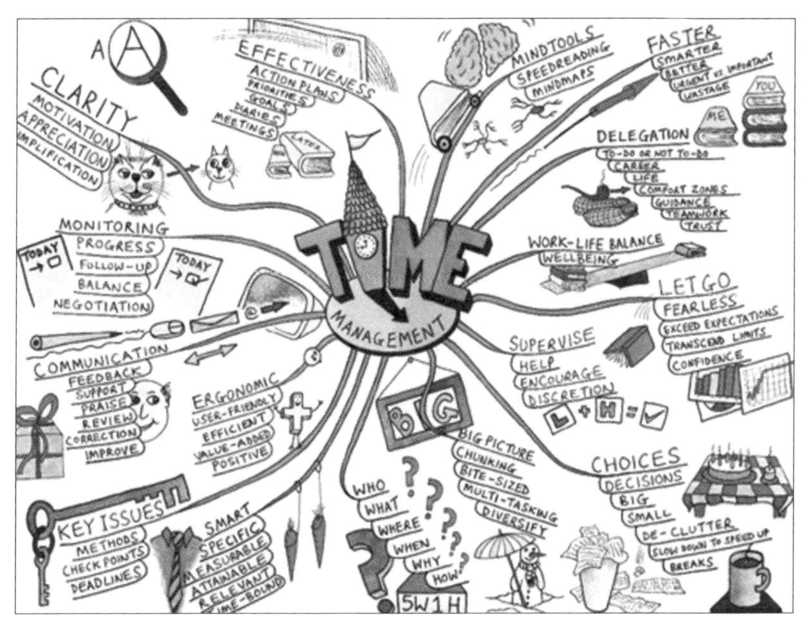

마인드맵 사진 (예시)

　　이렇게 정리된 지식은 메모하거나, 블로그를 활용하여 정리하면 나중에 큰 도움이 됩니다. 저 역시도 블로그를 운영하고 있는데 3년 정도 전의 글을 보면 제가 쓴 것이 맞나 싶을 정도로 생소한 내용도 많이 보입니다. 이 사례는 내가 배우고 정리한 모든 것을 기억할 수 있는 사람은 없다는 것을 의미합니다. 무언가를 기록하고 꾸준히 보는 행위는 뇌의 장기기억을 활성화시켜 다른 사람들보다 특정지식을 더 오랫동안 기억할 수 있도록 도와줍니다. 이를 뒷받침하는 대표적인 이론이 바로 에빙하우스의 망각곡선이지요. 간단하게 요약해서 말씀드리면 에빙하우스는 복습을 자주 하는 사람이 그렇지 않은 사람들에 비해 기억력이 좋다고 주장했습니다. 이렇게 익힌 지식을 어떻게 하면 더 잘 활용할 수 있을까를 고민하며 실생활에 적용한다면 그 지식은 오롯이 내 것이 됩니다.

저는 개인적으로 앞의 단계 중 실천이 가장 중요하다고 생각합니다. 공부를 하는 가장 큰 이유가 내가 익힌 지식을 통해 세상을 바꾸는 것이기 때문이지요. 공부는 자신을 위해서 하는 것이기도 하지만 다른 사람들에게 좋은 것을 나눠주기 위해서도 해야 합니다. 오래 고인 물이 썩는 것처럼, 지식 역시 나누지 않으면 배우지 않은 것만 못합니다. 끊임없는 실천이 중요한 이유가 여기 있습니다. 다른 사람들을 도와주기 위해서라고 말은 했지만 궁극적으로는 자신을 위한 것이기도 합니다. 남을 돕는 것이 결국 개인의 인격완성에 도움이 될테니까요.

우리는 항상 열심히 배우고 익혀야 합니다. 그렇지 않은 상태에서 주변의 것을 바꾸려 한다면 그로 인해 나중에 큰 낭패를 볼 것입니다. 배우고 익혀서 즐겁게 하루를 보내고 이를 다른 사람들에게 유익한 방향으로 쓸 수 있다면 그것만큼 좋은 것이 있을까요? 그래서 저는 이 글을 읽는 모든 분들께도 독서를 강력히 권합니다. 공부를 할 수 있도록 도와줄 뿐만 아니라 인생에 도움이 되는 생각을 할 수 있는 기회를 마련해주기 때문입니다.

독학의 기술

한국의 의무교육은 대학교까지입니다. 물론 법적으로 정해진 의무교육은 고등학교이지만 요즘에는 대학교를 졸업하지 않으면 사회진출에 불

이익이 있기 때문에 사람들의 머릿속에는 '그래도 대학교는 나와야 한다'는 생각이 자리잡고 있습니다. 우리나라의 유명 기업들의 생각도 저희와 크게 다르지 않은 것 같습니다. 대개 사람들은 좋은 직장에 들어가기 위해선 명문대를 졸업하고 내가 미래에 일하게 될 직업에 대한 다양한 경험을 미리 갖추어야 한다고 생각합니다. 기업에서는 이런 일이 그렇게 어려운 것은 아니라고 말하지만 지원하는 사람들의 입장에서는 피를 토할 정도로 힘든 일입니다.

저는 이런 상황에서 우리가 어떻게 해야 할지에 대해 오랫동안 고민했습니다. 청소년들은 어떻게 해야 할까, 대학생들은 어떻게 해야 할까를 고민한 결과 결론은 의외로 싱겁게 났습니다. 앞서 말했던 대로 '공부'를 하면 되는 것이지요. 대개 우리는 학교에서 하는 것만이 공부라는 선입견에 빠져있습니다. 다시 한 번 강조하고 싶습니다. 공부는 평생 해야 되는 것이고 학교에서만 이루어지는 것이 아니라는 사실을 말입니다. 오히려 혼자서 익힌 지식으로 먹고 사는 사람들이 더 많습니다.

회사에서 일을 하고 있는 직장인의 입장에서 제 밥벌이의 도구가 무엇인지 생각해보니 참 재미있었습니다. 저는 회사에서 온라인 교육과정을 개발하는 일을 담당하고 있습니다. 이에 필요한 능력으로는 영어 능력, 글쓰기 역량, 분석력, 논리력, 기획력, 프로그램 활용능력 등이 있습니다. 하지만 저는 이 능력을 학교에서 정식으로 배운 적이 없습니다. 어문계열 전공이었기 때문에 제가 배운 것은 주로 외국어 문학이었는데 지금은 그 내용들을 업무에 거의 활용하지 않습니다. 이런 경험을 통해 내린 결론은

'공부는 남이 해주는 것이 아니며, 지식은 스스로 익히는 것이 가장 좋고 기억에도 오래 남는다' 였습니다.

그런 점에서 공부에 관한 내용을 다루고 있는 책은 우리에게 보물입니다. 혼자서 열심히 노력했던 결과가 고스란히 책에 담겨 있어, 독자들이 하지 않아도 될 실수를 미연에 차단할 수 있기 때문입니다. 역사를 보면 학교 교육을 통해 무언가를 이룬 사람들보다는 학교 밖에서 멋진 결과를 만들어 낸 사람이 많기에 혼자 공부하는 방법에 대해 조사하는 것은 꽤 흥미로운 일이 될 것입니다. 저 역시도 이런 류의 책을 좋아해서 많이 읽었고 공통점을 뽑아보니 아래의 3가지가 나왔습니다. 책의 저자들이 강조하는 바는 다음과 같습니다.

① 스스로 공부하는 자는 인생을 바꾼다.

그들은 우리가 꿈을 이루기 위해서는 공부를 해야 된다고 말합니다. 침팬지와 같이 살면서 연구한 결과를 책으로 엮은 제인 구달이라는 여성이 있습니다. 그녀는 그 흔한 대학졸업장도 없었지만 열정 하나로 치열하게 침팬지를 공부하며 지금의 위치에 오를 수 있었습니다. 사실 전문가라고 불리는 사람들은 많지만 그녀처럼 침팬지와 함께 살며 그들의 일거수일투족을 하나하나 감시했던 사람들은 그녀 이전에는 전무했기 때문에, 1969년도에 출판된 첫 책인 "내 친구, 야생침팬지"는 학계에 큰 반향을 불러 일으켰습니다. 이렇게 침팬지를 연구했던 그녀의 열정의 근원은 동물을 사랑하는 마음과 그것을 세상에 내놓겠다고 하는 꿈이었습니다. 꿈이 있는 사람, 자신의 것을 하길 원하는 사람은 항상 공부하고 무언가를 이루려는 성취욕이 강합니다.

② 폭넓은 교양이 창조성을 이끈다.

폭넓은 교양은 인문학을 기반으로 합니다. 지금은 고인이 된 스티브 잡스는 프리젠테이션을 통해 현재 애플이 인문학과 기술의 갈림길에 있다는 말을 했습니다. 제가 이 예시를 드는 이유는 세계적인 기술을 통해 다른 사람들에게 유익함을 주는 IT 기업이 인문학을 중요하게 생각했다는 점 때문입니다. 서양에서는 대개 인문학을 밭갈이(Grounding-기초교육)에 비유하는데 이는 무언가를 배울 수 있는 토대를 만드는 과정에서 그들이 인문학의 중요성을 인식하고 있다는 사실을 보여줍니다. 사실 인문학 자체는 누가 가르쳐 주지 않기 때문에 우리는 매일 무언가에 대한 의문점을 떠올리고 이를 해결하기 위한 노력을 꾸준히 지속해야 합니다. 고전부터 시작해서 최근의 트렌드까지 꾸준히 공부하고 해답을 찾는 가운데 우리는 더 나은 것을 발견할 수 있습니다.

③ 얽매이지 말고 자유롭게 사고하라.

독학의 가장 큰 장점은 내 마음대로 생각할 수 있다는 것입니다. 가르쳐주는 사람이 없어서 정형화 된 길을 가지 않기 때문에 창의성을 발휘하기가 더 쉽습니다(물론 그만큼 시행착오는 많이 겪습니다). 항상 느끼는 것이지만 위에서 닦아준 길을 가는 사람은 실력이 빨리 향상되지만 응용력이 떨어지고 그렇지 않은 사람은 응용력은 뛰어나지만 실력이 향상되는 속도는 상대적으로 느립니다. 자연산과 양식의 차이랄까요? 물론 음식은 자연산이 좋지만 이를 공부에 비교할 경우에는 어느 것이 낫다고 판단하기가 꽤 어려울 것 같습니다. 다만 중요한 것은 어떤 방식을 택하던 간에 스스로 무언가를 만들어 낼 수 있는 능력을 갖추어야 한다는 점입니다. 각자 배운 시작점이 다르니 현재 있는 위치에서 최선을 다하며 끊임없이 무언가를 물어보는 습관을 지니도록 노력해주시기 바랍니다.

매일 우리는 다른 사람들과 의견을 교환하며 살아갑니다. 그런 가운데 모두의 이익을 꾀하는 시너지 효과를 만들어내기 위해서는 일단 스스로가 다른 사람들에게 줄 수 있는 것이 많아야 합니다. 그런 점에서 공부와 독서는 우리 삶에서 매우 중요한 요소로 작용합니다. 최선을 다해 자신의 일을 완수하고 열심히 공부하려는 사람을 싫어할 사람이 어디에 있을까요? 우리가 열심히 배우고 익혀야 하는 이유입니다. 공부를 할 때는 물론 앞서 이야기 한 방법을 활용하거나 자신만의 노하우를 바탕으로 실제 활용할 수 있는 지식으로 만들어야 한다는 것이 가장 중요합니다.

공부를 나누어라

멀리 가려면 함께 가라

일을 도모하기 위해 가장 중요한 것은 일을 이끌고 나갈 실행력과 지속성입니다. 모든 사람들이 꾸준히 그리고 지혜롭게 일에 참석해야 성과를 낼 수 있다는 사실을 알고 있지만 이는 말처럼 쉽게 되는 것이 아닙니다. 그렇기 때문에 우리는 고민이 많습니다.

이를 해결하려면 어떤 방법을 활용해야 할까요? 저는 다른 사람들과 힘을 모으는 것을 말씀드리고 싶습니다. 혼자 할 수 없다면 함께 문제를 해결하는 것이 정석입니다. 백지장도 같이 들면 낫다는 말처럼 작은 것도 같이 하면 힘이 덜 듭니다. 원대한 목표라면 당연히 뜻이 맞는 사람들끼리 모여 함께 무언가를 이뤄나가는 것이 바람직합니다. 이런 형식의 대표적인 예로 저는 스터디 클럽을 들고 싶습니다.

스터디 클럽은 우리에게 다양한 경험을 제공합니다. 혼자서 무언가를 하려고 하면 장벽도 많고 어려운 일들을 겪는데 모임에서는 이를 공동의 과제로 놓고 같이 해결합니다. 이 과정을 통해 학습자는 협업의 중요성을 깨우치게 되고 자신의 전략과 부족한 점들을 보완해 나갈 수 있습니다.

다음으로 스터디 클럽은 우리에게 강제성을 부여합니다. 대개 사람들이 공부를 하기 어려운 이유는 혼자서는 자신이 이루려는 목적을 정확하게 가다듬지 못하기 때문입니다. 하지만 스터디 클럽에서는 다릅니다. 참여하지 않으면 부여되는 각종 페널티 때문입니다. 주로 이 때 활용되는 것은 벌금인데 자신의 돈이 아깝다고 생각하는 사람이라면 스터디의 강제성을 통해 많은 혜택을 누릴 수 있습니다.

마지막으로 스터디 모임은 같은 꿈을 공유합니다. 모임의 목적은 꽤 단순합니다. 토익 스터디 모임을 예로 들어보도록 하겠습니다. 각각이 원하는 목적은 약간의 차이가 있겠지만 궁극적으로 이들이 원하는 것은 토익 성적을 올리는 일입니다. 지금보다 더 나은 점수를 얻길 원한다는 뜻입니다(물론 사람마다 상승되길 원하는 폭의 차이는 있을 수 있습니다). 같은 목표를 가진 사람들이 힘을 모으면 정말 큰일을 할 수 있다는 것은 역사가 증명하고 있습니다. 스터디 모임은 우리들의 작지만 소중한 오늘의 역사를 만들기에 부족함이 없습니다.

저는 이 글을 읽는 모든 분들이 긍정적인 사고방식을 가졌으면 합니다. 할 수 있다는 믿음과 열정이라면 더 좋습니다. 좋은 것을 꾸준히 만들며,

꿈을 공유하는 가운데 멋진 것을 만들어 낼 수 있는 모두가 되었으면 합니다.

칸 아카데미

요즘 들어 올바른 교육을 고민하는 사람들이 많아졌습니다. 미국의 오바마 대통령이 한국의 교육체계는 매우 뛰어나기 때문에 글로벌 시대에 걸맞는 인재를 만들 수 있는 이상적인 환경을 갖추었다고 강조하지만, 우리는 이를 믿지 않습니다. 그 이유는 간단합니다. 학생들의 생각하는 능력을 빼앗고 시키는 대로 하는 기계를 양산하는 교육과정 때문입니다.

교육 혁신가인 '살먼 칸'은 이제 새로운 형태의 교육이 이뤄지는 시대가 도래했다고 주장합니다. 인터넷이라는 매체가 생기며 장소의 제약이 사라졌기 때문입니다. 그는 국가와 기업의 지원을 받아 '칸 아카데미'라는 이름의 교육 사이트를 운영하고 있는데 이곳의 특징은 '교과과정이 없는 교육, 온라인 기반 교육, 무료 교육'입니다. 실제로 그의 주 일과는 동영상 강좌를 찍는 것인데 열심히 노력한 결과 지금은 약 4,000여 개의 동영상 강좌를 온라인으로 제공하고 있으며, 지금까지 약 4,300만 명이 방문해서 강의를 들었습니다. 이전에는 관심이 적었지만 '빌 게이츠의 아들'이 이곳에서 수업을 들으면서 대안 교육으로 최근에 각광을 받게 되었지요.

앞서 말한 이지성의 "리딩으로 리드하라"에서는 고전 공부를 통해 세상의 원리에 의문을 가지는 아이들이 나옵니다. 저자가 아이들을 대상으로 하루에 1시간씩 고전을 교육하고 필사를 시킨 결과 수업 시간에 선생님도 대답하기 힘든 질문을 쏟아낸 것입니다. 삼각형의 넓이를 구하는 방법을 공부하는 시간에, 아이들은 선생님에게 삼각형은 누가 만들었는지, 왜 만들었는지, 삼각형이 이 세상에 미친 영향이 무엇인지와 같은 고차원적인 질문을 했습니다. 저자는 결국 질문에 대답을 하지 못하고 도서관을 개방했습니다.

지금 설명하고 있는 칸 아카데미가 이와 같은 구조를 지닙니다. 칸 아카데미는 아이들이 스스로 원하는 것을 찾아서 공부하는 시스템입니다. 아이들은 공부한 내용을 홈페이지에 있는 지식지도 메뉴(Knowledge Map Menu)에서 다시 확인할 수 있습니다. 교육을 할 때 가장 중요한 것은 '시간이 흘러도 학생들이 지속적으로 호기심을 갖고 배우고 싶은 분야를 파고들 수 있는 환경을 제공하는 일'입니다. 칸 아카데미는 이런 점을 만족시키며 모든 사람들에게 적합한 교육 플랫폼의 위치를 확고하게 다지고 있지요. 이런 형식의 강좌를 우리는 개방형 온라인 교육(Massive Open Online Course)이라고 부릅니다. 책 서두에 언급된 거꾸로 교실도 개방형 온라인 교육의 한 종류입니다.

만일 우리가 영어를 할 수 있다면 칸 아카데미의 강의를 무료로 들을 수 있습니다. 그래서 저는 우리가 영어를 능숙하게 할 수 있었다면 어땠을까 하는 아쉬움이 남습니다. 만일 그렇게 되면 애플에서 제공하는 아이튠즈 U의 유명 대학강의도 무료로 들을 수 있고, 기타 다양한 곳에서 제공하는 영어권 교육 플랫폼을 통해 온라인 강의를 들은 뒤 학위도 발급받을 수 있습니다(물론 이에는 소정의 비용이 들어갑니다). 우리나라에도 비슷한 형식을 띤 교육환경이 구축되었으면 합니다. 물론 교육관계자들의 많은 노력이 필요할 것입니다.

하지만 그 전에 우리에게도 필요한 것이 있습니다. 책을 읽고 깨어서 스스로 좋은 교육을 받을 수 있는 주체적인 환경을 만드는 일입니다. 제도권 교육의 병폐에 물들지 않고 세상의 부조리를 알아서 판단하며 자신의 길을 개척할 수 있는 능력이 있다면 굳이 칸 아카데미가 아니어도 좋은 교육이 스스로 생길 것이라고 기대합니다.

공부는 생각이다

폭포와 생각의 흐름

회사에서 해외 출장을 갈 기회가 생겨 다녀온 적이 있었습니다. 출장의 목적은 서비스의 질 개선이었습니다. 저희 프로그램을 판매하고 사용하는 사람들에게 더 나은 것을 알려주고 그들의 고충을 들으면서 필요한 것을 찾아나갔습니다. 저희 측의 노력과 진심을 알아준 것일까요? 결국에는 모두가 만족할 만한 결론을 낼 수 있었습니다.

일이 끝나고 짧게 즐기는 관광은 해외출장의 소소한 즐거움입니다. 저희 일행은 차로 약 2시간이 걸리는 폭포를 관광하기로 했습니다. 뗏목을 타고 올라가며 주변 경관을 볼 수 있었기 때문에 일석이조였습니다. 여벌의 옷이 필요하다는 경고를 무시해서 폭삭 젖은 채로 관광을 했다는 점만 제외하면 폭포는 볼거리가 참 많았습니다.

특히 재미있었던 것은 뱃사공들의 자세였습니다. 저희는 배를 타고 강물을 거슬러 폭포 상류까지 갔다가 다시 배를 타고 내려왔는데 강물을 거슬러 올라갈 때는 매우 불편했습니다. 순리를 거스르려 하니 당연한 결과였는지도 모릅니다. 흐르는 물과 반대방향으로 가는 건 참 힘들었고 그 때문에 사공들의 고생이 이만 저만이 아니었습니다. 노를 힘들게 저으며 올라가기도 하고, 생각만큼 잘 움직이지 않을 때는 얕은 곳으로 배를 대고 내린 뒤 열심히 배를 밀기도 하면서 끊임없이 자연과 싸우는 과정을 반복했습니다.

그러나 배를 타고 내려올 때는 정말 재미있었습니다. 사공 역시도 흐르는 물에 자신을 맡기면 되었기에 부담감도 없었습니다. 저는 이 과정을 지켜보면서 일을 할 때 얼마나 많은 사람들이 순리를 따르지 못할까 하는 생각을 함과 동시에 귀곡자가 강조한 오합(忤合)의 원리를 떠올렸습니다. 형세를 살피면서 기세를 탄다는 뜻의 오합은 세상의 원리와 흐름에 자신을 맞추는 일의 중요성을 강조합니다.

배를 탈 때 물살의 흐름을 타야 몸이 편해지는 것처럼, 공부를 할 때도 생각의 흐름을 타는 것이 매우 중요합니다. 이 때 가장 중요한 것이 질문입니다. 예를 들어 명성왕후에 대해서 배운다고 가정해봅시다. 명성왕후가 누구인지를 먼저 파악한 뒤, 어떻게 최후를 맞이했는지, 일본군은 왜 명성왕후에게 그렇게 할 수밖에 없었는지, 명성왕후가 죽은 뒤 한국과 일본이 어떤 상황에 처했는지 등을 확인하는 과정을 통해 우리는 특정 사건에 대해 폭넓은 배경지식을 쌓을 수 있습니다. 단순히, 명성왕후시해사건

(을미사변)이 1895년에 일어났다는 내용을 암기하는 것보다는 훨씬 의미 있는 일이 될 것입니다. 앞서 언급되었던 마인드맵으로 배운 내용을 정리하는 것도 지식을 효과적으로 익히는데 도움이 됩니다.

공부를 할 때 가장 중요한 것은 생각의 흐름입니다. 내가 어떤 생각을 하는지, 그리고 그 생각을 바탕으로 무엇을 배울 수 있는지를 항상 떠올려주시기 바랍니다. 새로운 시각으로 세상을 보는 힘이 생길 것입니다. 이 힘은 오늘날 우리가 살아가는데 큰 도움이 됩니다. 다른 사람들과 차이를 만드는 힘은 바로 지식을 통해 얻은 창의력이라는 사실을 꼭 기억해주시기 바랍니다.

카를 비테식 교육

모든 학부모님이 바라는 것은 '내 아이를 훌륭하게 키우는 일'입니다. 한국의 학부모님들은 대개 아이에게 열정을 다하기 때문에 태어나기 전부터 좋은 어린이집에 자녀등록을 신청하기도 합니다. 일반적으로 한국의 부모님들이 제공하는 교육과정에서 우수한 성적을 내기 위해서는 아이의 자질이 뛰어나야 합니다. 물론 아이 스스로도 많은 노력을 기울여야 하죠.

그러나 만약 우리 아이가 나쁜 조건을 갖고 태어났다면 문제가 커집니다. 아이가 저능아일 경우 대부분의 부모님들은 제대로 된 양육을 포기합니다. 입장을 바꿔놓고 생각해보면 저 역시도 그럴 것 같습니다. 세상을 더 아름답게 바꿀 수 있는 멋진 아이를 기대했는데 몸에 장애가 있다는 말을 듣게 된다면 부모의 절망감은 매우 클 것입니다. 대부분의 예비 부모는 이런 상황을 원치 않습니다.

그러나 앞에서 말한 사례에 꼭 맞는 이가 있었습니다. 독일의 칼 비테가 바로 그 주인공이었습니다. 저능아로 태어난 아들에 절망했지만 이내 아이를 바꾸겠다는 사명을 품고 아이를 자신만의 방법으로 교육시켜 천재로 만들었습니다. 비테가 교육한 아이는 아홉 살에 라이프치히 대학 입학자격을 취득했고 열세 살에 기센 대학 철학박사 학위를 받았습니다. 칼 비테는 아들을 어떤 방식으로 교육시킨 것일까요?

그의 저서인 "칼 비테의 자녀교육법"을 보면 그 답을 어렵지 않게 짐작할 수 있습니다. 그가 활용했던 방법은 '공부환경을 만들어주고 생각할 기회를 주는 것' 이었습니다. 태어난 지 15일 밖에 안 된 아이 앞에서 베르길리우스의 "아이네이스"를 읽어주고 아이가 8세가 되었을 때 고전을 직접 읽도록 했습니다. 아이가 공부를 질 할 수 있도록 방을 열성을 다해 꾸미고, 아이의 인격이 올바르게 형성되도록 예절과 노동의 가치 등을 세심하게 지도했지요. 그 바탕에는 아이의 미래를 가슴 깊이 생각했던 그의 사랑이 있었을 것입니다.

저는 이 교육이 효과를 보았던 이유를 사고력과 창의력의 향상에서 찾고 싶습니다. 고전이 다른 책들에 비해 의미가 있는 이유는 '사상가의 관점으로 세상을 바라보는 경험을 할 수 있기 때문' 입니다. 이상적인 교육은 주입식이 아니라 상호 작용하며 상대방이 올바르게 생각할 수 있도록 이끌고 또 배우는 일입니다.

　저는 이 글을 읽는 모든 사람들이 자신의 인생을 스스로 설계할 수 있는 힘을 길렀으면 합니다. 고전이냐 당대의 필독서냐와는 상관없이 독서를 하며 자신의 생각을 넓힐 수 있는 기회가 생긴다면 어떤 책이라도 의미가 있습니다. 지속적으로 강조한 바와 같이, 현상과 사건에 의문을 갖고 이를 자신의 논리로 해결하며 모르는 것이 생겼을 때에는 조사하고 결론을 얻게 된다면 주체적으로 생각할 수 있는 힘이 생길 것이라 확신합니다.

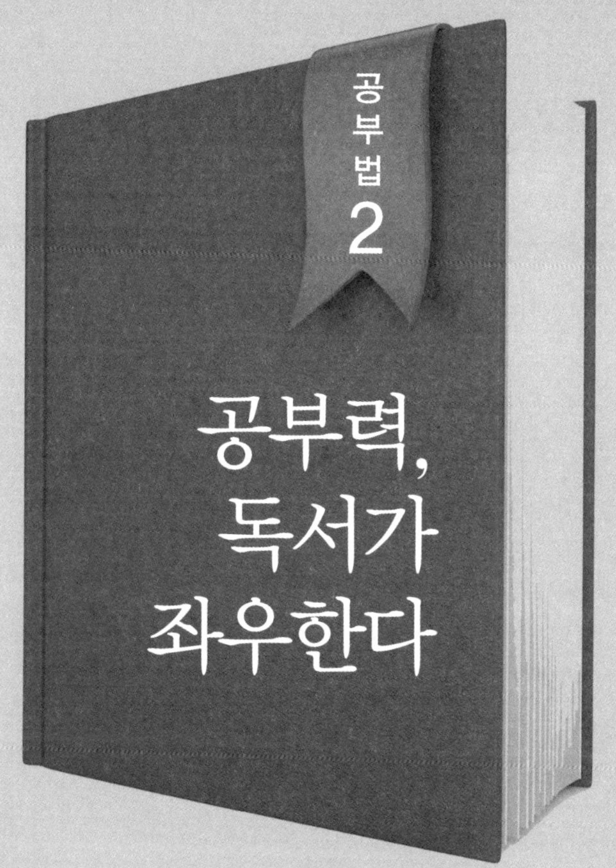

❖ 창조성 vs 과거의 지식
❖ 책을 어떻게 읽어야 할까?
❖ 죽어라 보면 답이 열린다
❖ 책을 왜 읽어야 하는가?
❖ 우리의 마음에 무엇을 채울 것인가?
❖ 발상의 전환, 그 시작점
❖ 실행이 답이다
❖ 명문가의 독서법
❖ 독서법도 변한다
❖ 지식그물 설계하기

창조성 vs 과거의 지식

독서는 지식 융합이다

'사람이 만든 책보다 책이 만든 사람이 더 많다' 라는 말이 있습니다. 출판사는 이런 추세를 반영하여 독서의 중요성을 강조하는 책들을 많이 출간합니다. 실제로 책에 힘입어 높은 위치에 올라간 사람들은 우리가 생각하는 것보다 많습니다. 빌 게이츠, 애이브러햄 링컨, 넬슨 만델라의 공통점은 모두 '다독가' 였습니다.

그렇다면 독서를 어떻게 해야 될지 궁금해집니다. 책을 보는 사람도 있고 요약본을 통해 알짜배기 정보만 흡수하는 사람도 있습니다. 그래도 이 사람들은 책이라는 걸 읽고 있으니 그나마 사정이 나은 편입니다. 주변을 살펴보면 책과 담을 쌓고 살아가는 사람들이 훨씬 더 많습니다.

그렇다면 일단 우리가 가장 먼저 시작할 수 있는 일은 무엇일까요? 저는 이 질문에 '먼저 독서를 시작해야 합니다' 라고 주장하고 싶습니다. 책을 읽고 있다는 건 배우려는 의지가 있다는 뜻입니다. 이처럼 꾸준히 책을 읽다 보면, 단순히 무언가를 받아들이는 단계를 지나 특정 영역에 대한 의문점이 생깁니다. 이를 해결하며 우리의 지성은 조금씩 향상됩니다. 시간이 지나면 주변 사람들과 같은 책을 읽더라도 느끼는 점이 훨씬 많아지는 시기가 옵니다. 자신의 독서경험을 근거하여 사물과 현상을 새롭게 해석할 수 있는 능력이 생겼기 때문입니다.

책을 읽으면서 우리가 해야 될 가장 중요한 작업은 '내가 가진 기존의 경험과 아이디어를 바탕으로 새로 배우는 지식을 융합하는 일' 입니다. 읽은 책을 바탕으로 내가 가진 지식을 재구성하며 생산적인 가치를 창출하는 것 말입니다. 지식 노동을 하는 사람들의 힘은 독서입니다. 배운 내용을 정리하고 이에 대한 의문을 해결하는 방식으로 새로운 것을 꾸준히 창조해주시기 바랍니다. 전체적인 시야를 구성하는 힘을 갖추고 생산적인 가치를 꾸준히 민들이낸다면 우리의 위치가 조금은 더 높은 곳에 올라가지 않을까 하는 생각을 해봅니다.

책의 아이디어는 실천하지 않으면 아무런 소용이 없습니다. 실천하기 위한 가장 중요한 방법은 다른 사람들과 나누는 것입니다. 방송인 김제동은 독서 후에 책 여기저기에 메모를 한 뒤 다른 사람들과 돌려본다고 합니다. 책을 받은 사람도 그와 같은 방식으로 독서를 하는데 이렇게 일정 사이클을 밟은 뒤 원주인이 다시 책을 받아 확인하면 다른 이들의 생각을 쉽게 알 수 있습니다. 지식을 나누는 이상적인 사례 중 하나라고 생각합니다.

역사와 독서

만약 한국이 핵을 보유했다면 어떤 상황이 벌어질까요? 지금 북한이 저렇게 막무가내로 나올 수 있는 것도 핵이 있어서일 것이니 우리도 국제사회에서 발언권이 커지지 않을까 하는 막연한 추측만 해봅니다.

이런 가정을 바탕으로 예전에 소설을 쓴 사람이 있습니다. "무궁화 꽃이 피었습니다"를 쓴 김진명 작가입니다. 그는 600만 부 이상 판매된 이 책의 힘을 빌어 스타 작가의 반열에 오를 수 있었습니다. 민감한 한일관계를 조명하는 과정에서 한국인이 읽었을 때 카타르시스를 느끼도록 만드는 그의 뛰어난 필력 때문이 아닌가 생각합니다.

저는 이 책을 보던 옛날을 떠올리며, 역사를 평소와는 다른 방향으로 생각하게 되었습니다. 일반적으로 사람이 지성을 키우기 위해서는 문사철(문학, 역사, 철학)이 중요하다고 말하는데 그 중 한 축을 담당하는 역사가 어떤 식으로 기록될지 궁금해졌기 때문입니다.

사실 역사를 배우는 목적은 과거를 통해 미래를 설계하기 위함입니다. 스펜서 존슨의 "선물"이라는 책에서는 '과거로부터 배워라', '현재에 충실하라', '미래를 대비하라' 라는 3가지 가치를 강조합니다. 역사는 그 중 첫 번째로 언급되는 부분입니다. 뉴턴 역시 자신이 과학적으로 뛰어난 성과를 낼 수 있었던 원인은 거인의(옛 과학자들) 어깨에 올라 하늘을 볼 수 있었기 때문이라고 말합니다. 축적되어 전해진 지식이 갖는 탁월성이라고 할 수 있습니다.

제가 앞서 "무궁화 꽃이 피었습니다"라는 작품을 이야기했던 이유는 이 작품을 쓴 김진명 작가가 역사에 매우 관심이 많기 때문입니다. 그는 광개토대왕릉비의 석회도말론에서 시작된 '가즈오의 나라', 고대 역사를 재조명하기 위해 쓴 '고구려'와 '하늘이여 땅이여' 등을 집필하며 한국의 역사를 재조명하는데 많은 힘을 썼습니다.

김진명 작가는 한 매체와의 인터뷰에서 모든 것은 하나로 통한다는 말을 했습니다. 배우는 길은 달라도 종착역은 똑같다는 뜻일 것입니다. 야구장에 입장할 때 들어가는 게이트가 사람마다 다르더라도 결국 야구장 안에서 함께 만나는 것처럼 지식을 익히고 활용하다 보면 결국 공통적으로 발견되는 부분이 조금씩 생깁니다. 지식이 통합되는 것이죠. 만약 우리가 이런 성과를 내고 싶다넌 알고 있는 지식을 끊임없이 생각해야 합니다. 미래를 기획하고 이전의 것을 통해 새로운 지식을 익히는 과정을 반복해야만 원하는 목적을 달성할 수 있기 때문에 우리는 이 사실을 꼭 숙지할 필요가 있습니다.

생각하는 힘이 사라지고 철학이 죽어가고 있습니다. 일부 대학교에서는 인문학과가 폐강되고 있으며 돈이 안 되는 순수문학 및 미술 분야의 수업도 조금씩 없어지는 추세입니다. 자본주의에 적응하며 시장경제의 논리를 적용하는 게 나쁜 일은 아니지만 순수학문을 통해 생각하는 힘을 길러왔던 사람들이 기계처럼 변하는 것은 큰 문제입니다. 열심히 노력하며 미래를 스스로 키울 수 있는 지성을 갖추는 일이 무엇보다도 중요한 시점입니다.

독서의 가지치기

책의 중요성을 강조하는 사람들은 참 많습니다. 항상 느끼지만 이 말은 진리입니다. 독서를 통해 자신의 부족한 점을 보완하고 생각의 폭을 넓히는 사람이 많다는 게 이를 증명합니다. 어떤 일에 종사하든지 우리는 항상 공부와 독서로 개인의 능력을 향상시켜야 한다는 생각을 마음속에 품고 또 실천해야 합니다.

독서를 많이 하신 분들이라면 알고 있겠지만 책은 많이 읽을수록 더 재미있습니다. 읽었던 책의 지식이 누적되면서 독서를 할 때 이전에 읽었던 책과 연결되는 현상이 생기기 때문입니다. 저는 개인적으로 이 현상을 '링크' 라고 부릅니다.

"책 읽는 뇌"라는 제목의 책을 읽고 있을 때였습니다. 이 책에는 '독서는 책을 읽고 느끼며 의미 있는 생각을 도출해내는 모든 과정을 포함한다' 라는 내용이 적혀있었습니다. 재미있는 것은 다음에 일어났습니다. 이 문장을 읽고 난 뒤 제가 그때까지 읽었던 책 중 이 구절과 연관된 내용이 전부 떠오른 것입니다. 이런 경험이 처음이었기에 더 신기하게 느껴졌습니다. 이 날을 계기로 저는 더 독서에 몰입하게 되었습니다. 경험과 지식은 쌓이면 쌓을수록 우리에게 통찰력을 줍니다.

우리가 이처럼 책 읽기에 즐거움을 느끼려면 여러 단계를 거쳐야 합니다. 첫 번째 단계는 '지식 축적'입니다. 개인의 생각을 반영하지 않고 외부의 지식을 습득하며 경험을 쌓는 것이지요. 대개 이 단계에 있는 사람들은 생각을 뽑아낼 콘텐츠 자체가 스스로에게 없는 경우도 많습니다. 일반적으로 대학생보다 초등학생 혹은 중학생이 다른 사람들의 의견에 논리적으로 대답하지 못하는 것도 다 축적된 콘텐츠 양의 차이 때문입니다. 만약 대답을 똑 부러지게 잘하는 초등생과 중학생이 있다면 우리는 그들이 그 나이에 비해 많은 지식을 책과 경험을 통해 쌓았다는 사실을 유추할 수 있습니다. 이 수준에 오르려면 많은 노력이 필요합니다.

두 번째 단계는 축적된 지식을 연결하고 개인의 생각을 창조적으로 정리하는 단계입니다. 우리가 단순히 지식만을 추구한다면 다른 사람의 생각만을 머릿속에 가득 채운 카피캣밖에는 되지 않을 것입니다. 스티브 잡스는 2011년 3월 아이패드 출시 행사에서 자신을 제외한 모든 스마트폰 및 앱 제작자를 카피캣이라는 단어를 사용하여 공개적으로 비난했습니다. 그가 판단했던 진정한 창조란 '모방을 뛰어넘어 원 작품을 능가하는 것'이었습니다. 만일 우리가 지식을 연결하고 생각을 이끌어내지 않는다면 단순히 다른 사람들의 뒤만 정리하다 인생을 허비하게 될 것입니다. 안타까운 일이지만 그것이 인생입니다. 어떤 면에서 보면 삶은 참 냉혹합니다.

마지막 단계는 내가 만들어 낸 지식을 다른 사람들과 공유하는 단계입니다. 이 과정을 통해서 나의 생각이 완전하게 정립됩니다. 대개 사람들은 혼자서 연구하는 경우 타인을 배려하지 못합니다. 그렇기 때문에 다른 사람들과 생각을 공유하면서 내가 어떤 점이 잘못되었는지 확인해야 합니다. 때로는 자신이 생각하지 못했던 아이디어를 상대방을 통해 얻는 행운을 누릴 수도 있을 것입니다.

사람은 항상 배워야만 살아남을 수 있습니다. 자신이 좋아하는 분야를 찾아 시간을 많이 쓰고 꾸준히 노력해서 자신만의 전문영역을 만드시기 바랍니다. 그렇다면 나만의 경쟁력이 생길 것이고 이 힘이 나중에 스스로를 살리는 원동력이 될 것입니다. 열심히 책을 읽어야겠다고 생각하는 이유입니다. 세상은 넓고 공부할 것은 많습니다.

책을 어떻게 읽어야 할까?

책 읽는 사람 vs 책 안 읽는 사람

오늘날 사람들은 시간을 아껴 쓰려고 노력합니다. 마감에 쫓기고 하루가 급하죠. 그렇기 때문에 일을 빠르고 효율적으로 하는 방법을 많이 고민합니다. 속도를 조절하며 자신의 페이스대로 하나하나 이뤄가는 것이 사실 가장 좋은데 이게 잘 되지 않기 때문에 우리는 스트레스를 많이 받습니다. 저 역시도 이럴 때가 종종 있어 많이 답답합니다.

이런 상황에서 우리에게 가장 중요한 것은 독서입니다. 적절한 시간을 배분하여 지식을 쌓는 과정이 없으면 성공하기 어렵기 때문입니다. 하지만 사람들은 이런 시간조차도 아깝다고 생각하며 일에 열중합니다. 퇴근 시간이 훨씬 지났는데도 업무에 파묻혀 자신을 돌아볼 여유조차도 없습니다. 물론 그 시간만큼은 온전히 자신이 해야 될 일에 집중할 수 있다는 장점이 있습니다.

확실히 단기간은 이런 분들의 업무성과가 좋습니다. 자신을 몰아치며 혼을 바쳐 일을 하기 때문이라 생각합니다. 그러나 저는 이런 사람들보다는 독서를 하며 일을 효율적으로 하는 사람들을 더 좋아합니다. 즉, 시간이나 열정도 일을 하는데 중요한 요소이지만 이보다 더 중요한 것은 일을 효율적으로 하는 개인의 능력입니다.

예전에 트위터에서 본 글 중 인상깊은 것이 있어 소개하고자 합니다. 읽으면서 많은 것을 느꼈습니다. 제가 이런 사람이 아닌지 반성할 수 있는 시간이어서 좋았습니다. 트위터에 올라온 글은 '다른 사람들이 5시간 만에 하는 일을 1시간 만에 하는 사람이 있다. 그러나 다른 사람들이 1시간에 하는 일을 5시간에 하는 사람이 있다. 당신은 어떤 사람인가?' 였습니다. 생각해봅시다. 우리는 어떤 사람일까요?

저는 우리가 책을 통해 일을 효율적으로 하는 사람이 될 수 있을 것이라고 생각합니다. 그 이유는 독서가 생각의 폭을 넓히고 더 큰 것을 이룰 수 있는 바탕을 마련해주기 때문입니다. 하지만 올바른 독서를 위해 개인이 꾸준히 노력해야 한다는 단서는 꼭 붙습니다. 노력하지 않는 사람은 절대 성공할 수 없습니다.

책을 올바로 읽기 위해서는 여러 가지 요인을 고려해야 합니다. 저는 이 요인들 중 가장 중요한 것은 자신에게 맞는 독서법을 찾는 일이라고 생각합니다. 독서란 새로운 것을 찾아내는 과정인데 그 방법이 똑같을 경우, 얻을 수 있는 지식은 제한될 수밖에 없습니다. 그렇기 때문에 우리는 여러 권의 책을 읽어보고 자신에게 가장 어울리는 방법을 고르는 과정을 거쳐 가야 합니다.

독서는 항상 사람의 삶을 윤택하게 만들어줍니다. 사람들을 변화시키고 삶의 원동력이 되는 책을 열심히 읽어서 큰 사람이 되어야겠다는 생각을 항상 합니다. 이 글을 읽고 있는 여러분들 역시도 저와 같은 생각을 하셨으면 좋겠습니다.

다산 정약용의 지식경영법

우리는 정보의 홍수 속에서 살고 있습니다. 넘쳐나는 자료들 때문에 무엇을 선택해야 할지 알지 못하는 사람들이 너무나 많습니다. 몇몇은 자료를 찾는 것을 포기하고 자신에게 주어진 일에 순응하며 살아가기도 하고 다른 이들은 이를 적절하게 활용하여 스스로의 발전에 도움을 받는 사람도 있습니다. 이 두 집단의 차이점은 무엇일까요?

우리는 이에 대한 해답을 다산 정약용의 사례를 통해 찾아볼 수 있습니다. 그는 귀양 중에도 수백 권 이상의 저서를 집필한 열정적인 실학자였으며, 공신(공부의 신)으로도 유명했지요. 그가 말한 지식 활용법은 어떤 것이 있을까요? 함께 확인하며 우리가 활용하는 수단과 비교해보도록 합시다.

① 문제를 정확하게 파악하라.

다산은 뜬 구름 잡는 식의 연구를 매우 싫어했습니다. 확실하게 맺고

끊는 것을 선호하는 그에게 있어 해결하기 위한 문제를 명확하게 설정하는 일은 매우 중요했습니다. 사실 우리가 사는 세상도 마찬가지입니다. 항상 문제를 올바르게 인식하고 해결방안을 모색하는 곳에서부터 새로운 발견이 시작되니 말입니다.

② 문제에 관한 다양한 자료를 모아라.

다산은 문제를 해결하기 위해서는 이전에 있었던 선례를 살펴보아야 한다고 강조했습니다. 아무것도 없는 상태에서 새로운 것을 시작하기가 매우 어려웠기 때문입니다. 무언가를 창조한다는 것은 이전의 것을 개선해서 새로운 것을 만들어낸다는 의미이므로 다산의 말은 옳습니다. 사실 저 역시도 새로운 것을 만들어내는 일에 큰 부담을 느낍니다. 하지만 이전의 사례와 자료를 유심히 살펴보면서 해야 될 업무의 방향을 잡을 수 있었기 때문에 참고할 만한 과거의 자료를 발견하는 일은 매우 중요하다고 생각합니다.

③ 자료를 중요한 것과 중요하지 않은 것으로 나누어라.

하지만 이렇게 모은 자료가 항상 좋은 것만은 아닙니다. 논리가 부정확한 것도 있을 수 있고 시대상이 정확하게 반영이 되지 않은 것도 있기 때문입니다. 그러므로 우리는 이런 자료를 모은 후 편집자의 시선으로 해당 자료들을 바라보아야 합니다. 버릴 것은 버리고 취할 것은 취한 뒤 이를 내가 주장하려는 논지에 맞게 재구성하는 것입니다. 이 과정을 통해 논리력과 창의성이 발전합니다.

④ 문제 해결의 참신한 방법을 준비한 논거를 통해 제시하라.

문영미 교수의 "디퍼런트"라는 책을 보면 유일한 존재가 되는 것이 살아남는 길이라는 주장이 있습니다. 이전에 없던 새로운 것을 만들어야 한다는 의미입니다. 새로운 것은 기존의 질서를 부숨과 동시에 우리의 삶에 유익함을 가져다주어야 합니다. 만약 우리가 열심히 정리하고 기록했는데 기존에 있는 것과 큰 차이점이 없다면 어떨까요? 아마 허탈한 마음이 들 것입니다. 일을 한 뒤에는 성과가 나와야 하고 그 성과를 통해 많은 사람들에게 도움을 주어야 합니다. 다산이 강조한 부분이 바로 이것이지요. 우리가 공부를 하는 목적은 다른 사람들을 이롭게 하는 것입니다.

참신한 방법을 통해 문제를 해결해야 하는 이유는 오늘날 우리가 접하는 데이터가 많기 때문입니다. 스스로의 판단기준이 없으면 정보의 바다에서 헤매다 다른 사람들의 그럴듯한 의견을 바탕으로 자신의 논지를 전개할 수밖에 없습니다. 물론 당장의 위기는 극복할 수 있겠지만 그것이 본인의 학습능력을 키워주지는 않습니다. 개인의 지능은, 끊임없이 탐구하고 고민하는 그 순간을 통해서만 발전합니다. 우리는 이 사실을 꼭 기억해야 합니다. 특히 요즘과 같은 지식 사회에서는 이런 사실 하나가 생존의 문제에 직접적인 영향을 미칩니다.

죽어라 보면 답이 열린다

세종대왕의 독서법

제 주변에는 이상적인 독서법을 궁금해 하는 사람들이 많습니다. 내공이 있는 사람들은 자신만의 방법으로 책을 읽는 것처럼 보이는데 지금의 내 상황을 살펴보면 이에 비해 매우 초라하기 때문입니다. '어떻게 하면 책을 잘 읽을 수 있을까?' 하는 고민은 공부를 좀 하고 싶다는 사람들에게는 누구에게나 있습니다. 이들이 절실히 원하는 것은 바로 변화입니다.

실제로 자신과 세계를 바꾼 위인들은 모두 다독가였습니다. 외국에서는 링컨, 루즈벨트 대통령이 대표적이고 우리나라에서는 이전에 살펴본 다산 정약용, 율곡 이이가 대표적입니다. 물론 언급하지 않은 다독가도 많이 있는데 저는 오늘 이들 중 우리가 참고할 만한 독서법을 주장했던 인물을 소개하고자 합니다. 그는 우리 문화의 뿌리인 '세종대왕' 입니다.

세종대왕의 독서법은 간단합니다. '백독백습'으로 불리는 이 방법은 한 책을 백 번 읽고 백 번 쓰는 게 전부입니다. 별거 아닌 것 같지만 실제로 해본 사람들의 주장에 따르면 책 한 권이 머릿속에 통째로 들어온다고 하니 우리가 활용해 볼 가치가 충분한 것 같습니다. 이전에 저는 영어를 공부할 때 책 한 권을 50번씩 큰 소리로 읽었던 적이 있었는데, 그 때 느꼈던 감정이 앞서 언급된 구절과 거의 비슷했습니다. 50번을 읽었는데도 대부분의 내용을 기억할 수 있었기 때문에 100번을 큰 소리로 읽고 이를 기록하며 공부한다면 책 한 권을 떼는 일도 그리 어렵지 않아 보입니다.

세종대왕은 자신이 체험한 독서의 유익함을 전파하기 위해 많은 노력을 기울였습니다. 그 당시에는 매우 파격적인 독서 토론 시스템(경연)을 활성화시켰고, 책을 읽을 수 있도록 배려하는 독서휴가도 실시했습니다. 특히 저는 독서휴가제에 감동을 받았습니다(사실 이런 휴가는 요즘에는 찾아보기 어렵습니다). 책을 좋아하는 저로서는 이런 휴가가 정말 반가울 것 같습니다.

하지만 우리가 이 방법을 그대로 쓸 수는 없습니다. 오늘날 출간되는 책의 양 때문입니다. 100번씩 읽다가는 필요한 책을 전부 보지 못하기 때문에 우리는 스스로에게 절실히 필요한 책을 선정해야 합니다. 기준은 자신이 하는 일의 본질을 볼 수 있도록 도와주는 것이면 좋겠습니다. 그러나 그런 책을 손에 쥐기까지 다양한 방법으로 공부를 해야 되기 때문에, 우리는 결국 항상 책을 손에서 놓지 말아야 합니다.

그렇다면 백독백습은 정확하게 어떤 상황에서 활용해야 할까요? 저는 이 질문에 '우리가 오랫동안 읽어야 될 가치가 있는 책에 이 방법을 활용하라'고 답하고 싶습니다. 시중에 나오는 책들은 우리가 두고두고 읽어야 될 가치 있는 것도 있지만, 시류에 편승하여 우리에게 단편적인 정보만을 전달하기도 합니다. 시대가 지나면 잊혀지는 정보를 백번씩 읽으며 외울 필요는 없습니다. 그렇기 때문에 저는 고전을 읽을 때는 가급적 최대한 많이 읽으며 그 의미를 곱씹는 방법을 활용하고, 실용서를 읽을 때는 정보검색을 목적으로 빨리 읽습니다. 이 글을 읽는 여러분 역시도 읽고 있는 책의 종류에 따라 독서 습관을 달리하는 연습을 해보시기 바랍니다. 짧은 시간을 효과적으로 활용할 수 있을 것입니다.

미래를 바꾸려면 먼저 자신이 바뀌어야 합니다. 공부만이 자신의 미래를 바꿀 수 있다는 사실을 깨닫고 어떤 방식으로 공부할지 생각하는 시간을 가져봅시다. 물론 수 차례 강조한 바와 같이 학교에서 하는 공부가 능사는 아닙니다. 개인의 미래에 도움이 되는 공부가 무엇인지 넓은 시점에서 확인하는 지혜가 필요합니다. 이 과정에서 가장 중요한 것은 당연히 책입니다. 백독백습이 모든 상황에서 활용하기에는 어려운 독서법일 수도 있지만 자신의 역량을 강화시키는데 이 방법이 조금이나마 도움이 되기를 간절히 바랍니다.

한 권을 여러 번 살펴보기

교회를 다니는 사람이라면 일주일에 한 번씩 목사님의 설교를 듣습니다. 주일에 교회로 발걸음을 돌린 사람들을 위해 삶에 꼭 필요한 소중한 지혜를 전해줘야 한다는 사명감을 가진 목사님 말입니다. 물론, 최근에는 나쁜 짓을 하는 목사님들이 많이 생겨나면서 기독교에 대한 사람들의 신뢰가 떨어지고 있습니다. 하지만 스스로의 위치에서 최선을 다하며 세상을 바꾸기 위한 노력을 게을리 하지 않는 분들도 있습니다. 개인적으로 저는 전자보다는 후자의 비율이 많아졌으면 좋겠습니다. 그래야만 세상이 아름다워질 테니까요.

제가 이렇게 목사님의 예를 독서법 관련 글에서 든 이유는 '목사님의 독서법'을 통해 우리가 배울 수 있는 부분이 있기 때문입니다. 대개 신학을 전공하는 사람은 평생 성경 66권(구약+신약)을 연구하고 그 뜻대로 살아가야 하는 숙명을 타고 났습니다. 공부를 통해 익힌 지식을 관련 사람들과 예배의 형식으로 나누는 일을 수십 년 간 해야 하는데 사명감이 없다면 정말 쉽지 않은 일입니다. 종교는 다르지만 '열심히 금욕한 목사님이라면 사리가 나오지 않을까?' 라는 생각을 잠깐 해봅니다.

목사님들은 일주일에 한 번씩 설교를 합니다. 대개 교회에서는 일요일에 주일예배라는 형식으로 모든 교인이 모여 찬송을 부르고 기도를 합니다. 이 때 가장 긴 순서는 설교인데 이 순서에 할애된 시간은 대략 40분~1시간 가량 입니다. 설교를 맡은 목사님은 일주일 동안 다양한 자료를 참고합니다. 책을 읽고 자신의 주장을 뒷받침 할 각종 예시와 사례를 수집하며 말하고자 하는 바의 논리를 강화시키는 것이지요. 논리가 어느 정도 구성이 되면 개요를 작성하고 글을 쓰며 여러 차례 연습합니다. 물론 가장 근간이 되는 내용은 성경일 것입니다. 앞서 말씀드린 백독백습과 비슷한 부분이 있는 것 같습니다.

그러나 우리의 독서방식은 약간 다릅니다. 책을 읽는 사람의 수도 워낙 적거니와 책을 읽는다 하더라도 대개 많은 책을 무분별한 방식으로 받아들이기 때문입니다. 이렇게 되면 양질의 지식을 걸러내기가 매우 어렵고 익혔던 지식 간의 의견차로 인해 정확한 기준을 세우기가 쉽지 않습니다. 그러나 대부분의 사람들이 이런 식으로라도 지식을 학습해야 사회에 어느 정도 기여할 수 있기 때문에 이 점이 좀 아쉽습니다. 저 역시도 비슷한 경험을 했기 때문에 이 상황에 처한 사람들의 고충을 약간이지만 이해할 수 있을 것 같습니다.

예전에 저는 서재를 자랑하려 책을 무작위로 구입했던 적이 있습니다. 결국 한 벽면을 가득 채울 수 있을 정도로 서재를 꾸몄지만 지금은 생각이 다릅니다. 이제는 책을 많이 모으는 것보다 책을 얼마나 더 잘 읽을 수 있을 것인지에 집중하는 것이 더 낫다고 생각합니다. 이 사실을 깨달은 이후로 책 구매 횟수를 줄이고 글을 하나하나 세심하게 읽으며 문장을 곱씹는 습관이 생겼습니다. 이 내용들을 글로 정리하며 더 깊은 지식을 쌓을 수 있게 된 덕분에 저는 요즘 유익한 시간을 보내고 있습니다.

앞서 이야기했던 대로 우리는 독서를 할 때 빠르게 훑어야 되는 책과 꾸준히 읽고 마음 속에 새겨야 되는 책을 구분할 수 있어야 합니다. 우리가 평생 읽어야 할 책에는 어떤 것이 있는지 생각해봅시다. 개인적으로 제게 감명 깊게 다가왔던 책은 고전으로는 "손자병법", "동물농장", "로

우리집 서재 사진, 중요한 것은 책의 양이 아니라 질이라는 것을 최근에 깨달았다

마사논고", "파우스트", "귀곡자", "인간지성론"(죤 로크의 저서론 ‘An essay concerning Human Understanding’ 이 원제입니다. 한국에서는 인간오성론, 인간지성론의 2가지 제목으로 번역되어 통일성이 없는데 조사해보니 ‘인간지성론’으로 출판된 책이 더 많았습니다) 등이 있었고 최근의 책으로는 "린치핀", "보랏빛 소가 온다", "권력이동", "아웃라이어", "노동의 종말", "총균쇠", "지식의 역사" 등이 있습니다. 모두가 자신만의 책을 바탕으로 지식을 익히고 더 나은 방안을 꾸준히 찾을 수 있는 사람으로 변화하는 모습을 상상해봅니다.

책을 왜 읽어야 하는가?

생산적 책읽기

'책을 어떻게 하면 잘 읽을 수 있을까?' 라는 질문에 대답하는 건 상당히 어려운 일입니다. 일단 책을 많이 읽은 사람들을 주변에서 찾기도 어렵고 혹 찾는다 하더라도 개인별로 그 편차가 심하기 때문에 방법론적으로 일치하지 않기 때문입니다. 열심히 독서를 하는 사람들은 대개 스스로 그 방법을 찾아나가기 때문에 다른 사람들에게 자신의 경험을 전달하는 데 많은 어려움을 느낍니다. 당연히 독서를 지금 당장 하고 싶은 열의가 있는 사람들의 마음은 타들어갑니다. 어떻게 하면 독서를 잘 할 수 있을까요?

저는 책을 읽을 때 가장 중요한 것은 독서 후 자신의 생각을 정리하고 생각의 폭을 확장하는 일이라고 생각합니다. 아이와 어른이 토론에 참여했다고 가정해보도록 하겠습니다. 당연히 아이는 어른보다 아는 것이 없기 때문에 토론을 할 때 어려움이 많습니다. 그러나 생각해보면 어른들 사이에도 알고 있는 지식의 양이 다른 경우가 종종 있습니다. 당연히 두 사람이 말할 수 있는 부분은 다를 수밖에 없습니다. 많이 공부해야 되는 이유가 여기에 있지요.

사실 책을 읽을 때 특별한 전략은 없습니다. 저는 책을 읽는 방법을 물어보는 분들께 항상 이렇게 대답합니다. '생각할 수 있는 기회를 주는 책을 읽으시기 바랍니다' 라고 말입니다. 일이 잘 안 될 때, 위로를 받고 싶을 때, 나의 역량을 향상시키고 싶을 때 등 우리가 접하는 거의 모든 상황에서 가장 유익한 것은 바로 책입니다.

책이 주는 매력은 생각을 확장시킬 수 있다는 점과 우리가 하지 못하는 것을 알게 해주는 간접체험입니다. 우리는 더 큰 일을 이루기 위해 책의 도움을 받아야 합니다. 지식이 없는 사태에서 창조적인 것을 만들어가는 것보다는 어느 정도의 지식을 갖추고 더 큰 나를 만들어나가는 일이 더 효과적이며 다른 사람들에게 도움을 줄 수 있기 때문입니다. 관심이 있는 부분을 공부하고 책을 읽으며 독자분들 스스로 생각을 정리할 수 있는 시간을 가져보았으면 합니다. 이런 과정을 통해 우리의 사고력과 창의성이 향상된다고 많은 전문가들이 강조합니다.

올바른 독서법

요즘 서점에 가면 독서법을 다루는 책들이 많습니다. 이런 책들의 목적은 간단합니다. 책을 읽어야 할 이유와 읽는 방법을 알려주고 책을 꾸준히 접하도록 독자를 격려하는 것입니다. 그러나 우리는 독서를 하는 목적을 정확히 모릅니다. 주변의 상황에 쉽게 동요되고 자신만의 기준이 없기 때문에 독서가 생각만큼 쉽지 않습니다.

그 이유는 우리 주변에서 쉽게 찾아볼 수 있습니다. 한국 공교육을 예로 들어봅시다. 한국에서 학교를 다니는 학생이라면 누구나 중간고사와 기말고사라는 시험을 치릅니다. 시험을 위해 책의 내용을 열심히 외우고 익혀야 하죠. 그러나 이런 책은 생각할 거리를 던져주지 않고 단순한 지식을 제공하기 때문에 졸업을 하면 이후부터는 우리 생활에 전혀 쓸모가 없습니다. 간혹, 교과서를 통해 자신만의 생각을 만들어내고 이를 주장하는 친구들도 종종 있습니다만 그 수는 상대적으로 매우 적습니다.

사실 책읽기는 매우 즐거운 행위입니다. 책의 내용을 기록하며 다른 사람들과 나누는 과정을 통해 개인의 역량이 발전하고 어떻게 살아야 할지에 대한 목적이 분명해지기 때문입니다. 나보다 훨씬 더 고생하고 치열하게 고민하며 산 사람들의 이야기와 주장이 담겨있기 때문에 보면서 우리는 많은 것을 느낄 수 있습니다. 책을 읽으며 몰입할 수 있다는 것도 큰 장점입니다. 칙센트미하이 박사가 주장했던 행복의 조건인 몰입상태를 독서를 통해 체험할 수 있다는 것은 어찌 보면 큰 축복입니다.

우리는 책을 읽는 습관을 들이고 독서의 목적을 명확히 해야 합니다. 공부를 해야 하는 이유를 자각하고 평생 개인의 능력을 향상시키는 사람만이 현대에서 성공할 수 있습니다. 공부는 다른 사람의 의견을 외우는 것이 아니라 세상의 여러 가지 사건에 대한 자신의 의견을 사람들에게 내재된 가치관에 따라 내어놓는 행위입니다. 이러한 능력은 당연히 독서를 통해 발전시킬 수 있습니다.

인생의 중심을 확실하게 잡고 그 목표를 위해 우직하게 무소의 뿔처럼 가는 사람들이 많아졌으면 합니다. 저 역시 그 목표를 이루기 위해 조금씩 앞으로 나아가고 있습니다. 언젠가 이뤄질 목표를 위해 하루를 충실하게 보내는 자신의 모습을 생각해보시기 바랍니다. 이전과 다른 삶을 살아야겠다는 의욕이 생길 것입니다.

독서의 깊이

"오직 독서뿐"이라는 책에는 조선 시대의 유명한 사람들이 마음으로 새겼던 독서법을 이야기하고 있습니다. 우리가 가져야 할 마음가짐을 상기시켜주는 책이므로 시간이 된다면 한 번 읽어보시길 권합니다. 공부를 할 때 필요한 거의 대부분의 섯들이 담겨있기 때문에 우리가 배울 점이 참 많습니다. 물론, 시대적 한계를 벗어나지 못한 것들도 일부 있기 때문에 현실에서 어떻게 적용해야 될지에 대한 고민 역시 함께 이루어져야 할 것입니다.

책을 읽다가 '청년의 독서는 넓어야 하고 노인의 독서는 깊어야 한다'는 구절을 발견했습니다. 아마 젊은 시절에는 많은 것을 경험하고 노년이 되면 삶의 지혜를 전해줄 수 있도록 앎이 깊어야 한다는 것을 말하기 위해 기록한 글귀일 것입니다. 책의 내용은 일반적으로 볼 때 옳지만 이게 전적으로 옳은지는 조금 더 자세히 살펴보아야 합니다.

저는 이 문제에 대한 답을 구하기 위해 나무와 숲의 관계를 예시로 활용하고 싶습니다. 일반적으로 어떤 일을 할 때에는 전체를 보는 시야와 작은 것을 신경 쓰는 섬세함이 모두 필요합니다. 문제는 이 두 가지 능력을 갖춘 사람이 매우 드물다는 사실입니다. 전체를 잘 보는 사람은 작은 것을 보지 못하고 작은 것을 보는 사람은 전체를 조망하는 능력이 떨어집니다. 일반적으로 지혜는 전체보다는 하나를 오랜 기간 연구하는 가운데 생겨나지만 그렇다고 전체를 보는 시야가 중요하지 않다는 말은 아닙니다.

약간 복잡해질 수 있으니 간단한 예를 들어 보겠습니다. 여기에 작곡가와 연주가가 있다고 가정해봅시다. 작곡가는 모든 악기를 다루긴 하지만, 하나의 악기를 연주자처럼 다루지는 못합니다. 연주가는 악기를 잘 다루는 프로이지만 곡을 전체적으로 조망하는 능력은 조금 떨어지는 편이죠. 어느 것이 좋은지에 대한 문제는 그 사람이 처한 상황에 따라 조금씩 차이가 있을 것입니다.

만약 연주가가 작곡을 하고 싶다면 본인의 주특기뿐만 아니라 다른 악기와의 조화를 배우고 이를 멋진 소리와 악보로 표현하는 능력을 익혀야 합니다. 만약 연주자가 이런 능력을 이미 보유하고 있다면, 악기에 대한 이해와 전체적인 시야가 어우러져 평균적인 작곡가보다 훨씬 좋은 음악을 만들어 낼 수 있습니다. 실제로 유명세를 타는 작곡가의 대부분은 높은 수준으로 다룰 수 있는 악기를 하나씩 보유하고 있습니다.

책을 읽을 때 어떻게 읽어야 할지는 물론 개인의 취향에 달린 문제입니다. 그렇지만 저는 우리가 독서를 하면서 사회가 요구하는 지식과 지혜가 무엇인지에 대해 고민하는 시간을 갖는 것이 좋다고 생각합니다. 사회를 올바르게 살기 위해서는 지식과 지혜 모두 중요합니다. 하지만 요즘 우리가 지식과 지혜를 접하는 방식이 조금씩 바뀌고 있기 때문에 생각의 전환이 필요합니다.

대표적인 예로 선사시대의 노인을 들 수 있습니다. 예전에는 세상을 가장 많이 알고 있는 사람이 노인이었습니다. 그래서 원시시대에는 지식의 보고로 노인을 많이 활용했지요. 허나 요즘은 상황이 많이 변했습니다. 예전에 노인에게 물어 확인했던 지식을 인터넷을 통해 아주 쉽게 알 수 있기 때문입니다. 신선로를 만드는 법이 궁금하면 인터넷을 접속해서 관련 글이나 동영상을 검색하면 됩니다. 오히려 노인보다 더 많은 것을 알려줍니다.

그렇기 때문에 저는 요즘 사람들이 가져야 될 덕목으로 지식을 올바르게 활용하는 지혜를 강조하고 싶습니다. 우리는 오랜 시간에 걸쳐 생각하는 힘을 많이 잃었습니다. 학교는 대기업에서 필요한 인재를 공급하는 하청업체가 된지 오래입니다. 이 부분은 한국의 많은 지성인들이 끊임없이 지적했던 문제입니다.

그러므로 저는 오히려 깊이 있는 독서가 필요한 사람은 청년이라는 생각이 듭니다. 세상에서 중심을 잡고 올바로 서며 스스로의 생각을 바탕으로 인생을 아름답게 꾸려가는 사람들이 많아질 때 사회가 더 발전할 것이라는 생각이 듭니다. 속도가 빠른 것보다는 천천히 한 걸음씩 가는 게 더 좋습니다. 모든 것을 익히면 하나로 통하게 된다는 만류귀종이라는 말이 생각나는 오늘입니다.

우리의 마음에
무엇을 채울 것인가?

공부는 악조건 하에서도 가능하다

저는 새로운 것을 배우는 걸 좋아합니다. 책을 읽고 느낀 바를 글로 남기며 사람들과 소통하고 그들에게 조금이라도 도움이 되는 이야기를 하려면 새로운 것을 계속 익혀야 합니다. 물론 이는 제가 가치 있다고 생각하기 때문에 할 수 있는 일입니다. 평생 이 꿈을 간직하며 살고 꿈을 통해 내 밥벌이가 가능한 아름다운 삶을 보낼 수 있었으면 좋겠다는 생각을 매일 합니다.

제가 글을 쓰고 올리는 지금의 환경을 생각해보면 사실 예전에 비해 정말 많은 것이 변했습니다. 일제강점기를 상상해보면 아주 쉽게 그 뜻을 알 수 있습니다. 일제시대와 해방 전후인 1920~40년 대에는 모두가 가난했기에 먹고 사는 것이 가장 시급한 문제였습니다. 책은 찾아보기 어려웠고 찾게 되더라도 매우 귀해서 함부로 볼 수 있는 물건이 아니었습니다.

그렇다면 이런 상황에서 학생들은 어떻게 공부를 했을까요? 궁금증을 해결하고 싶은 분들에게 저는 "독서-김열규 교수의 열정적 책읽기"라는 책을 추천합니다. 저자인 김열규 선생님은 1932년에 태어나 한국 근현대 사의 비극을 모두 체험하고 2013년에 태어난 곳에서 영면했지요. 격동의 시대에 살며 어떤 식으로 책을 읽고 공부했는지를 알 수 있기 때문에 우리에게는 정말 보물 같은 책입니다.

책에는 우리가 겪어보지 못한 일제시대의 암울한 역사가 기록되어 있습니다. 저자가 태어난 시기에는 학교에 입학해서 일본어를 제일 먼저 익혀야 했습니다. 그나마 일주일에 1시간 있던 조선어 수업도 저자가 학교를 다닌 지 얼마 되지 않아 폐지되었지요. 남의 나라 글을 통해서라도 지식을 익혀야 했던 그 시대의 슬픈 모습이 담겨있는 장면이 아닐까 생각합니다. 그런 면에서 우리는 행복한 시대에 살고 있다는 느낌이 듭니다.

버린 책으로 공부를 한 것도 눈여겨볼만 합니다. 저자는 해방기에 일본으로 건너간 사람들이 남긴 책과 미군이 버린 영어원서를 주워온 뒤 닳도록 읽었습니다. 단순히 글자를 머릿속에 넣는 것이 아니라 실제 상황에 적용해보고 생각을 확장시키는 도구로 활용한 것입니다. 이 때 그가 만난 저자는 헤르만 헤세, 토마스만, 앙드레 지드와 도스토예프스키였습니다.

또한 제게 재미있게 다가왔던 부분은 책 초반에 언급된 읽기의 과정이었습니다. 재미있게도 김열규 선생님의 읽기훈련은 오늘날 많은 사람들이 주장하는 '외국어 학습법(특히 영어)'과 많이 닮았습니다. 그는 읽기의 과정으로 '듣기, 읽기, 의미파악 및 분석하기, 암송하기, 다른 사람들에게 말하기'를 언급했습니다. 우리가 외국어 능력을 향상시킬 때도 정확하게 위의 과정을 거쳐야 합니다. 듣기와 암송하기를 통해 문장의 의미와 형식을 익히고 분석 및 다른 사람에게 말하기를 통해 내 생각을 넣으며 언어를 오롯이 이해할 수 있게 됩니다. 물론 순서는 개인의 환경에 따라 일부 바뀔 수 있습니다.

저는 책을 보면서 김열규 선생님의 열정에 감탄했습니다. 오로지 그 일에만 매진해서 무언가를 얻으려고 했던 모습이 정말 부러웠습니다. 독일의 고전소설과 시를 읽고, 영미고전문학을 탐독하며 느낀 그 희열을 책으로나마 엿볼 수 있어서였을까요? 개인적으로 많이 반성하게 되었습니다. 더 열심히 해야겠다는 무언의 압박감도 생기는 것 같습니다.

원하는 걸 쉽게 구할 수 있는 요즘 시대에 제가 지금까지 이룬 것이 무엇인지 생각해보았습니다. 이룬 것이 전혀 없지는 않지만, 아무 것도 없는 시기에서 금을 만들어 낼 정도로 뛰어난 결과를 만들어 낸 분들과 비교하면 많이 작아집니다. 열심히 공부하고 익히며, 그 성과를 따라잡기 위해 노력해야겠다는 생각이 들었습니다. 할 수 있다고 믿으며, 최선을 다하는 우리가 되었으면 합니다.

와인보다는 기름을 부어라

개인적으로 저는 철학을 생각하는 학문이라고 정의내리고 싶습니다. 그러나 철학을 바라보는 동서양의 눈은 서로 다릅니다. 동양은 경험과 관찰에 근거하여 보편적인 법칙을 끌어내지만 서양은 이성에 의한 사유를 선호하는 편이기 때문입니다. 서양은 '완벽한 세계가 이미 존재하고 있으며, 우리는 이를 모방하거나 꿈꾸는 가운데 이상향에 가까워질 수 있다'는 논리를 주로 펼칩니다. 물론 시대에 따라 이 생각은 조금씩 달라지기도 했습니다.

아마 철학이 우리에게 주는 장점은 '생각할 수 있는 기회'를 부여한다는 사실일 것입니다. 살면서 생기는 호기심을 다양한 방식으로 생각하고 해결하는 우리의 모습을 보며 선조들이 즐거워할 것 같다는 느낌이 살짝 듭니다. 문제를 푸는 핵심은 바로 '호기심'과 이를 해결하려는 탐구정신입니다.

기본적으로 호기심을 해결하려면 이를 해결하기 위한 아이디어를 만들어 낼 수 있어야 합니다. 사실 우리의 주변을 변화시킨 일련의 과정은 모두 생각을 통해 나온 아이디어에서부터 출발한 것입니다. 우리가 해외에 갈 때 꼭 이용하는 비행기도 하늘을 날고 싶다는 라이트 형제의 무모한 상상에서부터 출발했습니다. 사람들의 니즈에 따라 이 기술이 점차 발전한 것이지요.

문제는 우리가 사색할 정도의 지적 능력이 없을 때 발생합니다. 올바르게 생각하려면 내가 얻은 정보를 개인의 가치기준에 근거하여 분류 정리하며 관련 근거를 들어 스스로의 의견을 말할 수 있어야 합니다. 하지만 현실적으로 이런 과정을 거치기란 쉽지 않아서 많은 이들이 어떻게 하면 좋을지 궁금해합니다.

앙토냉 질베르 세르티앙주의 "공부하는 삶"이라는 책을 보면 우리가 무언가를 배우려 할 때 필요한 것들이 수록되어 있습니다. 책을 읽는 법, 마음을 다스리는 법, 정보를 정리하는 법, 공부의 목적 및 우리가 가져야 할 사명감 등이 그 주제입니다. 내용을 확인하며 저는 세르티앙주가 생각했던 삶의 자세를 다시 한 번 돌아보고 현재 처한 상황에 감사할 수 있었습니다.

이 책에서 나온 비유 중 재미있는 것이 있어 소개하고자 합니다. 바로 '와인과 기름' 입니다. 이 비유의 유래는 그리스의 철학자 플라톤이 한 말인 '잔에 부은 와인보다 등불에 넣은 기름이 더 많다' 라는 문장이었습니다. 이 문장에서 와인과 기름이 각각 의미하는 바는 무엇일까요?

책에 나와 있지는 않았지만 생각해 본 결과, 와인은 순간적인 쾌락, 등불은 공부를 하거나 주변을 밝히는 데 필요한 빛이라는 결론을 내렸습니다. 누구를 위한 인생을 살 것인가라는 질문에 대답해야 된다는 생각이 듭니다. 자신의 영달을 추구하며 사는 삶이 옳을까요, 아니면 자신을 갈고 닦으며 주변사람들에게 긍정적인 영향을 미치는 사람이 더 나은 것일까요?

　이 질문에 답하려면 먼저 내가 어떤 뜻을 품고 살아가는지가 매우 중요합니다. 사람마다 대답은 다르겠지만 결국 대답을 도출하는데 필요한 것은 스스로가 지닌 지식과 생각하는 능력입니다. 주변의 모든 사람들이 이렇게 사고하며 문제를 해결하기 위한 좋은 방안을 마련할 수 있다면 더 살기 좋아지지 않을까요? 일단 자신을 먼저 바꾸는 과정이 필요해 보입니다.

발상의 전환, 그 시작점

맛있는 볶음밥, 맛없는 볶음밥

대학교를 다니던 시절 저는 인스턴트 음식을 참 좋아했습니다. 그 중에서도 가장 좋아했던 것은 단연 볶음밥이었는데 그 이유는 매우 단순했습니다. 만들기가 편하고 맛있다는 이유였습니다. 세상이 좋아진 탓인지 요즘에는 뿌리면 맛이 좋아지는 가루형식으로 된 볶음밥재료도 나왔기 때문에 만들기가 편한 것은 어찌 보면 당연한 일입니다. 계란을 넣어서 굽다가 밥과 마트에서 산 스프, 그리고 케첩을 이용해서 볶으면 이 요리가 완성됩니다. 대학시절에 맛있게 먹었던 음식이었기 때문에 졸업한지 오래 지난 지금도 가끔 이 요리를 만들어 먹곤 합니다.

신기한 것은 이 음식이 그 때만큼 맛이 없다는 점입니다. 똑같은 재료와 요리법을 써서 만들었는데 맛이 없다고 느낀다면 이유는 2가지입니다. 제 입맛이 변했거나 혹은 음식의 맛이 변했을 것입니다. 볶음밥 스프를 산 것이 후회됩니다. 그래도 가격이 저렴했다는 것이 그나마 위안으로 남습니다.

그런데 우리는 음식 맛이 변하는 것은 비교적 쉽게 인지하면서, 우리가 갖게 되는 생각에 직접적으로 영향을 미치는 글과 책에 대해서는 매우 무관심합니다. 자극적인 영상매체에 길들어지며 사람들은 생각하는 힘을 잃어갑니다. 마치 맛집에 갔는데 음식의 비법이 화학조미료였다는 사실을 알고 허탈함을 느끼는 것과 비슷하다고 하면 너무 앞선 생각일까요?

'You are what you eat' 이라는 말이 있습니다. 일상생활에서 접하며 먹는 모든 것이 우리가 누구인지를 결정하는데 큰 영향을 미친다는 뜻입니다. 먹는 것이든, 보는 것이든 그 속에 나쁜 요소가 조금이라도 들어가 있으면 우리는 아주 쉽게 그것의 영향을 받습니다. 그렇기 때문에 우리는 의식적으로 나쁜 것을 멀리하고 좋은 것을 가까이 하는 자세를 지녀야 합니다. 그렇지 않으면 우리가 인지하지 못하는 사이에 좋지 않은 것에 물들 가능성이 매우 높아집니다.

그렇다면 우리는 어떤 것에 물들어야 할까요? 저는 기왕 물들 것이라면 좋은 재료에 물들기를 권합니다. 책에 비유하자면 마음을 파괴하는 가십이나 오락성 글을 읽는 것보다는 마음수련에 도움이 되는 양질의 글을 읽는 것이 더 낫다는 이야기입니다. 맛있다는 이유로 원할 때마다 섭취하는 인스턴트 식품이 결국 입맛을 버리는 것처럼, 독서도 비슷한 과정을 밟습니다.

좋은 책이 주는 유익함은 말로 다 표현할 수 없습니다. 저자가 고민했던 주제를 같은 시선에서 바라보고 이에 대한 해결책을 찾아나가는 과정은 무엇과도 바꿀 수 없을 만큼 소중합니다. 경험이 축적되면 더 많은 것을 볼 수 있게 되고, 더 나아가 스스로 생각하는 능력을 기를 수 있습니다. 당연히 학습 능력은 훨씬 더 좋아집니다. 독서는 마음의 양식이라는 말이 괜히 나오는 게 아닌 것 같습니다.

인문학으로 자기 계발서 읽기

많은 사람들이 책을 통해 창의성을 발휘하라고 말합니다. 그러나 우리는 받아들이는 것에 익숙해서 어떻게 해야 할지 잘 모릅니다. 하지만 오늘날에는 생각하는 능력이 매우 중요합니다. 사람의 위치를 어디까지 올려놓을 수 있을지를 결정하는 것이 이 부분이기 때문입니다.

그렇기 때문에 우리는 일을 하면서 항상 새로운 가능성을 생각하는 것이 좋습니다. 특정 사건이나 글을 통해 내가 새로운 것을 시작한다고 가정해보는 것입니다. 만약 기획을 한다면 기존의 데이터를 참고하여 내가 이 일을 이룰 수 있을지 없을지를 생각하고 기존의 틀을 재편하는 노력을 시도해야 합니다. 결국 세상을 바꾸는 것은 창의적이면서도 발전을 위한 건설적인 생각입니다.

생각의 자료를 얻을 수 있는 가장 좋은 방법은 독서입니다. 독서의 가장 큰 장점은 우리의 마음을 살찌우고 생각의 폭을 넓혀준다는 것입니다. 단 여기서 주의해야 할 것이 있습니다. 우리가 긍정적인 마음을 갖고 이를 받아들이려는 노력을 할 때에만 독서의 효과가 있기 때문입니다.

만약 우리가 어떤 계기로 인해 새로운 것을 시작해야 된다고 가정해봅시다. 기획을 한다면 기존의 데이터를 참조하여 내가 이 일을 이룰 수 있을지 없을지 저울질 해보는 것이 첫 번째 단계라고 생각하는 사람들이 많지만 이는 사실과 다릅니다. 물론 일을 기획하는 과정에선 앞서 말한 내용이 절대적으로 필요합니다. 그러나 이보다 먼저 이루어져야 할 것은 기존의 틀을 부수고자 하는 건설적인 생각입니다.

예를 들어 여러분이 붕어빵집 사장님이라고 가정을 해봅시다. 맛있는 붕어빵을 만들기 위해 필요한 요소에는 어떤 것이 있을까요? 좋은 반죽과 팥, 그리고 적절한 기술이 필요할 것입니다. 그런데 재미있는 것은 맛있는 붕어빵이든 맛없는 붕어빵이든 팔리는 가격은 거의 비슷합니다. 아무리 좋은 재료를 써도 붕어빵은 붕어빵인 것이지요.

그런데 이런 발상을 뒤집은 사례가 있습니다. 명품 붕어빵 카페가 생긴 것입니다. 이 곳에서 파는 붕어빵은 하나에 2~3000원 대로 매우 비싸지만, 없어서 못팔 정도로 인기를 누리고 있습니다. 이 빵을 만든 장건희 사장은 처음에 여름에도 팔릴 수 있는 붕어빵을 만들고 싶었습니다. 그러나 팥이 빨리 쉬기 때문에 팔기 어렵다는 말을 듣고 시원한 카페에서 붕어빵을 팔아야겠다는 아이디어를 기획했습니다. 대부분 중국산인 팥을 국산으로 채우고, 팥의 양과 전체 붕어빵의 크기를 키웠습니다.

디자인 또한 무시할 수 없는 요소였습니다. 붕어모양의 빵만 있는 것이 아니라 다양한 종류의 빵이 있어 손님들의 눈을 즐겁게 하고, 맛 역시도 팥이 들어간 빵, 크림이 들어간 빵 등 다른 붕어빵집과 차별화를 시도했습니다. 전기로 빵을 굽는 것도 다른 집과 달랐으며, 첫 런칭장소가 명품 백화점이었다는 점도 고객들의 마음을 사로잡은 포인트였습니다. 일반적으로 붕어빵은 노점에서 파는 것이 일반적인데 그 상식을 과감하게 뒤엎은 것이지요. 결국 장건희 사장은 성공을 일궈냅니다. 저는 이런 사례가 기존의 틀을 부수고 자신만의 영역을 구축하여 린치핀이 된 이상적인 예시라고 생각합니다.

물론 책을 읽는다고 해서 세상에 있는 모든 틀을 부술 수 있는 것은 아닙니다. 내가 알고 있는 지식이 실제 삶에 쉽게 적용되기 어려울뿐더러, 모든 것을 알 수 있을 만큼 우리의 두뇌가 뛰어난 것도 아니기 때문입니다. 사실 진리는 매우 단순한 곳에 있습니다. 그러나 진리는 열정을 품고 노력하는 사람에게만 그 모습을 보여주게 마련입니다. 끊임없이 노력하며 작은 성공을 축적하는 사람이라면 그 결과가 나중에 더 좋을 것입니다. 우리는 이미 사회에서 수많은 실패를 맛보고 취업에 성공하기 때문에 자신감이 위축되어 있습니다. 만약 자존감을 높인다면 성과가 조금 더 높게 나오지 않을까요?

저는 우리가 많은 일을 할 수 있는 능력이 있다는 사실을 믿습니다. 스스로를 자각하고 더 나은 결과를 만들기 위해 노력하는 한 우리는 반드시 그 목표를 이룰 수 있습니다. 하지만 실천하지 않는다면 이 모든 것이 다

공염불로 돌아갈 것입니다. 항상 의식하며 삶의 질을 개선하려 노력해보
시기 바랍니다. 개인별로 시간차는 있겠지만 반드시 좋은 성과가 있을 것
이라고 확신합니다.

실행이 답이다

읽어야 이긴다

사람의 생각은 큰일을 해내는 바탕이 됩니다. 그런데 이런 생각을 향상 시키기 위해서 우리는 무엇을 해야 할까요? 저는 이런 일의 바탕이 되는 것으로 독서를 말하고 싶습니다. 독서는 우리의 삶을 윤택하게 만들어줍 니다. 기본을 다지며 더 나은 나를 만들 수 있는 수단이라는 뜻이죠. 물론 수단만을 위해 독서를 하는 태도는 옳지 않지만 성공의 기준으로 놓고 재 단해 보아도 책읽기는 이 조건에서 빠지지 않습니다.

하지만 독서를 하는 것보다도 더 중요한 일은 어떻게 독서를 하느냐입 니다. 일년에 출판되는 책의 수만해도 엄청난데다 이 책들을 모두 소화하 는 것이 사실상 불가능하기 때문입니다. 그렇기 때문에 선택적으로 독서 를 하고 이를 자신에게 맞는 방향으로 적용하는 것이 중요해졌습니다. 올 바른 독서를 하려면 무엇이 필요할까요?

저는 독서를 할 때 독서 전, 실제 독서, 독서 후의 과정을 나누어서 생각하는 것을 추천합니다. 자신에게 어떤 책이 맞는지, 그리고 어떻게 해야 책을 잘 고를 수 있는지 생각하는 것이 독서 전에 해야 할 일입니다. 책을 읽으면서는 내가 이 책을 얼마 만에 읽어야 하는지, 읽을 때 핵심파악은 어떻게 해야 되는지 등에 집중합니다. 책을 다 읽고 나서는 자신의 생각을 기록하거나, 저자의 주장과 자신의 의견을 비교하며 생각의 틀을 넓힙니다.

저는 이 3가지 단계 중 마지막 단계인 기록이 제일 중요하다고 생각합니다. 독서를 하는 이유는 스스로가 실생활에서 써먹기 위함인데 독서노트 쓰기는 우리의 지식을 체계적으로 정리할 수 있는 기회를 만들어주기 때문입니다. 우리에게 큰 도움이 되지요.

독서노트를 쓰는 방식은 간단합니다. 처음에는 자신이 감명 깊게 읽었던 부분을 정리하는 것부터 시작해보시기 바랍니다. 그러다가 조금씩 생각을 추가하고 결국에는 자신의 글을 쓸 수 있는 단계까지 오릅니다. 성장하는 속도는 다르겠지만 우리는 결국 글을 잘 쓰는 인재가 됩니다. 거의 대부분의 직장에서 글쓰기 능력은 매우 중요합니다. 그 사람의 업무역량을 가장 잘 나타내는 지표가 되기 때문입니다.

물론 이런 지식을 알았어도 가장 중요한 것은 역시 실행입니다. 우리의 마음을 가다듬고 항상 노력하여 멋진 결과를 이끌어 낼 수 있는 사람이 됩시다. 그렇게 된다면 아마 이전과는 다른 미래가 우리를 기다리고 있을 것입니다. 이 글을 읽는 모든 분들이 승승장구하시길 기원해봅니다.

깊이 있는 독서

일반적으로 책을 읽는 사람들은 독서법을 구분합니다. 다독, 속독, 정독 등 우리가 알고 있는 기본적인 독서법 외에 기준을 두고 활용할 수 있는 방법은 무궁무진합니다. 독서 전문가들은 대부분 많이 읽는 것이 중요하다고 말합니다. 지식이 많으면 유리한데다, 공부하지 않으면 따라잡을 수 없을 만큼 세상이 빠른 속도로 변하고 있기 때문입니다.

오늘날과 같이 급격하게 변하는 세상에서 행복하게 살려면 마음의 여유가 있어야 합니다. 사실 여유는 나 자신을 돌아보고 깊이 사색하면서 나오는데 요즘 세상은 너무 바쁩니다. 어떻게 해야만 하는지 알지 못하기 때문에 스트레스는 쌓이고 일의 능률은 자꾸 떨어집니다.

가끔 제게도 이런 일이 발생할 때가 있습니다. 뭔가 일을 하기 싫고, 사람들만 만나면 피곤하고 아무데도 가기 싫으며 집안에 박혀서 티비를 보다가 잠이나 실컷 자고 싶을 때도 있습니다. 사람들은 자신을 이끌어 줄 확고한 목표가 없는 상태에서는 누구도 자율성을 발휘하지 못합니다.

이럴 경우 저는 집에서 책을 봅니다. 종류는 다양합니다. 종이책인 경우도 있고 요즘 유행하는 스마트폰이나 태블릿일 때도 있지요. 중요한 것은 책을 읽으며 마음을 정리하고 그 내용을 곱씹어보는 일입니다. 책을 읽으면서 '어떻게 하면 내가 더 잘 살 수 있을까?', '어떻게 하면 내가 더 행복하게 살 수 있을까?' 등을 고민하는 시간을 갖습니다. 매우 의미 있지요. 이번에 든 생각은 어떻게 하면 책을 잘 읽을 수 있을까 입니다.

책의 고수님들을 통해 본 독서법을 한마디로 표현하면 '호기심' 입니다. 책을 읽으면서 궁금한 것을 확인하고 자신의 생각과 책의 내용을 비교합니다. 만약 그 정도로 내공이 없는 독자라도 좋습니다. 책을 읽으면서 정보가 축적되고 이 과정을 통해 스스로의 생각이 형성됩니다. 이 방법은 독일의 관념철학자인 헤겔이 언급한 변증법과도 상당히 유사합니다. 올바른 것에 반대하여 의문을 갖고 서로 의견을 조율하여 새로운 것을 내어놓는 일을 반복하는 방식 말입니다.

저는 특히 이 방법을 잘 활용했던 사람으로 앞서 말씀드렸던 다산 정약용을 들고 싶습니다. 그는 책을 읽으면 관련 내용을 모두 기록하고 이에 대한 생각을 짧은 메모로 정리하여 책에 붙여놓는 일명 초서 학습법의 대가였습니다. 그렇게 한 권을 정말 철저하게 읽고 생각을 정리하며 자신의 지식수준을 향상시켰던 것입니다. 한 권을 여러 가지 관점에서 보게 되므로 지혜가 생기게 됨은 물론 다른 사람들에게 더 자세히 알려줄 수 있는 토대를 마련할 수 있습니다. 감명 깊었던 문장이 있다면 글로 써보거나 블로그에 정리를 해두는 것도 좋은 방법 중 하나입니다.

저는 우리가 독서를 통해 끊임없는 사색을 할 수 있고 그 결과 삶에 응용하는 지혜를 스스로 발견할 수 있을 것이라고 생각합니다. 현재 세상은 무언가를 빠르게 요구하고 있습니다. 그러나 모두 알고 있다시피 빠른 것은 몸에 좋지 않습니다. 패스트푸드보다는 오랫동안 정성을 들여 만든 음식이 맛있고 건강에도 좋은 것처럼, 우리 마음의 양식 역시 순간의 쾌락을 즐기는 자극적인 것 보다는 오랜 시간 동안 그 의미를 곱씹어보면서 내 자양분으로 만들 수 있는 것을 선택하는 게 더 좋다는 생각이 들었습니다.

오직 독서뿐

우리는 '인생을 바꾸기 위해 책을 읽어야 한다' 는 말을 자주 듣습니다. 그런데 책을 읽고 난 뒤 어떻게 내 인생을 바꿔야 할지는 잘 모릅니다. 책을 읽으면 정말 인생이 바뀔까요? 책의 장점을 얘기하는 사람은 많지만 책을 어떻게 다뤄야 인생이 변하는지를 알려주는 사람은 상대적으로 적습니다.

우리가 책을 읽고도 변하지 않는 이유는 많습니다. 하지만 이를 연구하고 실천해서 어떤 결과를 만들어낸 사람의 수가 적기 때문에 독서를 통해 마음을 다잡고 새로운 변화를 맞이하려는 사람들은 고민이 많습니다. 아마 이 문제를 해결하려면 독서를 통해 인생을 바꾼 사람들에게 그 비결을 물어보아야 할 것입니다.

저는 이에 가장 대표적인 예로 양천상과 김득신을 이야기하고자 합니다. 옛 사람이지만, 정말 무서울 정도로 책 읽기에 몰입했었기 때문에 놀랄만한 성과를 냈었지요. 우리가 배울 점이 많기에 이분들의 독서법을 소개해보도록 하겠습니다.

먼저 이야기할 사람은 명나라의 양천상이라는 인물입니다. 그를 한마디로 표현하라고 제게 말한다면 저는 '책귀신'이라는 단어를 제일 먼저 떠올리고 싶습니다. 신들린 듯이 책을 읽으면서도 무서운 뚝심을 통해 세상의 이치를 깨우친 인물이었기 때문입니다. 그의 독서법을 간단하게 요약하면 다음과 같습니다.

- 마음을 모아 소리 내어 읽으며 책을 본다.
- 소리 내어 읽으며 귀로 그 소리를 듣는다.
- 입으로 외우는 것을 신경 쓰지 않고, 깊은 뜻을 헤아리며 읽지도 않는다.
- 마음을 모아 1페이지를 100회씩 읽는다.
- 이렇게 15년을 날마다 3장씩 읽어, 총 15,000 페이지의 책을 100번씩 읽었다.

소리를 내서 책을 읽는 낭독을 해본 사람들이라면 알겠지만 매일 300장 분량의 책을 큰 소리로 읽는 것은 절대 쉬운 일이 아닙니다. 많은 체력을 요하는 일이지요. 정신력 또한 뛰어나야 합니다. 겨울밤에 졸음을 쫓으려고 얼음물에 발을 담갔다가 동상으로 한 쪽 다리를 잃으면서까지 책에서 눈을 떼지 않았던 그의 열정을 우리가 배울 필요가 있습니다.

조선후기의 김득신 역시 독서로 둘째가라면 서러운 인물입니다. 그런데 재미있는 사실이 하나 있습니다. 그가 공부에 재능이 뛰어나지 않았기 때문입니다. 옛 기록에서는 김득신을 '성품이 어리석고 멍청하였으나, 글 읽기만은 좋아하여 밤낮으로 글을 읽었다'라고 묘사합니다. 많은 사람들이 이야기하는 대표적인 것이 바로 그가 읽은 사기 백이전입니다. 그가 읽은 사기 백이전의 횟수는 자그마치 1억(=오늘날의 십만)1만3천번입니다. 또한 한유의 사설은 1만3천번, 악어문을 1만4천번, 노자전을 2만번, 능허대기를 2만500번씩 읽었습니다. 중요한 것은 그렇게 백이전을 읽었는데도 잘 기억을 하지 못했다는 것이지요. 백이전 읽는 모습을 듣던 하인이 오히려 주인보다 더 잘 기억하는 아리송한 상황이었지만 그는 포기하지 않고 노력하여 결국 59세에 과거에 급제하고 당대에 내로라하는 시인이 될 수 있었습니다.

그 시대에는 눈으로 읽는 묵독이 발달하지 않은 상황이었으니, 이 모든 기록이 낭독으로 이루어진 것이라 보아야 합니다. 조선시대의 유명한 실학자인 정약용 조차도 "서계(문자)가 있어온 이후로 상하로 수천 년과 종횡 3만리를 통틀어도 독서에 부지런하고 뛰어난 이로는 당연히 백곡(김득신의 호)을 으뜸으로 삼아야 할 것이다"라고 하였습니다. 그의 노력을 우리가 다시 보아야 하는 이유입니다.

양천상과 김득신을 통해 저는 여러분들께 독서의 '치열함'에 대해 이야기하고 싶었습니다. 이들은 정말 목숨을 걸고 책을 읽었습니다. 우리가 그 시대에 살지 않았던 이상, 이 두 사람이 그토록 책을 열심히 읽었던 이유를 알 수는 없습니다. 그냥 좋아서 읽었을 수도 있고, 아니면 특별한 사명감을 갖고 책을 읽었는지도 모르겠습니다. 목적이야 어찌되었든 결과적으로는 많은 사람들에게 귀감이 되는 사례를 만들어낼 수 있었으니 이 점만큼은 우리가 배워야 한다고 생각합니다.

독서는 '저자와의 대화' 입니다. 현대를 살아가며 도움이 되는 정보를 습득할 수 있으며 나 자신을 생각할 기회를 부여하고 더 나은 사람이 될 수 있도록 우리를 도와줍니다. '공부를 열심히 해서 남에게 주자' 는 말이 있습니다. 내가 배운 것을 다른 사람들과 나누고, 이를 통해 더 발전하는 이상적인 사례를 지속적으로 만들어나갈 수 있는 우리가 되어야겠습니다.

명문가의 독서법

우리는 성공해서 돈을 많이 번 사람들을 부러워합니다. 좋은 집과 차가 있고 비싼 음식을 마음대로 먹을 수 있으며 해외여행 또한 크게 걱정하지 않고 다녀옵니다. 물질만능주의 사회에서는 사실 돈을 통한 성공이 사람의 가치를 결정하는 척도입니다.

이 상황에서 우리는 '그들이 어떻게 그런 생활을 할 수 있었는지' 잘 파악하는 자세를 지녀야 합니다. 옳지 않은 방법이라면 따르지 말아야겠지만, 만약 그 방법에서 무언가를 얻을 수 있다면 우리의 삶이 달라지기 때문입니다. 항상 다른 사람들의 좋은 점을 배우며 성장하는 이만이 특권을 누릴 자격이 있다는 것은 변하지 않는 진리입니다.

많은 유산을 물려받은 졸부를 제외한 대부분의 성공자는 책을 많이 읽었다는 공통점이 있습니다. 치열하게 공부하며 자신의 미래를 준비하고 결국 원하는 꿈을 이뤄낸 것이지요. 그렇다면 그들은 어떻게 책을 읽고 공부했으며, 어떤 교육을 받았을까요?

여러 대에 걸쳐 위대한 일을 한 가문의 공통점은 '전통을 갖추고 있다'는 것입니다. 올바른 공부 습관을 만들기 위해 열심히 노력하고 이를 기반으로 자신의 생각을 말하고 발전시킬 수 있는 토론 문화를 정착시킨 것이죠. 조지 오웰의 소설인 "동물농장"에 나오는 똑똑한 돼지들처럼 가문의 역량을 향상시키기 위해 그들은 꾸준히 공부하며 노력했습니다. 다른 사람들보다 많이 알고 있어야 우위에 설 수 있다는 사실을 수 대 전에 이미 깨달았기 때문입니다.

이런 전통을 지니고 있는 곳으로 저는 이율곡의 가문을 들고 싶습니다. 그의 어머니 신사임당은 그 시대의 대부분의 여성들이 천대받았던 것과는 달리 열심히 공부하며 문인, 유학가, 화가, 작가 그리고 시인으로 활약했습니다. 그의 아들인 율곡 역시 이런 가풍을 물려받아 아홉 번이나 과거에 장원으로 급제하며 구도장원공(九度壯元公)이라는 별명을 얻었고 이후 관직에 진출하여 나라를 위해 많은 일을 했지요. 좋은 습관을 보며 열심히 공부한 결과라고 생각합니다. 물론 이율곡의 가문도 명문으로 이름을 날릴 수 있었죠.

이율곡 가의 독서원칙은 '첫째, 독서에 앞서 뜻을 세우는 교육을 할 것. 둘째, 다독과 속독보다는 정독을 원칙으로 삼을 것. 마지막으로, 좋은 문장을 메모해 집안 곳곳에 걸어둘 것'의 3가지였습니다. 이 원칙을 바탕

으로 그는 사서오경을 독파하고 중국과 조선의 역사서를 읽으며 스스로
의 생각을 넓힐 기회를 가졌습니다.

이율곡이 이처럼 책을 열심히 읽었던 원인은 사회에 보탬이 되고자 하
는 그의 꿈 때문이었습니다. 일희일비하지 않고 자신이 세운 웅대한 목표
를 이루기 위한 과정에 스스로를 내던진 것입니다. 책을 읽고 사물의 이
치를 심사숙고하며 힘써 익힌 원리를 사회에서 실현하고자 하는 그의 노
력이 오늘날 우리에게 조금이라도 전해졌으면 하는 마음을 갖게 됩니다.

앞서 살펴본 바대로 명문가 독서 교육의 핵심은 책을 많이 읽고 이를
다양한 관점에서 깊게 생각할 수 있도록 하는 환경을 구축하는 것입니다.
우리는 어떻게 책을 읽어야 할까요? 목적을 가지고 치열하게 책을 읽는
동양의 방식이든, 지적 즐거움을 위해 독서에 몰입하는 서양의 방식이든
결국 개인의 역량을 향상시키는데 큰 도움이 됩니다. 문제는 내가 어떤
마음으로 책을 읽어야 힐지 결정하는 일입니다.

위인들을 배출한 명문가에서 독서습관을 가장 중요하게 생각했던 이
유는 독서가 위대한 문인들의 사상을 통해 세상에서 꼭 지켜야 할 원칙을
알려주는 유일한 수단이었기 때문입니다. 우리 역시 이를 본받아 책을 통
해 미래를 설계하는 습관을 기른다면 이전과는 전혀 다른 멋진 삶을 살
수 있을 것입니다. 이 글을 다 읽는 즉시 시작해보는 것은 어떨까요?

독서법도 변한다

2008년에 미국에서 시작되어 전 세계를 강타한 금융위기가 있었습니다. '서브 프라임 모기지 사태'로도 불리는 이 사건을 통해 수많은 회사가 도산했고 실업자들이 거리에 쏟아져 나왔습니다. 우리나라 역시도 90년 대 말에 IMF라는 금융위기를 겪었습니다. IMF와 서브 프라임은 물론 약간의 차이가 있지만 사건의 결과는 비슷했습니다. 회사가 줄줄이 무너지고 아버지들은 직장을 잃었습니다.

이 사태를 수습하기 위해 오바마 대통령은 금융가에 대량의 돈을 지원합니다. 그런데 여기서 문제가 발생했습니다. 지원된 돈의 상당수가 금융가 대표와 임원들에게 성과급이라는 명목으로 제공된 것이지요. 금융위기를 불러온 사람들이 국가가 준 세금으로 자신들의 배를 불리는 모습을 본 시민들은 격분했고 결국 이 사태는 구제금융을 반대하는 대규모의 시위로 이어졌습니다.

앞의 사례는 지식을 익히고도 이를 올바르게 활용하지 못한 사람들의 전형적인 예입니다. 머리는 똑똑하지만, 이를 올바른 곳에 활용할 수 있는 윤리의식이 결여되었던 것입니다. 우리는 이 사건을 보고 무엇을 생각해야 할까요? 저는 이 상황에서 조선시대 선비들의 독서법이 시사하는 바가 크다고 생각합니다. 앞서 유태인과의 공통점을 통해 비교되기도 했던 이들 집단을 통해 우리는 많은 것을 배울 수 있습니다.

조선시대 초기의 선비들은 책 한 권을 여러 번 보고 익히는 방법을 활용했습니다. 금속활자가 있긴 했지만 글자를 붙이고 일일이 맞추는 기술이 미미했던 지라 인쇄된 책의 수가 적었던 탓이지요. 그 당시의 이 때문에 선비들은 하나의 지식을 오랫동안 생각할 수 있었습니다. 그래서 자연스럽게 토론문화가 정착되었고 선비들은 이를 통해 얻은 지혜를 삶에 적용시키려 노력했습니다.

이 당시 선비들이 공부했던 방법은 대게 '낭독-암기-이해-토론'의 순서로 진행되었습니다. 서당이나 집에서 책을 큰 소리로 읽고 암기한 뒤 오랜 시간을 들여 각 문장의 의미를 이해하려 노력했던 것이지요. 이는 오늘날 많은 사람들이 고민하고 있는 영어학습법과도 일맥상통합니다. 다양한 문장을 읽고 외우며 안에 담긴 뜻을 생각하는 가운데 저절로 지식이 향상되고 언어도 동시에 익힐 수 있기 때문입니다. 사실, 서당에서 실시한 공부방식을 그대로 영어에 적용하면 우리는 외국어를 지금보다 적은 노력을 들이면서도 더 뛰어난 수준으로 구사할 수 있게 됩니다.

그러나 근대에 들어서 이 방법은 조금씩 사장되었습니다. 인쇄술이 발달하면서 책의 수가 기하급수적으로 늘어났기 때문입니다. 빠른 시간에 지식을 익혀야 했기 때문에 소리를 내어 읽는 낭독보다는 눈으로 보는 묵독의 방식이 더 유행했습니다. 오늘날 학생들이 사용하는 것과 거의 비슷한 방법이지요. 지식은 많아졌지만 지혜는 줄어들고 있습니다. 하나를 깊게 생각하는 시간이 절대적으로 부족하기 때문입니다.

사고력을 키우기 위해 우리는 어떤 방식으로 공부해야 할까요? 저는 이에 대한 해결방안으로 요즘 유행하고 있는 슬로푸드를 예로 들어볼까 합니다. 빨리 먹는 음식은 쉽게 체하게 마련입니다. 빨리 만든 음식은 건강에 좋지 않습니다. 천천히 만들어져 여유를 갖고 먹을 수 있는 슬로푸드처럼, 지식을 익힐 때도 단순히 내용만 암기 하는 자세보다 스스로 생각하고 느끼며 삶에 적용하려 노력하는 일이 훨씬 더 바람직합니다.

깊이가 없는 지식은 쉽게 잊혀집니다. 본질을 보는 눈을 기르기 위해 조선시대 선비들의 학습법에 주목해야 되는 이유가 여기에 있습니다. 알고 있는 내용을 구분하여 삶에 올바르게 적용할 부분을 선정하고 이를 일상에 반영하며 조금씩 스스로의 삶을 바꿀 수 있는 우리가 되었으면 합니다. 윌리엄 파워스가 쓴 "속도에서 깊이로"라는 책이 떠오릅니다. 느리게 가는 것이 오히려 빠른 길이 될 수도 있다는 사실을 기억해주시기 바랍니다.

지식그물 설계하기

주변을 둘러보면 선생님의 총애를 받는 친구들이 많이 있습니다. 영어로는 'Teacher's pet(선생님의 애완동물)'이라고 하죠. 예전에는 학교에서 주어진 공부를 열심히 하며 좋은 성과를 내면 사회에서 큰 성공을 거둘 수 있었습니다.

그러나 최근에는 이런 추세가 조금씩 변하고 있습니다. 대개 모범생이 각광받는 시기는 고등학교 졸업 전까지이며 이후의 삶은 천차만별로 바뀝니다. 공부와 상관없이 사회적인 지위가 결정되며 새로운 가능성을 찾는 사람들에게 하늘이 길을 열어주기 때문입니다.

우리는 이런 상황에서 현명하게 사는 방법에 대해 고민해봐야 합니다. 또한 현명해지기 위해 어떻게 하면 공부를 잘 할 수 있을지를 고민하는 것도 우리에게 주어진 과제입니다. 어떻게 하면 이런 문제들을 해결할 수 있을까요?

최근 현대사회에서는 통섭형 인재가 자주 거론되고 있습니다. 여러 분야의 지식을 하나로 통합하여 새로운 것을 만들어 낼 수 있는 능력이 있는 사람이라는 뜻이지요. 많은 사람들이 통섭형 인재가 되려고 노력하지만 사실 이를 이루기란 쉽지 않습니다.

사람들이 통섭형 인재가 되고 싶어하는 이유는 간단합니다. 하나의 지식이 힘을 발휘하는 시대가 이미 지났기 때문입니다. 하나의 분야에서 전문가가 되기 위해서는 피와 땀을 많이 흘려야 함에도 불구하고 그렇게 얻은 지식보다 더 많은 것을 익혀야 된다는 사실을 듣게 될 경우 우리들은 대부분 절망하게 마련입니다.

사실, 통섭형 인재의 기원은 T자형 인재였습니다. 하나의 분야에서 두각을 나타내면서도 다른 분야의 지식을 골고루 학습하여 상대방을 배려하고 최대한의 효율을 발휘할 수 있도록 주변 자원을 활용할 수 있는 T자형 인재는 그 당시 회사를 다니고 있던 모든 사람들의 목표였습니다. 다른 부서가 하는 일과 고충을 알고 있는데다가 상대방을 위한 배려심까지 있어 많은 이들이 좋아했기 때문입니다.

우리가 이런 인재가 되려면(T자형 인재, 통섭형 인재) 어떤 방식으로 공부를 해야 할까요? 이 질문에 답하기 위해 무엇을 해결해야 할까요? 가장 쉬운 방법은 위에서 말한 조건을 충족시킨 인재가 어떤 방식으로 공부했는지를 벤치마킹 하는 것입니다.

저는 앞에서 말한 인재의 조건에 가장 부합하는 사람으로 "공부기술", "그물망 공부법"의 저자인 조승연이라는 인물을 꼽고 싶습니다. 1981년에 태어난 그는 이탈리아어, 프랑스어, 영어, 그리스어, 라틴어를 포함하여 총 7개의 언어를 사용할 수 있고, 뉴욕대 경영학과인 스턴 비즈니스 스쿨과 줄리어드 음대 이브닝 스쿨을 동시에 다녔으며 이후 파리에서 중세 그림을 전공했습니다. 출판사를 창업하여 해외 콘텐츠를 공급하기도 하고, 영국의 로열 더치 쉘, 필립스 전자사가 후원하는 경영 컨설팅 협회의 최연소 상임이사로 근무하기도 했습니다. 이 정도면 그를 다방면에서 지식을 융합할 수 있는 통섭형 인재로 보아도 무방할 것입니다.

그는 이처럼 다양한 분야에서 성과를 낼 수 있었던 요인으로 자신이 설계했던 '지식그물'을 들었습니다. 지식그물이란 서로 다른 영역의 지식들이 하나로 엮이면서 새로운 시식을 생성하는 과정을 반복하며 만들어지는 하나의 시스템입니다. 그는 지식그물을 통해 공부와 사업에 필요한 아이디어를 얻고 다른 사람들보다 손쉽게 공부에 몰입할 수 있었다고 말했습니다.

그렇다면 우리가 이처럼 탄탄한 지식그물을 설계하려면 무엇을 해야 할까요? 먼저 그물을 짜려면 실이 있어야 합니다. 지식그물을 만드는데 필요한 실은 당연히 지식입니다. 그렇기 때문에 지식이 많아야 하죠. 그는 이 과정을 '쓱 많이 훑어보기'라는 용어로 표현합니다. 훑어보기는 주변의 모든 것에 호기심을 가지면서 문제에 대한 답을 자세히 알아나가는 단계입니다.

그 다음에 학습자가 시도해야 될 것은 궁금증과 관련된 데이터베이스 구축입니다. 오늘날에는 인터넷이 있기 때문에 연관 지식을 검색하는 일이 매우 쉽습니다. 그러나 여기서 중요한 것이 있습니다. 단순히 지식을 검색하여 늘어뜨리는 것이 전부라고 생각하면 안 된다는 점입니다. 학습자는 자신이 검색한 지식을 스토리텔링 기법을 활용하여, 설명할 수 있는 형태의 지식으로 변환해야 합니다. 간단히 말해서 내가 익힌 지식을 다른 사람들에게 이야기 형식으로 들려줄 수 있어야 한다는 뜻입니다.

물론 이곳에 이르는 과정이 만만치 않기 때문에 학습자는 공부 자체를 즐길 수 있어야 합니다. 그래서 그는 우리에게 마음에 드는 이성과 연애할 때 드는 즐거운 감정으로 공부에 접근해야 한다고 강조합니다. 우리는 좋아하는 것을 배울 때 시간 가는 줄 모르고 하나에 몰두합니다. 그냥 좋기 때문입니다. 그렇기 때문에 높은 성과를 낼 수 있는 것이죠.

결국 지식그물을 짜는데 필요한 핵심개념은 주변 사물과 현상에 호기심 갖기, 호기심에 관련된 데이터베이스 구축하기, 스토리텔링 기법을 활용하여 설명할 수 있는 지식 만들기, 연애하는 마음으로 지식을 익히기의 총 4가지입니다. 꾸준한 노력이 필요한 부분입니다.

저는 여러분들이 이 글을 읽으면서 스스로의 공부방식에 대해 다시 한 번 생각하는 기회를 가졌으면 합니다. 단순히 지식을 받아들이는 기계의 입장에서 공부를 하고 있지는 않은지 반성해보시기 바랍니다. 물론 이런 방식으로 공부를 했을 경우 다른 사람들의 꿈을 이뤄주는 도구밖에는 될 수 없습니다. 스스로 생각하고 노력하며 새로운 것을 만들어내는 것이 중요한 이유가 여기에 있습니다.

✣ 나만의 정보 활용법을 만들자
✣ 정보는 많고 활용은 어렵다
✣ 정보를 어떻게 활용할 것인가?
✣ 나를 조종하는 정보의 원리
✣ 더 높이 날기 위해 무엇이 필요할까?
✣ 정보는 항상 옳은가?
✣ 본질을 바라보는 눈을 기르자
✣ 위인들의 빅 데이터 관리법

나만의 정보 활용법을 만들자

정보화 시대의 데이터 활용방안

현대는 정보화 시대입니다. 이 말은 우리에게 정보가 없으면 힘을 발휘하기 어렵다는 의미입니다. 사실 기업들의 정보전쟁은 끝이 없습니다. 그들은 이렇게 열심히 얻은 지식을 이윤추구에 활용하거나 신상품을 출시하는데 이용합니다.

만일 모든 사람들에게 동일한 정보가 주어진다면 승자는 '획득한 정보를 자신의 능력과 잘 조합하는 사람'이 됩니다. 그렇다면 능력을 잘 활용하기 위해 우리에게 필요한 조건은 무엇일까요? 먼저 우리는 자신의 역량을 정확하게 파악해야 합니다. 스스로가 할 수 있는 것과 없는 것 그리고 좋아하는 일 등을 정확하게 알아야만 앞으로 하게 될 업무에서 유리한 고지를 점할 수 있습니다. 손자병법에서 말하는 '나를 아는 일'입니다.

능력을 바탕으로 정보를 활용하려면 먼저 정보의 2가지 속성에 대해 알고 있어야 합니다. 정보는 크게 로우 데이터(Raw Data)와 체계화 된 데이터(Organized Data)의 2가지로 나뉩니다. 똑같은 정보라도 어떤 사람에게 가느냐에 따라 의미가 있을 수도 혹은 없을 수도 있지요.

만약 누군가가 데이터를 활용하게 된다면, 그 사람은 자신이 어떤 목적을 지니고 이 정보를 활용하려는지를 먼저 명확하게 알아야 합니다. 각자의 해결과제가 다르고 가진 역량도 다르기 때문에 정보를 활용하는 방법 역시 개인 편차가 심합니다. 가장 나쁜 방법은 생각하지 않고 무의식적으로 정보를 받아들인 뒤 활용하는 것입니다.

고대의 전쟁상황을 가정해보도록 하겠습니다. 싸움에서 필요한 정보는 대개 적의 동태와 관련이 있습니다. 적들의 이동계획, 물자 보급로 및 현황, 장수의 성향, 병졸의 훈련 상태 및 피로도 등의 정보는 장수들에게 꼭 필요합니다. 만약 그들이 이런 정보를 알고 있다면 싸움을 유리하게 이끌어 갈 수 있습니다. 그래서 대부분 장수들은 적진에 간첩을 파견합니다. 만약 그들이 간첩을 어떻게 활용해야 하는지 자세히 알고 있다면, 전쟁의 양상은 또 바뀔 것입니다.

그러나 전쟁에 참여한 행정가의 입장은 전혀 다릅니다. 그들은 병사들이 먹는 음식의 질과 무기 제작 단가를 포함한 총 비용을 더 신경쓸 것입니다. 전쟁이 길어지면 돈이 많이 필요하기 때문에 행정가는 고민이 많아질 수밖에 없습니다. 자료를 수집하며 다른 곳의 상황을 확인하고 더 나은 방안을 도출해야 하는 것이 이들의 사명입니다. 장수와는 근본적으로 사건을 바라보는 시점이 다를 수밖에 없는 이유입니다.

이처럼 같은 상황에 있더라도 각자에게 필요한 정보는 모두 다릅니다. 내 주변의 상황과 내가 무엇을 해야 하는지 가장 잘 아는 사람은 자기 자신입니다. 만약 잘 모르고 있다면 주변을 관찰하여 스스로의 역할을 다시 정립하도록 합시다. 개인에게 도움이 되고 또한 주변사람들에게 도움을 줄 수 있는 사람이 되려면 이런 사고방식을 꼭 지녀야 합니다.

자신만의 방법으로 정보를 모아라

1600년 대 파리의 풍경을 구글 맵스(Google Maps)로 볼 수 있을까요? 디지털 정보는 거의 남아있지 않고 위성사진은 찾아볼 수 없을텐데 이것이 가능한지 많은 사람들이 궁금해합니다. 예전 같으면 대답은 당연히 '불가능하다' 였겠지만 최근 들어 모든 정보를 디지털화 하려는 움직임을 여러 곳에서 보이고 있습니다. 특히 그들 중 유명한 사람은 프레데릭 카플란(Frederic Kaplan)입니다. 그의 최근 프로젝트는 베니스 타임머신으로 시간에 따른 베니스의 변화를 디지털화 된 정보체계에 담는 것을 목표로 합니다.

그런데 왜 정보를 디지털화 해야 하는 것일까요? 갖고 있는 정보를 디지털로 변환할 경우 분석이 용이하고 판단할 수 있는 근거가 넓어지기 때문입니다. 그렇지만 앞서 말한대로 고대의 아날로그 정보만 가지고는 이 작업이 불가능합니다. 그렇기 때문에 구글을 필두로 한 일부 기업에서는 전자 장비를 이용해 해당 데이터를 디지털로 변환하는 작업을 실시하고 있습니다. 그 중 하나로 들 수 있는 것이 구글 도서입니다.

이런 방식으로 정보를 디지털화 한다고 할지라도 판단할 수 없는 부분은 분명히 있습니다. 이럴 때는 어떻게 해야 할까요? 지금까지 모은 자료를 정리하여 논리체계를 구축하고 추정하는 것이 그 방법입니다. 이런 이유 때문에 가장 중요한 것은 정보 수집력 및 이를 분석하는 개인의 시야입니다. 좋은 장비를 가져다 줘도 사용하는 방법을 모르면 무용지물이듯이 정보와 데이터 역시 마찬가지의 속성을 지닙니다.

사실 우리가 스스로 무언가를 판단하는 일은 쉽지 않습니다. 만일 알고 있는 것이 조금이라도 있다면 이를 선택했을 때의 결과를 어느 정도는 예상할 수 있습니다. 그러나 특별한 노력을 하지 않은 현대인의 경우에는 상당히 제한적인 정보 밖에 습득할 수 없습니다. 그렇기 때문에 다른 사람들의 말에 쉽게 휘눌리고 스스로의 판단력을 잃어버리게 되죠. 물론 똑똑한 마케터들은 대중의 이런 속성을 파고들어 개인 또는 기업의 이익으로 환원시킵니다.

특정 체계를 기반으로 정보를 나름대로의 법칙으로 정리하는 것은 매우 의미 있는 일입니다. 앞서 말한 카플란은 디지털 체계 안에서 정보를 분류하려 노력했습니다. 우리 역시도 스스로의 기준으로 정보를 분류하고 활용하기 쉽도록 정리해야 합니다. 그게 굳이 디지털 체계일 필요는 없습니다. 자신이 활용하기 좋다면 어떤 것이든 상관없습니다. 공부를 하면서, 회사생활을 하면서 혹은 스스로의 사업을 구상하면서 위의 시스템을 기반으로 일을 해 나간다면 이는 우리에게 큰 도움이 될 것입니다.

정보는 많고 활용은 어렵다

좋은 재료를 고르자

예전에는 전문지식을 학원에서 배워야 한다는 인식이 강했습니다. 그러나 시간이 지나면서 스스로 배워보려는 노력을 하는 사람들이 조금씩 많아지기 시작했습니다. 그만큼 관련 정보가 증가했다는 뜻일 것입니다. 정보를 얼마나 쉽게 구할 수 있는지 궁금해서 영어로 케이크 만드는 법을 검색했더니 0.36초 만에 3억7천만 건에 해당하는 정보를 발견할 수 있었습니다.

앞서 말한 대로 이런 추세는 '우리가 활용할 수 있는 지식의 종류가 많아졌다' 는 사실을 의미합니다. 또한 쉽게 정보를 접할 수 있기 때문에 공부의 방식 또한 달라져야 한다는 뜻이기도 하지요. 어른들의 시선으로 보면 격세지감을 느낄 것입니다. 요즘에는 정보를 공개해서 많은 사람들이 쓸 수 있도록 하는 것이 바람직합니다. 게시자의 명성을 높이기 때문입니다. 그렇기 때문에 전문성 있는 블로거들의 글은 인기가 많습니다.

그러나 이런 지식이 모두 좋은 것만은 아닙니다. 지식을 올리는 사람들의 전문성이 모두 뛰어나지 않기 때문입니다. 예전에 처음 위키피디아가 생겼을 때 많은 전문가들이 이 이유 때문에 위키피디아를 비판했습니다. 또한 쉽게 얻은 지식은 그만큼 잊는 것도 빠릅니다. 디지털 치매라는 말이 생긴 이유도 이와 무관하지 않을 것입니다.

반면에 책 또는 기타 매체로 공부를 해야 얻을 수 있는 지식은 대개 어렵습니다. 간단한 가이드를 적은 책은 상대적으로 쉽지만 어려운 철학서는 첫 페이지를 여는 것조차 큰 도전입니다. 그래서 사람들은 쉬운 것을 고르기도 하고 어려운 도서에 집중하기도 합니다.

저는 가급적이면 지식을 어렵게 익혀야 한다고 생각합니다. 그 이유는 어려운 지식이 정보를 분석하고 새로운 시각을 제공하는데 도움이 되기 때문입니다. 우리는 쉽게 올라온 저급 정보의 바다에 노출되어 있기 때문에 이를 구분하는 능력을 길러야 합니다. 똑같은 정보가 우리에게 주어졌는데도 일이나 업무의 성과가 다른 이유는 바로 정보를 받아들이는 사람이 이를 실제 삶에 활용한 방법이 각각 달랐기 때문입니다.

음식을 하는 사람들 사이에는 '음식에서는 재료가 반 이상을 차지한다' 라는 말이 전해진다고 합니다. 이 말을 우리 사회에 적용한다면 재료는 정보에 해당할 것입니다. 좋은 재료를 차지하는 사람들이 멋진 요리를 만들었던 것처럼, 예전에도 고급 정보를 가진 사람이 사회를 변화시키는 주역이 되었습니다. 전쟁의 승패를 미리 확인하여 큰 이익을 거둔 로스차일드 가문이 대표적인 예시입니다. 그들은 워터루 전쟁의 결과를 반대로 알려주며 거짓여론을 형성하는 동시에, 자신들은 투자자와는 전혀 다른 방향으로 자금을 운용하며 영국 국채를 매입했고 이를 통해 총 20배에 달하는 이득을 얻었습니다.

그러나 요즘은 모든 정보가 인터넷에 공개되어 있습니다. 그렇기 때문에 현대사회에서 승패를 결정하는 것은 '어떻게 하면 오픈된 정보를 자신의 상황에 잘 가공해서 활용할 수 있는지'의 여부입니다. 또한 정보를 해석하는 능력도 중요합니다. 이런 이유로 여러 개의 외국어를 하는 사람들은 그렇지 않은 사람들보다 양질의 정보를 획득할 수 있습니다. 오픈된 정보의 양은 똑같지만 받아들일 수 있는 그릇의 차이로 인해 벌어지는 현상입니다.

음식을 만들 때와 마찬가지로 우리는 일을 하며 같은 정보를 어떻게 요리할지 고민해야 합니다. 고민하는 방법은 내가 어떤 능력을 갖고 있느냐에 따라 크게 달라질 것입니다. 만약 생각을 통해 최고의 방안을 찾아낸다면 그것 자체로 예술이 됩니다. 한국사회는 이제 예술가들이 지닌 창의성을 기반으로 성장하는 경제에 접어들었습니다. 오늘날 우리는 이 점에 매우 주목해야 할 필요가 있습니다.

데이터를 어떻게 관리해야 하는가?

우리는 항상 과거의 데이터를 현재의 활동에 반영합니다. 무수히 많은 철학자들이 역사를 통해 과거를 돌보고 이를 현재에 적용하여 더 뛰어난 결과를 만들어야 한다고 강조했습니다. 글을 쓸 때도, 신상품을 만들 때도 물론 과거의 데이터와 성향이 반영됩니다. 선입견에 빠져 새로운 것을 생각하지 않게 된다는 점만 주의한다면 데이터는 사람들에게 꽤 유용합니다.

특히 요즘은 빅 데이터라는 것이 유행하고 있습니다. 이는 기업이 각종 활동을 통해 모은 고객의 잠재성향이나 선호도를 기반으로 펼치는 마케팅 활동에 주로 활용되고 있습니다. 광고가 주 수입원인 구글과 페이스북 등에서 적극적으로 나서며 데이터 수집에 열을 올리고 있지요. 얼마 전 핸드폰에 필요한 케이스형 보조배터리를 검색했었는데 관련 링크가 구글과 페이스북에서 동시에 나왔던 기억이 납니다. 신기했지만 한편으로는 무섭기도 했습니다.

그러던 와중 아마존이 빅 데이터를 활용하는 새로운 방식을 소개해서 화제가 되고 있습니다. 고객의 구매 데이터를 기반으로 하여, 지방의 물류창고에 미리 고객이 좋아할 만한 것을 재고로 쌓아놓는 방식입니다. 이를 통해 아마존은 상품의 전체 배송시간을 단축할 수 있었으며 고객 만족도 역시 높아졌습니다.

저는 이 서비스가 기존의 자료를 어떻게 활용할지에 대한 끊임없는 연구로 인해 나온 결과물이라고 생각합니다. 아마존은 이전부터 구글, 페이스북과 비슷한 방식으로 정보를 모았습니다. 이를테면, 내가 아마존에서 자기계발서적을 하나 구매하면 이 데이터를 활용하여 다음 번 로그인을 했을 때 책과 연관된 정보를 보여주는 식입니다.

물론 앞서 말한 세 회사는 정보에 대한 윤리적인 문제를 해결해야 합니다. 저 역시도 이들의 정보활용방법에 찬성하지 않습니다. 하지만 창의력을 바탕으로 고객에게 더 좋은 서비스를 제공하며 자사의 이익을 도모했다는 점만큼은 높이 사고 싶습니다. 모두에게 이익이 될 수 있는 방안이라면 훨씬 더 좋겠습니다.

남과 다른 것을 만들어내는 능력은 매우 중요합니다. 우리는 대개 두 가지 방식으로 창조성을 발휘합니다. 완전히 새로운 것을 만들어내는 방식과 기존의 개념을 보완, 발전시키는 방식입니다. 전자는 어렵지만 파급효과가 크다는 상점이 있고 후지는 안전하고 쉽지만 현 판도를 크게 바꾸기는 어렵다는 단점이 있습니다.

그래서 저는 어렵더라도 판을 바꿀 수 있는 창조에 대해 고민하는 사람들이 많아졌으면 좋겠습니다. 개인의 노력과 아이디어를 발견하려는 과감성이 멋진 결과를 내는 원동력이라고 생각합니다. 저 역시도 안전한 길을 선택하는 성향이 짙은데 어떻게 하면 새로운 것을 만들어 낼 수 있을지 요즘 고민이 많습니다. 하나라도 해결된다면 정말 좋을 것 같습니다.

기업의 빅 데이터 활용법

업무에 필요한 자료를 찾기위해 구글을 검색하던 중 재미있는 것을 발견했습니다. 구글에서 책을 검색했는데 제가 읽고 있었던 책과 똑같은 책이 인터넷에 있었기 때문입니다. 찾는 법도 어렵지 않았습니다. 그냥 키워드 몇 개를 입력했더니 바로 화면에 나타났기 때문입니다. 그 당시 제가 찾으려 했던 것은 노자의 도덕경 영어 번역본이었습니다.

찾아보니 제가 읽었던 버전보다 훨씬 더 깔끔하게 정리가 되어있었습니다. 읽으면서 구글이 왜 이런 일을 하고 있는지 궁금해졌습니다. 세상의 모든 책을 이렇게 디지털 형식으로 구현하기 위해서는 엄청난 비용이 들어갈 것이라고 생각했기 때문입니다. 하지만 한편으로는 이런 것을 구글이 알고 있으면서도 또 다른 목적이 있을 것이라는 느낌도 받았습니다.

앞서 이야기했던 프레데릭 카플란의 관점에서 이 현상을 분석해보면 구글의 목적은 분명해집니다. 그가 실시한 TED 강의였던 'How to build an information time machine' 의 핵심은 디지털 시대 이전의 자료를 한 곳으로 모으고 체계화시키는 일이었습니다. 어느 한 곳으로 정보를 모으게 되면 이는 그 자체만으로 커다란 파급력을 갖게 되는데 만약 그 정보가 디지털화되어 사용이 간편하다면 다른 사람들에 비해 선점우위를 점할 수 있습니다. 이미 이런 방식으로 형성된 정보를 활용하려는 움직임이 여기저기서 시작되었습니다. 회원가입 된 곳에서 정기적으로 날아오는 문자나 메일이 대표적입니다.

앞서 저는 핸드폰 보조케이스를 검색하고 그 링크를 구글과 페이스북에서 동시에 확인했던 사례를 언급했었습니다. 그들이 이런 시스템을 구축한 목적은 소비자의 입맛에 가장 맞는 정보를 전달하고자 함입니다. 당연히 관심이 있는 것이라면 구매율이 올라가고 최종적으로는 기업의 수익 창출에 도움이 됩니다. 최근 트위터는 서버에 저장한 사진 및 글 데이터를 유명 음반회사에 넘겼습니다. 음반회사는 그 데이터를 기반으로 사람들의 음악성향을 분석하고 자신의 마케팅에 활용할 것입니다. 이전과는 다르게 오늘날은 정보를 통해 많은 돈을 벌 수 있습니다.

모든 자료를 디지털화 하는 이유는 검색이 용이하도록 하기 위해서입니다. 주지해야 할 사실은 이 작업이 영어를 기반으로 이루어지고 있다는 점입니다. 만약 이 작업이 완료된다면 영미권 문화에 속하는 사람들은 굳이 도서관을 가지 않고도 원하는 자료를 마음대로 찾아볼 수 있지만 영어를 할 줄 모른다면 이 모든 자료는 그림의 떡이 됩니다. 우리가 준비해야 될 미래가 이렇게 될 것이라는 생각을 항상 갖고 대비하는 자세를 가지시길 바랍니다. 영어를 공부하는 것도 물론 중요하지만 정보를 어떻게 찾고 활용하는지에 대한 연습도 꾸준히 해두시면 좋습니다.

우리는 인터넷을 포함한 각종 자료들을 효과적으로 활용하는 방안을 익혀야 합니다. 프로그램, 검색 엔진 활용능력, 외국어를 포함한 다양한 정보 해석 능력과 이를 바탕으로 콘텐츠를 구성하는 능력 등을 갖추게 된다면 다른 사람들보다 훨씬 경쟁력이 있을 것이라는 생각이 듭니다.

만일 우리가 이런 시도를 하지 않는다면 어떻게 될까요? 아마 기존의 프레임 아래서 승자들만 이익을 독점하는 환경에 처할 것입니다. 2013년도에 출간된 말콤 글래드웰의 저서 "다윗과 골리앗"에서는 약자가 강자를 이기려면 강자가 정한 룰에 따르지 않고 새로운 구조를 만들어내야 한다고 주장합니다. 환경이 변하며 누구나 이런 조건을 만들어 낼 수 있는 시대가 되었습니다. 결국 키는 우리가 쥐고 있는 것이지요.

정보를 어떻게 활용할 것인가?

이상적인 슬로건은 영원하지 않다

저는 독서를 좋아합니다. 어렸을 때부터 지금까지 책을 읽는 방법은 그다지 바뀌지 않았습니다. 책을 펴서 한 장씩 넘기는 과정을 통해 지식이 축적되고 다른 사람들과의 차별성이 생겼습니다. 그러나 조금 더 깊게 들어가보면 우리가 보는 책도 다양한 플랫폼으로 제공되었었습니다. 점토판, 죽간, 파피루스 종이, 양피지, 책, 전자책 등의 과정을 겪으며 지식을 전달하는 방식은 다양하게 바뀌었습니다.

이전에는 지식을 소유한 사람이 지배계층이었습니다. 중세시대의 성직자 계급이 대표적인 예입니다. 그 당시 성서는 아무나 읽을 수 없었기 때문에 대중은 성직자들의 강의(또는 설교)를 들으며 수동적으로 지식을 받아들였습니다. 당연히 이 당시 지식인 계층은 대중을 손쉽게 조종할 수 있었습니다. 자신들에게 유리한 것을 신의 뜻으로 포장하여 지속적으로 이야기만 하면 되었으니 말입니다. 두고두고 회자될 마녀사냥도 이렇게 시작되었을 것입니다.

그러나 성서가 다른 언어로 번역되고 구텐베르크의 금속활자가 보급되면서 이 지배구조는 무너졌습니다. 지식이 대량으로 유통될 수 있는 환경이 형성된 탓입니다. 심지어 요즘은 블로그와 인터넷을 통해 누구나 글을 쓰고 자신만의 콘텐츠를 유통할 수 있는 환경이 구축되어 있습니다. 물론 아직까지도 일부 지배계층에서 독점적으로 유통하는 지식이 있을 테지만 이전에 비해서는 투명해졌기 때문에 일반인이 무지하게 당할 염려는 많이 줄어든 편입니다.

그렇다면 이런 상황에서 우리는 어떻게 행동해야 할까요? 저는 이 예로 우리나라의 대기업인 삼성을 들고 싶습니다. 물론 사람들 내에서 호불호가 확실한 기업이긴 하지만, 한국 최고의 기업이며 세계에서 승승장구하고 있고 이를 통해 배울 점이 있기 때문입니다. 적에게서도 배울 점을 찾으라고 기록한 고전의 말처럼 우리 역시도 삼성을 벤치마킹 할 필요가 있습니다.

삼성의 창업주인 이병철 회장은 기업경영철학으로 '인재제일(人材第一), 사업보국(事業報國), 합리경영(合理經營)'의 3가지를 주장했습니다. 한 명의 인재가 만 명보다 낫다는 뜻이고, 일을 해서 성과를 내면 이를 나라에 보답하며, 인고주의와 관료제에 물든 경영방식을 타파하려는 그의 의지를 반영한 슬로건이라고 할 수 있습니다.

그러나 이건희 회장이 취임하면서 이는 옛시대의 유산이 됩니다. 인재 제일이라는 가치는 인성과는 관계없이 사람의 재능만이 중요하다는 오해를 불러일으키고, 국가에 공헌한다는 말은 글로벌 기업을 추구하려는 그의 철학과 맞지 않았으며, 합리경영은 지나치게 제도화 될 수 있다는 단점이 있었기 때문입니다.

이런 원인으로 인해 이회장은 대대적인 개혁을 감행했고 그 결과 자율경영, 기술중시, 인간존중이라는 경영이념을 정착시켰습니다. 사람이 먼저라는 인간존중의 가치아래, 회사의 기술을 향상시키기 위해 애쓰고 이를 자율적으로 시행한다는 그의 이념은 지금까지는 성공적으로 정착한 것 같습니다. 내부에서 어떻게 볼지는 모르겠지만, 이런 쇄신을 통해 삼성은 한국 제일의 기업으로 발돋움했습니다.

우리는 변하는 세상 속에서 어떻게 적응해야 할지 명확히 정해야 합니다. 영원한 것은 없기 때문에 살아남기 위해서 끊임없이 자신을 갈고 닦으며 발전시키는 자세가 바람직합니다. 스마트폰을 발명하여 세계의 경제판도를 뒤바꾼 천재 스티브 잡스를 기억해 봅시다. "누가 내 치즈를 옮겼을까?"라는 책에서 끊임없이 치즈를 찾아다니던 쥐들을 떠올려봅시다. 세상 속에서 살아남기 위해서는 끊임없이 자신을 바꾸어야 합니다.

나를 조종하는 정보의 원리

호모 서치엔스, 검색하는 인간

'아는 것이 힘이다.'라는 말이 있습니다. 지식이 많이 있어야 성공할 수 있다는 뜻입니다. 그러나 요즘은 이 뜻이 조금씩 바뀌고 있습니다. 단순히 많이 아는 것으로는 성공하기 힘든 시대가 되었기 때문입니다. 일례로 네이버나 구글만 살펴봐도 그렇습니다. 저는 요리를 잘 못하지만 인터넷에 관련 요리법을 치면 수십 개의 정보가 검색됩니다. 이제는 지식을 축적하는 행위보다는 올바른 것을 찾고 활용하는 능력이 더 중요한 시대가 되었습니다.

"호모 서치엔스"라는 책을 보면 이 현상을 재미있게 다루고 있습니다. 우리는 '호모-'라는 단어를 '-한 사람'으로 이해합니다. 호모 루덴스, 호모 사피엔스, 호모 에렉투스 등등 다양한 표현이 있는데 이 중 제가 제일 좋아하는 것은 호모 로쿠엔스입니다. '언어적 인간'을 의미하는 호모 로

쿠엔스라는 단어를 보며 저는 사람들이 일상생활에서 사용하는 언어를 생각합니다. 사람의 생각을 전달하는 것은 언어이기에 말의 활용법을 잘 알아야 한다는 생각이 머릿속을 스칩니다.

서치엔진 구글을 살펴보면 대답을 쉽게 알 수 있습니다. 우리는 모르고 있지만 사실 구글의 목적은 '세상의 모든 정보를 손에 쥐는 것'입니다. 일견 정상이 아닌 것처럼 보일 수 있으나 구글에서는 이 목표를 조금씩 현실화시키고 있습니다. "웹 진화론", "구글드", "생각조종자들" 같은 책을 읽으면 구글을 비롯한 인터넷 업계의 비밀을 파헤치는데 도움이 될 것이라고 생각합니다.

우리는 거의 대부분 '검색의 노예'가 된 채 세상을 살고 있습니다. 지금 우리는 키보드만 입력하면 방대한 정보를 아주 쉽게 구할 수 있습니다. 우리가 이들 정보의 질을 파악할 수 있는 능력이 없기에 개인의 주관이 뚜렷하지 않다면 주변 사람들의 의견에 휩쓸릴 가능성이 매우 높습니다. 결국 우리에게 필요한 것은 스스로 사고하는 능력입니다. 이 역량은 독서를 통해서만 기를 수 있습니다.

사람에게 가장 중요한 것은 주체적 사고력입니다. 자신의 기준에 따라 주변의 정보를 분석하고 이상적인 발전방안을 찾는 자세를 가지도록 합시다. 이런 사람이 앞서 이야기한 호모 서치엔스의 조건에 부합한다고 생각합니다. 주관적 판단능력을 기반으로 정보의 바다에서 원하는 것을 쉽게 얻을 수 있는 우리 모두가 되었으면 합니다.

목적이 이끄는 정보

예전에 저는 CSI 마이애미 시리즈를 참 좋아했습니다. 밝은 느낌의 마이애미 해변에 반했다고나 할까요? 정의를 위해서라면 물불 가리지 않는 열혈 반장인 호라시오 케인도 참 멋집니다. 저는 이 드라마가 사람들이 좋아할 만한 요소를 모두 갖추었다고 생각합니다. 눈으로 보는 즐거움을 충족시켜주는데다, 추리를 기반으로 하기 때문에 지루하지 않습니다. 갱단과의 전쟁에서 볼 수 있는 시원시원한 총격전도 빼놓을 수 없는 요소입니다. 요즘 우리는 TV와 인터넷 매체를 통해 정보를 습득하고 중요한 원리를 배워나갑니다.

그러나 예전에는 오늘날에는 생각할 수 없는 방법으로 정보와 지식을 익히고 사고력을 확장시켰습니다. 어른들의 이야기를 들으며 좋은 일을 생각했고 책 속에 길이 있다는 말을 철석같이 믿으며 나름대로의 꿈을 키웠던 것입니다. 화로불에 모여 앉아 할머니가 해주는 이야기에 시간가는 줄 모르고 들었던 기억이 있는 사람이라면 아마 예전이 더 그리울지도 모르겠습니다.

이렇게 이야기를 통해 사람들에게 나름대로 영향을 미치는 사람들을 언론인이라고 합니다. 그들은 사람들에게 올바른 정보를 전달하고 사람들의 의식을 고쳐시켜야 하는 사명이 있습니다. 만약 이 칼을 잘못 휘두르면 상상할 수 없을 정도로 무서운 결과를 불러일으킵니다.

가장 대표적인 사례로 꼽히는 것이 세계대전 시기에 독일에서 활동한

'괴벨스'입니다. 그는 나치당의 선전과 미화를 책임졌던 사람입니다. 그는 정기적으로 TV 광고를 진행하며 사람들을 속였는데 그래서 독일인들은 패색이 역력한 상황에서도 승리를 확신하고 독일이 정당한 이유로 전쟁을 일으켰다고 믿었습니다. 독일의 지배계층은 괴벨스가 주입했던 잘못된 정보를 활용하여 국민들을 자신의 의도대로 조종했습니다.

히틀러가 쓴 "나의 투쟁(Mein Kamph)"이라는 책을 보면 대중 선동과 선전의 중요성을 역설하는 대목이 다음과 같이 서술되어 있습니다.

"선전이란 대중이 가슴 속에 무슨 생각을 가지고 있는지를 파악해, 이를 바탕으로 보다 많은 대중의 이목을 집중시키고, 나아가서는 이들의 속마음을 사로잡기에 적당한 심리적 수단을 갖는 것이다……. 선전은 모두 대중적이어야 하며, 그 지적 수준은 선전이 목표로 하는 대상 가운데 최하 부류까지도 알 수 있을 만큼 조정되어야 한다. 끌어들여야 할 대중의 수가 많으면 많을수록 순수한 지적 수준도 더욱 낮추어야 한다."

물론 "나의 투쟁"은 히틀러의 차별적 인종관이 담겨있기 때문에 많이 읽히지는 않지만, 그가 생각했던 대중 선동에 관련된 부분에는 우리가 주목할 필요가 있습니다. 속마음을 사로잡기에 적당한 심리적 수단을 가져야 한다는 내용이나 끌어들여야 할 대중의 수에 따라 지적 수준에 변화가 있어야 한다는 주장은 언론의 속성을 정확하게 파악한 구절이라고 할 수 있습니다. 오늘날에도 이 원리는 변함없이 적용됩니다.

그리스의 철학자 플라톤은 "국가"에서 대중은 우매하기 때문에 철학자가 나라를 통치해야 한다고 말했습니다. 이 말은 우리에게 끊임없이 공부해야 될 필요성을 역설하고 있습니다. 정치계에서는 '한 나라의 정치수준은 그 나라의 국민성을 나타내는 지표'라는 말이 있습니다. 글을 읽으면서 우리나라의 상황을 생각해봅시다. 또한, 공평하지 못한 일들이 진행되고 있는 세계의 많은 나라를 떠올려봅시다. 만약 마음속에 느끼는 바가 있다면 열심히 공부하고 좋은 세상을 만들기 위해 자신의 역량을 발휘해야 합니다.

앞에서 언급했던 비슷한 상황이 요즘 인터넷을 통해 진행되고 있다고 말씀드리면 좀 놀라실지도 모르겠습니다. 현재 세계를 주름잡는 공룡기업인 구글을 예로 들어보겠습니다(예시로 참 많이 활용되고 있네요). 우리가 구글에서 똑같은 검색어로 검색을 할 경우, 사용하는 컴퓨터에 따라 검색 결과가 다르게 나옵니다. 해당 IP와 아이디를 통해 검색했던 데이터를 바탕으로 구글이 자체적으로 판단하여 사용자에게 유익한 내용을 선별해서 보여주기 때문입니다. 사람들의 성향에 맞게 좋은 것을 추천해준다는 장점이 있지만 반대로 얘기하면 이는 자신의 정보가 인터넷에 축적되고 악의적으로 활용될 경우 사람의 생각을 조정할 수도 있다는 뜻도 됩니다. 현재 이렇게 축적된 데이터는 사용자에게 적합한 광고를 송출하는 용도로 사용되어 그들의 이익을 극대화시키는데 일조하고 있습니다. 블로그를 하는 사람이라면 거의 대부분 알고 있는 애드센스(Adsense) 시스템입니다.

물론 단기간 내에 이렇게 되기는 힘들 것입니다. 그리고 그 사이에 다른 요인들이 작용할 가능성도 충분히 있지요. 그러나 이런 가능성이 있다는 사실 하나만으로도 우리는 항상 신경을 곤두세워야 합니다. 최근 기업에서는 인문학이 부활하고 있는데 저는 그 이유를 스스로 판단할 수 있는 능력을 기르기 위해서라고 생각합니다.

우리는 결국 세상의 다양한 정보를 판단할 수 있는 이성이 있어야 합니다. 직장생활을 하던 학교에 있던 간에 이 능력이 있어야 세상을 살아가는데 조금이라도 도움을 받을 수 있기 때문입니다. 정보의 홍수 속에서 사람들이 올바르게 판단하는 능력을 조금씩 잃고 있기에 많이 안타깝습니다. 정보를 어떻게 받아들여야 할지 그리고 어떻게 활용해야 할지는 우리가 끊임없이 생각해야 될 과제입니다.

정보를 가진 사람들의 선점우위

"침대 위의 신"이라는 책을 보면 종교가 어떻게 성적 욕망을 통제했는지 알 수 있습니다. 책은 주로 우위를 선점한 사람이 그렇지 않은 이들을 조정하는 방법에 대해 언급합니다. 왜 그럴까라는 의문을 갖고 생각해보면 대답은 간단합니다. 자신의 부귀영화를 더 오래 누리고 싶은 사람의 심리가 작용한 것입니다. 아마 저였어도 그런 생각을 가질 것 같습니다. 그러나 내가 가진 것을 다른 사람들과 나누는 삶도 나쁘지 않을 것 같다는 생각이 듭니다.

사실 중세시대에는 성서가 하나님의 말씀이요 진리였습니다. 그러나 문맹률이 높았기 때문에 평범한 사람들은 성서를 읽을 수 없었습니다. 당연히 성직자들의 입을 통해서만 하나님의 말씀을 들을 수 있었고 이는 지식 독점 현상으로 이어졌습니다. 지식 독점이 대개 특정 집단을 위한 시스템으로 변질된다는 점에서 우리는 항상 이 부분을 주의할 필요가 있습니다. "21세기 자본론"의 저자인 토마 피케티 교수 역시도 소수만을 위한 교육으로는 나라를 바꿀 수 없다고 강조했습니다.

종교개혁이 혁명적인 이유는 바로 이와 같은 고질적인 부패체계를 척결하는 기반을 마련했기 때문입니다. 성서를 다른 나라의 언어로 번역하기 시작한 것이죠. 구텐베르크가 발명한 금속활자를 기반으로 책이 보급되고 성서가 번역되면서 많은 이들이 성직자의 부조리를 확인했습니다. 많은 사람들의 노력으로 종교가 지금과 같은 형태를 갖추었지만 아직도 한국 내 기독교 층에서 생각보다 비리가 많다는 것이 안타깝습니다. 더나은 세상을 만들기 위해 노력하는 분들이 늘어났으면 좋겠다는 생각을 하게 됩니다.

역사를 보면 정보를 통해 이익을 취한 사례를 매우 많이 찾아볼 수 있습니다. 특히 전쟁에서 정보는 매우 중요하기에, 중국의 장수들은 손자병법 내의 간첩 활용전략인 용간(用間)편에 많은 관심을 기울였습니다. 제갈공명은 적벽대전에서 황개를 비롯한 오나라의 장수를 간첩으로 활용하여 대승을 거둘 수 있었는데 이 역시 정보의 중요성을 보여주는 부분입니다. 예전부터 사람들은 정보와 지식을 활용하는 법이 중요하다는 사실을 본능적으로 알고 있었던 것 같습니다.

최근에도 비슷한 사례가 있습니다. 장하준 박사가 집필한 "나쁜 사마리아인"에 나오는 자문화 보호무역(Protectionism)이 바로 그것입니다. 부정한 방법으로 나라를 성장시키고 우위를 점한 상황에서 후발주자인 개발도상국에게는 위의 방법을 사용하지 못하도록 국제적인 제재를 가하는 이율배반적인 태도는 옳지 않습니다. 그러나 이런 현상은 세계 곳곳에서 아주 쉽게 발견됩니다. 그들이 취하는 전략을 통해 판을 새롭게 짜는 법까지도 확인할 수 있으므로 기회가 된다면 위의 책들을 읽어보시기를 권합니다.

그렇다면 우리는 정보를 어떻게 활용해야 할까요? 만약 내가 기득권의 입장이라면 자신의 이익을 내어놓을 수 있는 자애심을 갖추고, 그렇지 않다면 열심히 공부해서 승자들의 생각을 엿보는 것과 동시에 더 나은 미래를 만들 수 있는 방안을 고민해야 합니다. 아마 대부분의 사람이 후자일 것이라 생각됩니다. 우리가 꾸준히 노력해야 되는 이유이기도 합니다.

더 높이 날기 위해
무엇이 필요할까?

흩어진 정보와 모인 정보

유대인 가족은 일주일에 한 번 저녁식사를 꼭 함께 합니다. 옥스포드 대학교는 학생들이 모여 저녁을 함께 먹는 전통이 있습니다. 그들은 식사 시간을 통해 서로의 의견을 나누며 지식의 폭을 넓힙니다. 여담이지만 옥스포드 대학교의 식당은 영화 해리포터의 촬영지로도 유명합니다. 호그와트 학교의 식당에서 매일 지식이 오고 간다고 생각하니 느낌이 좀 이상합니다.

이들이 지식을 쌓는 방법은 우리와 좀 다릅니다. 한국과 일본은 주어진 지식을 쓰고 암기하며 옛 것을 곱씹는 반면 서양은 필기나 암기보다는 생각을 묻고 답하며 자유롭게 공부합니다. 어떻게 보면 상당히 철학적입니다. 모든 경전을 입과 몸으로 기억하는 인도사람들처럼 서양도 필기보다는 그 사람의 말과 생각이 중요하다는 것을 인식하고 있었던 것 같습니다.

미국에도 비슷한 모임이 있습니다. 지성의 향연이라고 불리는 테드 모임이 대표적입니다. 매우 비싼 참가비에도 불구하고 열기가 뜨겁습니다. 많은 사람들이 유명인사의 강연을 듣기 위해 모이기 때문입니다. 저자, 정치인, 스포츠 선수, 과학자, 마케터 등등 여러 명이 모이고 강연의 수준도 높기 때문에 참여자들의 만족도도 높고 강연자 역시 자신의 명성을 높일 수 있어 서로 이득을 볼 수 있는 시스템입니다. 그런데 테드가 주는 유익은 여기에 그치지 않습니다. 강의도 좋지만 더 좋은 것이 있기 때문입니다. 바로 모인 사람들간의 대화시간입니다. 그들은 옹기종기 모여서 생각을 나누고 내가 알지 못했던 다른 사람들의 전문성을 흡수합니다. 토론과 대화를 통해 자신의 능력을 향상시킬 수 있는 좋은 기회를 이곳에서 잡을 수 있는 것이지요. 비싼 참가비는 아마 이 때문인지도 모릅니다.

중세시대 이탈리아에서도 이런 비슷한 일이 있었습니다. 피렌체의 메디치 가문이 바로 그 시발점이었습니다. 천재들이 메디치 가문의 비호를 받으며 서로의 영역을 더 치밀하게 갈고 닦았던 것입니다. 우리가 잘 아는 군주론의 마키아벨리나 미켈란젤로 역시 메디치 가문과 관련이 있습니다(마키아벨리의 군주론은 사실 메디치 가문의 비호를 받기 위해 그가 쓴 일종의 이력서입니다. 그러나 안타깝게도 메디치 가문의 선택을 받지 못합니다).

그러나 재미있는 사실은 메디치 가문이 천재들을 지원하지 않고 모임에 관심을 끊으면서 그렇게 많았던 천재들의 자취가 하나 둘씩 사라졌다는 점입니다. 정확한 이유가 기록에 남아있지는 않지만 저는 이게 고립된 천재들이 겪는 운명이라는 생각이 들었습니다. 자신을 알아주지 않는(즉, 말이 안 통하는) 사람들 사이에서 혼자 버티기가 얼마나 힘들었을까요? 메디치 가문은 천재들의 정체성을 지켜주는 일종의 울타리였습니다.

우리가 비록 천재는 아니지만 이 사례를 보면서 깨달아야 할 사실이 있습니다. 먼저 노력의 중요성입니다. 우리는 자신이 가진 재능을 발견하고 이를 실현하기 위해 꾸준히 노력해야 합니다. 사람마다 재능과 발현시기가 제각각이기 때문에 조급함을 버리는 것이 무엇보다도 중요합니다. 또한 우리는 끊임없이 새로운 생각과 정보를 바탕으로 세상에 도움이 되는 아이디어를 창조해야 합니다. 내가 노력한 결과가 사람들에게 도움이 된다면 즐겁지 않을까요? 보람을 느끼면서도 자신의 꿈에 가까워 질 수 있기 때문에 어찌 보면 이는 모두에게 유익한 일입니다.

그리고 마지막으로 우리는 가진 바 생각을 다른 사람들과 끊임없이 나눠야 합니다. 앞서 언급했던 테드 모임이나 메디치 가문까지는 아니더라도 생각을 공유할 수 있는 플랫폼을 구성해보시기 바랍니다. 저는 이런 플랫폼으로 블로그를 추천합니다. 블로그는 개설하는데 제약이 없고 주제도 마음대로 선정할 수 있는데다 방문하는 사람들과 댓글로 소통할 수 있기 때문에 생각을 표현하는 수단으로 전혀 부족함이 없습니다.

제가 생각하는 모임의 힘은 한마디로 정의하면 '핵융합'입니다. 서로 다른 두 개의 힘이 만나 엄청난 열 에너지를 발생시키는 핵융합처럼 사람과의 모임을 통한 아이디어 교환도 비슷한 효과를 냅니다. 견문을 넓히고 사람을 만나며 끊임없이 사색해야 되는 이유가 여기에 있습니다. 만약 사람을 만날 기회가 많이 없다면 독서를 대안으로 선택해주시기 바랍니다. 물론 책을 읽으면서 사람을 만난다면 훨씬 더 좋을 것 같습니다.

지배계층은 지식을 어떻게 이용하는가?

조지 오웰이 쓴 "동물 농장"에서는 지식의 차이에 따른 동물의 사회적 지위를 알 수 있습니다. 지식이 많은 돼지는 부귀영화를 누리고 힘이 세지만 무식한 말은 돼지가 짜놓은 판에서 열심히 일만 합니다. 모두 똑같은 동물이었지만 글을 읽고 지식을 축적하면서 조금씩 차이가 생겼기 때문입니다.

주인을 내보내고 동물들이 차지한 농장은 처음에는 좋은 규칙으로 시작합니다. 하지만 지식을 독점하는 사람들이 나타나면서 이 규칙은 조금씩 특성 십단에게 유리하게 비뀝니다. 예를 들면 동물을 죽여서는 안 된다는 조항이 이유 없이 동물을 죽여서는 안 된다는 조항으로 바뀐다거나 술에 취하면 안 된다는 조항이 술에 과도하게 취하면 안 된다는 내용으로 바뀐 사례가 대표적입니다.

사실 한국에서도 이런 일은 비일비재하게 일어납니다. 많이 아는 사람들이 자신의 이익을 위해 다른 사람들의 권리를 쉽게 짓밟기 때문입니다. 그렇기 때문에 사람들이 공부를 해야 된다고 스스로를 다잡고 있는지도 모르겠습니다. 열심히 공부해서 지금 내 환경을 바꿔보겠다는 생각은 아마 누구나 하고 있을 것 입니다. 공부가 현실의 문제를 해결해준다는 믿음은 예로부터 지금까지 변함없이 지속되고 있습니다.

"동물농장"에서 제가 가장 집중하며 보았던 사실은 바로 '지식의 양에 따라 바라보는 시선이 다르다' 는 점이었습니다. 대부분 사람들은 다람쥐 쳇바퀴처럼 살아갑니다. 자신에게 주어진 일을 열심히 수행하지만 그 이상 무엇이 있는지 알지 못하는 것이죠. 자신의 미래를 설계하고 앞으로의 방안을 논의하며 더 나은 것을 위해 투쟁하는 사람들은 오늘날 거의 자취를 감췄습니다.

"군주론"을 쓴 마키아벨리는 이런 점에서 매우 탁월합니다. 비록 많은 사람들이 그를 피도 눈물도 없는 냉혈한이라고 평가하지만 역사를 살펴보면 이는 사실과 완전히 다릅니다. 마키아벨리는 고전을 사랑했고 그 중에서도 이탈리아의 역사와 번영을 다룬 리비우스의 로마사에 몰입했습니다. 이후 "군주론", "로마사논고"와 같은 불멸의 고전을 집필했는데 이는 오늘날까지도 우리에게 읽히는 명저입니다. 아마 그의 이런 성향은 약소국이었던 이탈리아 변방의 피렌체가 접한 시대적 환경과 밀접한 관계가 있었을 것입니다.

저는 이런 사실을 확인하며 나무와 숲 중 어느 것이 중요한지에 대한 질문에 봉착했습니다. 개인적으로 저는 숲을 볼 수 있어야 한다는 입장인데 이는 나무가 전문성을 길러주는 데는 도움이 된다 할지라도 결국에는 큰 그림을 그리지 못하기 때문입니다. 숲을 보지 못하고 나무에 정통한 사람들의 경우 대개 다른 이들에게 이용당할 가능성이 높습니다.

그러나 큰 그림을 볼 수 있다면 상황은 180도 바뀝니다. 주변의 상황을 자신의 이익에 맞게 활용할 수 있기 때문입니다. 어느 곳에 속하지 않고 경계에 서면서 더 나은 자신을 만들기 위해 끊임없이 노력하며 전문성을 키워나갑니다. 대개 이들을 움직이는 원동력은 위기감입니다. 더 나은 사람이 되어야겠다는 의지가 진정한 사람을 만듭니다.

사람들을 믿을 수 없다고 말하는 이들이 정말 많아지고 있습니다. 우리는 이미 '선의로 접근한 사람도 결국 자신의 이익에 부합되는 행동을 하게 되어있다'는 사람들의 말에 암묵적으로 동의를 표합니다. 물론 일부러 계산적인 사람이 될 필요는 없지만 적어도 손해는 보지 않도록 상대방이 어떤 전략을 활용하는지 알아둘 필요가 있습니다. 그래야 내가 원하는 꿈을 이루는 과정에서 더 효율적인 방안을 찾아나갈 수 있기 때문입니다.

세상이 이렇게 각박하게 된 데는 우리의 책임이 큽니다. 이렇게 말하는 것이 참으로 씁쓸하지만 어쩔 수 없다는 생각도 동시에 스치는 걸 보면 지식에 따른 반대급부가 얼마나 큰지 알 수 있습니다. 앞으로의 미래를 위해 날마다 개인의 역량을 발전시키고 넓은 시야를 확보해야 되는 이유가 여기에 있습니다. 자신이 원하는 목표를 달성하기 위해 개인의 역량을 끊임없이 발전시키는 것이 현대를 살아가는 우리의 자세가 아닐까 생각합니다.

정보는 항상 옳은가?

생각 vs 생각

"역사란 무엇인가?"라는 책이 있습니다. 독재시대 당시 불온서적으로 지정된 도서입니다. 이 도서가 알려진 이유는 2013년도에 개봉했던 영화 "변호인"의 영향이 큽니다. 일반적으로 인문학에서는 문학, 역사 그리고 철학을 그 범주에 포함시킵니다. 이 책은 앞서 말한 세 가지 기준 중에 사람의 과거를 바탕으로 미래를 알려주는 역사를 이야기하고 있다는 점에서 그 의의가 있다고 생각합니다.

그런데 이 책은 왜 불온서적으로 지정되었을까요? 불온서적의 사전적 의미는 '옳지 않은 내용을 담고 있는 책'입니다. 사상이나 태도 따위가 통치권력이나 체제에 순응하지 않고 맞서는 성질이 있다는 뜻일 것입니다. 즉, 불온서적의 의미는 '지도체제에 저항하는 생각을 품도록 만들어주는 책'입니다.

우리는 이런 상황에서 내 의견과 다른 생각을 하는 사람들을 어떻게 받아들여야 할지 생각해보아야 합니다. 대개 그냥 그런 거라 생각하며 넘어가지만 만약 자신에게 피해가 갈 경우 우리는 본능적으로 스스로를 방어하게 마련입니다. 아마 불온서적도 이런 배경으로 인해 만들어진 것이 아닌가 하는 생각을 해봅니다.

대표적인 예로 저는 변형생성문법 이론을 만들어 낸 노암 촘스키의 저서 2권을 들고 싶습니다. 국방부는 노암 촘스키의 서적 중 "507년, 정복은 계속된다"와 "미국이 진정으로 원하는 것은"의 2권을 불온서적으로 지정했습니다. 촘스키는 국방부 지정 불온도서를 읽으며 생각을 하려는 목적으로 개설된 포털사이트 '불온도서를 읽는 사람들의 놀이터'의 운영자가 국방부의 불온서적 지정에 대한 의견을 물은 이메일에 대한 답신에서 '자유를 두려워하고 사상과 표현을 통제하려는 이들이 늘 있게 마련이며 국방부가 그 대열에 합류한 것은 불행한 일이다. 아마도 국방부를 자유와 민주주의에 대항하는 부서로 개명해야 할 것 같다'고 말하며 이 사태를 강하게 비판했습니다.

만약 우리와 미국의 관계가 앞의 책들로 인해 우호관계에서 적대관계로 돌아서게 된다면 국가는 어떤 선택을 해야 할까요? 당연히 체제 붕괴의 가능성을 차단해야 합니다. 문제는 여기서부터 시작됩니다. 역사를 보면 대개 우리나라는 이런 사건이 발생하면 국가보안법을 들어 힘의 논리로 모든 것을 통제했습니다. 오늘날의 사람들이 보면 사실 불합리한 측면이 있었습니다.

이런 이유로 저는 자신의 영향력을 키우기 위해 우리가 선택할 수 있는 수단을 생각해보았습니다. 대개 국민이 무지몽매하면 지배층은 자신의 목적을 쉽게 달성할 수 있습니다. 선사시대에 지식을 가진 사람은 지배계층이었고 중세시대에는 사람들이 지성에 눈뜨는 것을 막고자 소수의 사람들만을 통해서 하나님의 원리인 성경을 설파했습니다. 대개 이들의 논리는 이렇게 진행됩니다. 그들은 특정 시스템에 사람들을 밀어 넣고, 안에서 맡은바 역할을 잘하고 위로부터 전해지는 말에 순종하면 성공할 수 있다는 사실을 지속적으로 교육합니다.

앞에서 언급한대로 개인 또는 집단의 영향력을 유지하는 방법은 크게 2가지가 있습니다. 첫 번째는 힘으로 통제하는 것입니다. 방법은 간단합니다. 자신의 높은 지위에서 나오는 힘(육체적, 정치적, 군사적, 사회적)으로 상대방을 억압하면 됩니다. 당하는 사람의 입장에서는 불합리한 것들이 있어도 말을 할 수 없습니다. 한국에서 "정의란 무엇인가", "변호인" 같은 콘텐츠가 사람들의 관심을 많이 받았던 이유도 아마 이런 점에 대한 국민의 열망이 반영되고 있기 때문이라는 생각이 듭니다.

또 다른 방법은 자신이 하고 있는 일을 상대방에게 중요하다고 인식시키는 것입니다. 주변 사람들에게 도움을 주며 자신도 이익을 취하는 이상적인 방법이지요. 만약 내가 이런 스타일로 영향력을 유지하려면 항상 스스로가 다른 이들에게 무엇을 줄 수 있을지를 깊이 생각해야 합니다. 긍정적인 태도를 바탕으로 삶의 중요한 법칙을 매일 적용하여 주변을 변화시키도록 합시다. 우리가 책을 읽고 공부하는 목적이 아마 이게 아닐까 생각해봅니다.

선사시대로 간 프로게이머

송강호가 주연으로 활약한 영화 관상을 보면 재미있는 현상을 발견할 수 있습니다. 주인공이 사람의 얼굴을 보고 그 사람이 어떤 일을 겪을지 정확하게 맞출 수 있는 능력을 타고 난 것입니다. 주변 사람들의 미래를 점치면서 유명해진 그는 결국 권력다툼에 휘말려 비극적인 운명을 맞이합니다.

그런데 좀 이상한 일이 일어났습니다. 그가 목이 잘릴 관상이라고 말했던 한명회가 부귀영화를 누리다가 세상을 떠났기 때문입니다. 그의 예측이 틀렸던 것일까요? 아닙니다. 이후 한명회는 관을 다시 열어 죽은 시체의 목을 자르는 형벌인 부관참시를 당했습니다. 예측은 정확했지만 그 시기가 틀렸던 것입니다. 만약 주인공이 한명회가 목이 잘리게 될 시기를 정확하게 예측할 수 있었다면 역사는 달라졌을지도 모릅니다.

우리는 이 사례를 어떻게 생각해야 할까요? 저는 이 사건을 통해 우리가 절대적인 지식을 갖고 있어도 적절한 타이밍에 사용할 수 없다면 쓸모가 없다는 생각이 들었습니다. 작년 달력을 아무리 오래 갖고 있는다고 해도 희소가치는 절대 생겨나지 않습니다. 우리는 흔히 이런 경우를 일컬어 뒷북을 친다고 말합니다.

지식을 익힐 때 가장 중요한 것은 내가 배운 내용이 어떻게 쓰일 수 있을지 확인하는 일입니다. 그렇기 때문에 어떤 것을 배울지도 많은 시간 동안 고민해야 합니다. 지금은 은퇴했지만 한 시대를 풍미했었던 프로게 이머인 홍진호를 예로 들어보겠습니다. 요즘에는 다양한 방송활동을 통해 게이머보다는 방송인의 이미지로 우리에게 어필하는 것 같습니다.

만약 홍진호가 지금의 재능을 갖고 선사시대로 간다면 어떤 일이 벌어 질까요? 아마 머리가 좋아도 육체적인 제약으로 인해 개인의 능력을 온전히 발휘하기 어려울 것입니다. 사냥을 하는데 필요한 능력은 도구를 만들고 적절한 곳에 덫을 놓아 그들이 쉽게 빠질 수 있도록 유인하는 기술, 동물을 적절한 장소로 몰아넣는 능력, 동물을 일격에 죽일 수 있는 힘과 속도일 것입니다. 컴퓨터 게임에 필요한 마우스와 키보드를 아무리 잘 다뤄도 사냥에는 전혀 소용이 없습니다. 그렇기 때문에 우리는 지식을 적재적소에 활용할 수 있는 환경과 이에 따른 전략을 갖춰야 합니다.

우리 모두가 알고 있는 대로 시대가 요구하는 지식은 조금씩 변하고 있습니다. 자신의 능력과 시대의 지식을 조합할 수 있는 사람의 성공가능성이 그렇지 않은 사람들보다 훨씬 큽니다. 물론 이를 캐치하는 능력은 오직 공부와 사색을 통해서만 향상시킬 수 있습니다. 우리는 공부해야 합니다. 다른 사람들보다 우위에 서기 위해서가 아니라 개인의 시야를 넓히고 더 큰 세상을 보기 위해서입니다. 오늘은 무엇을 공부할지 생각해보는 것은 어떨까요? 즐거운 일이 될 것입니다.

본질을 바라보는 눈을 기르자

정보는 권력이다

미래학자 앨빈 토플러는 그의 저서에서 권력이 어떻게 이동하는지를 설명했습니다. 만약 우리가 어떻게 타인에게 영향력을 행사할 수 있는지를 생각할 수 있다면 정답을 고르는 일은 그리 어렵지 않습니다. 그는 선사시대부터 오늘날까지 권력을 이용할 수 있도록 돕는 요소를 '무력-잉여생산물-자본-정보'의 순으로 규정했습니다.

그의 말처럼 현대는 정보를 사랑하는 시대입니다. 정확한 의미를 알 수 없지만 우리 주변에는 언제부턴가 빅 데이터라는 말을 자주 사용하기 시작했습니다. 조지 오웰의 소설 "1984"에는 '빅 브라더'라는 개념이 나오는데, 이는 정보와 익명성을 기반으로 다른 사람들의 행동양식을 자신의 의도대로 조종하는 사람을 의미합니다. 사실 소설에 나오는 빅 브라더는 허구의 인물입니다. 그러나 사람들은 '빅 브라더가 당신을 보고 있다(Big

Brother is watching you)' 라는 문구를 통해 자신이 감시 당하고 있다는 사실을 인지합니다. 원형 감옥인 파놉티콘도 이와 비슷한 원리로 구현됩니다.

이전에는 주로 공적인 영역만이 정보에 포함되어 있었습니다. 일정이나 특정 전략, 집단에 내리는 공지 등이 이에 해당되었지요. 그러나 오늘날은 사생활의 영역도 정보로 여겨집니다. 당연히 이는 윤리적으로 많은 반발을 일으켰고 사람들이 생각하지 못한 다양한 문제점을 발생시켰습니다. 우리가 싫어하는 간첩의 형태로 일상생활에 침투한 것이죠. 이 간첩들은 각자의 영역에서 활동하며 자신의 주인을 위해 최선을 다해 일하고 있습니다. 사실 우리는 이 간첩들에게 속수무책으로 당하고 있습니다.

오늘날 우리 생활에 침투한 간첩은 크게 4가지로 나눌 수 있습니다. 주민등록번호, CCTV, SNS, 위치정보가 바로 그것입니다. 우리는 정작 인식하지 못하고 있지만 이 요소들로 인해 우리의 정보는 다른 사람들도 쉽게 이용할 수 있는 공공재가 됩니다. 우리는 살면서 가끔씩 대출 권유 전화를 받거나 보험 가입요청 상담원과 접하는 경우가 많은데 이렇게 될 수 있었던 원인은 앞서 말한 간첩들이 열심히 활동한 결과입니다.

이런 상황에서 정보를 습득하고 상황을 조정할 수 있는 권력자는 개인의 역량을 발전시킬 수 있을 뿐 아니라 여유도 생깁니다. 반면에 권력과 멀리 떨어져있는 사람은 권력자가 만든 시스템 아래서 영문을 모르고 열심히 뛰는 삶을 보내게 되지요. 개인적으로 저는 이런 차이점이 내 인생을 다른 이들에게 맡기는 것과 스스로 개척하는 것의 차이점 정도라고 생각합니다.

사실 권력자가 갖는 빅 데이터(다양한 데이터의 종합체)는 그 자체로는 큰 의미가 없습니다. 활용하는 사람만이 똑똑해야만 효과를 볼 수 있기 때문입니다. 데이터가 그 사람에게 유용하게 활용되려면 특징한 목적을 바탕으로 자료를 분석하고 결과를 개인의 특수정보 및 전략에 활용할 수 있어야 합니다. 소비자를 세부적으로 분류할 수 있다는 것도 빅 데이터의 큰 장점이기에 전략을 짜는 사람들은 명석한 두뇌를 갖고 표본집단과 활용방안을 적절히 취합해야 합니다.

그러나 사생활을 침해한다는 인식 때문에 빅 데이터의 윤리적인 측면은 그다지 떳떳하지 못한 편입니다. 앞서 말한 각종 수단을 통해서 한 사람의 모든 것이 분석되고, 그 사람의 행동반경, 구매성향, 정치성향 등 다소 민감한 내용까지도 정보에 포함되기 때문입니다. 빅 데이터를 활용해야 될 곳을 윤리적으로 정해야 하는 것이 당연하지만 현실적으로 이는 풀기 매우 어려운 문제입니다. 주로 한국에서 빅 데이터는 기업의 마케팅 수단으로 활용되나 아직까지는 초보적인 단계에 있는 것으로 보입니다.

그러므로 우리는 이런 내용을 정확하게 숙지해야 합니다. 아는 것이 힘이라고 말했던 영국의 철학자 베이컨처럼 내 주위에 일어나는 일에 더듬이를 곤두세우고 스스로의 발전에 필요한 것들을 찾는 자세가 필요한 것이죠.

우리가 행복한 삶을 영위하는데 가장 필요한 능력은 '내게 유리한 판을 구성하는 재능'입니다. 만약 누군가가 짜놓은 판 속에 우리가 이미 자리잡고 있다면 이를 유용하게 활용할 수 있는 힘을 길러야 합니다. 타인과 차별점을 두면서 개인의 역량을 강화시키는 지속적인 자세만이 우리의 삶을 윤택하게 만들 수 있습니다.

정보를 분석에 필요한 조건, 직관력

일을 할 때 우리는 다양한 사람들을 만납니다. 시원시원하면서 일이 빨리 진행되는 사람이 있는 반면에 1시간 동안 얘기했는데도 어떤 내용을 말하고 있는지 답답한 이들도 종종 눈에 띕니다. 왜 그런지 의도를 파악해야 되기 때문에 듣는 사람의 입장에서는 매우 짜증이 납니다. 대개 핵심을 이야기하지 않을 때 이런 번거로움이 생기는데 문제는 그들이 핵심을 이야기하지않고 있다는 사실도 모른다는 것입니다.

사실 한국 사람들은 간접적인 표현을 좋아하는데 이런 추세는 광고계에도 퍼지고 있습니다. 언제부턴가 사람들의 마음을 따뜻하게 하는 휴머니즘 광고가 유행하기 시작한 것입니다. 이전에는 상품의 기능과 특징을 이야기하는 내용이 대부분이었습니다. 그러나 애플을 필두로 한 최근의 광고는 상품을 사용했을 때 느끼는 행복감을 조명하는 쪽으로 그 축이 이동하고 있습니다.

재미있는 것은 이런 추세에 대부업 광고가 참여했다는 점입니다. 악덕 고리대금업자의 이미지를 벗고 다른 시선으로 볼 수 있는 기회를 마련하려 노력하지만 사람들의 시선은 그다지 좋지 않습니다. 국민들의 골을 빼먹으면서 어떻게 저런 식으로 뻔뻔하게 나올 수 있느냐고 말입니다. 아직까지 우리나라에서 대부업은 이미지가 좋지 않습니다.

대부업의 이런 광고가 대중들의 지탄을 받는 이유는 이 광고가 대부업의 본질을 흐리고 있기 때문입니다. 사건이 터지면 다른 이슈로 원래의 사건을 묻어버리는 전략을 흔히 물타기라고 표현합니다. 고위정치인들이나 기존 인식을 바꾸고자 하는 광고인들에 의해 주로 활용되고 있지요. 물타기가 통하는 근본적인 이유는 사건의 본질을 파악할 수 있는 사람들의 숫자가 상대적으로 적기 때문입니다.

우리는 항상 다른 사람들에게 좋은 이미지를 심어줄 수 있어야 합니다. 본질을 호도하지 말고 진실된 마음으로 접근하는 것이 상대방의 마음을 얻는데 도움이 된다는 사실을 알고 있으면서도 그렇게 하지 못한다는 사실이 안타깝습니다. 본질로 접근하는 것이 아니라 사람들을 기만하는 전략을 활용하는 것이지요. 그렇기 때문에 우리가 다른 사람들의 의견을 받아들이는 청자의 입장에 설 경우 사물의 원리를 파악하려는 노력을 해야 합니다. 이를 위해서는 지속적으로 다양한 정보를 받아들이고 이를 해석하는 훈련이 필요합니다.

위인들의 빅 데이터 관리법

대부분의 학생들은 열심히 공부합니다. 그러나 이를 제대로 활용할 수 있는 사람의 수는 적습니다. 심지어 왜 공부를 해야 하는지 모르는데도 불구하고 성적이 높은 학생들도 많습니다. 지금 학교에서 받는 성적이 상급학교에 진학하는 시점부터 쓸모없게 됨에도 불구하고 주변의 시선과 선입견을 이기지 못하고 잘못된 공부를 계속 진행하는 것이지요.

이런 상황에서 우리에게 가장 필요한 것은 무엇일까요? 창조성을 갖춘 인재가 되기 위해 필요한 것을 하나하나 알아보는 시간을 가져보도록 합시다.

자료를 정리하는데 탁월했던 사람, 즉 아이디어를 통해 새로운 것을 만들어내고 주위에 많은 도움을 주었던 위인으로 저는 에디슨을 꼽고 싶습니다. 1000개 이상의 발명특허를 내고 지금도 위세를 떨치고 있는 제네

럴 일렉트릭사(GE)를 설립한 능력 있는 CEO이기 때문이지요. 그가 이토록 자료정리에 탁월한 재능을 발휘할 수 있었던 원인은 바로 그가 평생 동안 기록한 2500여 권의 아이디어 노트입니다.

아이디어 정리는 기록자가 정보를 모으고 정보의 상호작용을 통해 신규 아이디어를 만들어내는데 많은 도움을 줍니다. 기존의 것을 개선할 수 있는 방안을 마련하는 일이 무엇보다도 중요한 이 때에 꼭 필요한 능력이라고 할 수 있지요.

그는 항상 노트를 가지고 다니며 도움이 될만한 아이디어를 기록하고 이를 자신의 발명에 활용했습니다. 그가 지닌 아이디어 노트 기록습관은 '첫째, 상세하게 기록하라. 둘째, 기록할 시간을 정하고 아이디어 정리를 생활화 하라. 셋째, 아이디어를 많이 내고 정리는 나중에 하되, 시각적 이미지 자료(그림, 도표)를 추가하라. 마지막으로, 아이디어를 통해 상상의 나래를 펼쳐라.' 입니다.

아이디어 노트를 활용할 때 가장 중요한 자세는 문제를 해결하고자 하는 마음가짐입니다. 하나의 시선으로 문제를 바라보는 것이 아니라 다양한 관점으로 사물을 분석하는 것이지요. 우리가 공부를 할 때도 이 원칙은 그대로 적용됩니다. 학문(學問)은 어떤 분야를 체계적으로 배워서 익힌다는 뜻입니다. 여기서 재미있는 것은 단어를 구성하고 있는 한자입니다. 배울 학(學) + 물을 문(問)으로 구성되어 있는 이 단어는 결국 학문의 본질이 질문에 있다는 것을 의미합니다. 에디슨이 작성한 2500여 권의 아이디어 노트는 주변의 궁금증을 정리하고 이를 해결하기 위해 노력했던 그의 치열한 노력이 반영된 결과입니다. 우리가 많이 배워야 하는 이유가 여기에 있습니다.

결국 중요한 것은 무엇보다도 기록하는 습관이라 할 수 있습니다. 우리는 어떤 방식으로 주변의 생각을 기록하며 학습해야 할까요? 저는 무엇보다도 자신이 정리한 것을 잘 살펴볼 수 있는 환경을 만들어야 한다는 말을 가장 먼저 드리고 싶습니다. 잊어버리기 쉬운 사람의 두뇌를 획기적으로 바꾼 뒤 지속적인 혁신을 만들어내는 멋진 위인들이 가진 바람직한 습관인 '아이디어 노트'를 오늘부터 공부에 활용하는 것은 어떨까요? 주변의 사람들보다 더 효율적이면서도 성과가 좋은 방법을 생각해 낼 수 있을 것이라는 확신이 생깁니다.

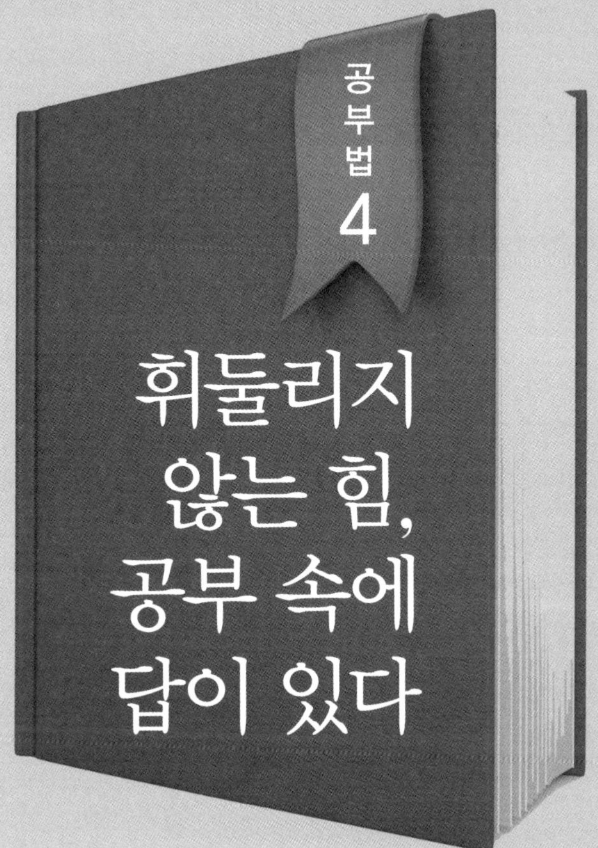

✥ 공부는 생존이다
✥ 새로운 것을 받아들이는 자세
✥ 내 인생은 내가 만든다
✥ 생각을 확장하는 방법
✥ 생각 다시보기
✥ 한가지만 생각하지 말자
✥ 공부는 사고력이다
✥ 다르게 바라보기
✥ 본질이 주는 즐거움
✥ 안전지대가 변하고 있다
✥ 좋아하는 일을 하면 생각이 달라진다

공부는 생존이다

린치핀 vs 디테일의 힘

무역회사에서 일하던 시절 사장님께서 제게 "디테일의 힘"이라는 책을 선물로 주었던 적이 있습니다. 이 책은 꼼꼼함을 강조하며 우리가 성공하려면 모든 일을 세분화 할 수 있어야 한다고 강조했습니다. 책을 읽고 저는 내용에 많이 공감했습니다. 왜냐하면 그 당시 저는 많이 덜렁대고 일을 제대로 못하는 해외영업부의 일개 초보 사원이었기 때문입니다.

책에서는 디테일을 가장 잘 구현한 회사로 맥도날드를 들었습니다. 맥도날드는 주문을 할 때의 세부사항, 음식을 만들 때 지켜야 할 규정, 청소 법칙, 고객의 불만을 수령하는 방식을 포함한 모든 것을 매뉴얼에 전부 체계적으로 기록해 두었습니다. 그렇기 때문에 이곳에서 일하는 점원은 관련 내용을 숙지하고 그대로 따라 하기만 하면 고객에게 좋은 서비스를 제공할 수 있습니다. 모든 사람들이 똑같은 일을 할 수 있도록 체계화 시킨 점이 당시에는 매우 혁신적이었기 때문에 맥도날드의 업무 매뉴얼은 지금까지도 기업의 모범 사례로 남아있습니다.

그런데 세스 고딘이 쓴 책인 "린치핀"에서는 이 의견을 정면으로 반박합니다. 린치핀의 핵심 내용은 바로 '대체 불가능한 존재가 되어라' 입니다. 그러나 맥도날드는 언제든지 새로운 사람이 와도 그 자리를 감당할 수 있는 시스템을 기반으로 하여 회사를 경영하고 있습니다. 이들 중 어느 것이 맞을까요? 개인이 추구하는 가치가 다르므로 사람마다 그 의견이 다를 수 있습니다.

저는 개인적으로 "린치핀"의 입장을 지지합니다. 회사에서 필요로 하는 인재가 결국은 생존률이 높기 때문입니다. 만일 구조조정을 해야 할 상황이 된다면 잘리는 1순위는 평범한 사람입니다. 다른 인력으로 쉽게 대체 가능한 사람들 말입니다. 아마 이들은 회사를 떠나면서 자신을 버린 회사를 원망할 것입니다. 그러나 요즘 세상은 개인의 능력을 키워야만 살아남을 수 있습니다. 생존을 위해서는 필수 불가결한 일입니다.

우리가 세상에서 살아남기 위해 필요한 것은 무엇일까요? 다른 사람에게 기대지 않고 혼자서 설 수 있는 자신만의 영역을 구축하시기 바랍니다. 그렇다면 다른 사람들이 나에게 의지하기 시작할 것이고 그게 나의 경쟁력으로 이어질 테니 손해 보는 장사는 결코 아닙니다. 이런 능력과 인성을 동시에 갖춘다면 어디서나 사랑 받는 인재가 될 것임을 믿어 의심치 않습니다. 여기에 세상을 보는 눈과 지혜가 함께 한다면 이 사람의 미래는 밝을 것입니다.

마키아벨리에게서 배울 수 있는 것은 무엇일까?

이 글을 읽는 사람들 중에서 마키아벨리에 대해 알고 있는 사람이 얼마나 될까요? 사실 저도 잘 모르겠습니다. "군주론"을 쓴 저자이고 체사레 보르자와 메디치 가문이 위세를 떨치던 중세 이탈리아의 사람이라는 것 정도만이 제가 마키아벨리에 대해 알고 있던 전부였습니다. 사실 사람들은 마키아벨리에 대해 별로 관심이 없습니다.

아마 사람들이 마키아벨리를 싫어하는 이유는 그가 쓴 "군주론"이 '냉혹하고 잔인하며 피도 눈물도 없는 철혈 군주'를 이상형으로 삼고 있다고 생각하기 때문일 것입니다. 실제로 군주론은 그렇습니다. 잔인하고 피도 눈물도 없는 사람이어야 군주의 자리에 올라갈 수 있다고 말합니다. 그렇기 때문에 우리는 마키아벨리에 대한 편견이 많습니다. 그가 어떤 삶을 살았는지에 대한 기록은 상대적으로 그 비중이 작을 수밖에 없는 것이죠. 하지만 실제 마키아벨리는 우리가 알고 있는 냉혹한 이미지와 많이 다릅니다.

마키아벨리는 약자였습니다. 강한 사람들을 위해 인생의 대부분을 보냈을 것 같지만 사실 그는 절망한 시간이 더 많습니다. 어렸을 적부터 전쟁의 비극을 경험하고, 바르젤로 감옥에서 날개꺾기라는 무시무시한 고문을 당했으며 비교적 순탄하다고 생각했던 공직의 삶도 마지막에는 그리 아름답지 못했습니다. 사실 마키아벨리는 "군주론"이라는 책 한 권으로 평가할 수 있는 인물이 아닙니다.

피렌체의 외교와 국방을 책임지고 있던 마키아벨리는 사실 약자의 입장에서 모든 것을 판단해야 했습니다. 그러나 피렌체의 정치가들은 정세의 큰 그림을 그리지 못하고 자신들의 밥그릇 싸움에만 열을 올렸습니다. 정작 두려워해야 될 것을 두려워하지 않았기에 많이 답답했음에도 그는 피렌체의 이익을 위해 자신의 몸과 마음을 바쳐 일했습니다. 평생을 약자의 입장에서 살았기 때문에 사실 그의 작품은 강자들을 위한 것이라기보다는 약자의 전유물입니다. 군주론 이후에 마키아벨리가 집필한 로마사 논고가 바로 이런 성향을 반영한 작품입니다.

로마사 논고의 서문을 보면 이런 글귀가 적혀있습니다.

"나의 이 글을 읽는 젊은이들이 행운을 만나는 기회를 잡는다면, 언제든지 지금 세상의 잘못을 피해, 옛 세상의 선례를 본받게 하고 싶습니다. 내 말을 이해할 수 있는 사람들 가운데서 단 한 사람만이라도 하느님의 은혜를 넉넉히 받아 이것을 실행힐 힘을 기진 사람이 나오길 간절히 바랍니다!"

저는 이 글귀가 마키아벨리가 약자들을 향해 전하는 메시지라고 생각합니다. 강자에게 우리의 권리를 빼앗기지 않기 위해서는 항상 깨어서 공부를 해야 합니다.

"군주론"과 "로마사 논고"를 쓰기 위해 마키아벨리가 했던 일은 바로 앞서 말한 바 있는 고전독서였습니다. 카이사르의 "갈리아 전기", 플루타

르코스의 "영웅전", 리비우스의 "로마사", 타키투스의 "역사", "게르마니아" 등 그 종류도 다양했습니다. 심지어 독서를 할 때 의관을 정제하고 마음을 다잡았을 정도라고 하니 그의 책 사랑이 정말 대단했다는 것을 알 수 있습니다. 그렇게 고전으로 익힌 지식을 바탕으로 마키아벨리는 다른 사람들을 위해서 열심히 노력했습니다.

저는 마키아벨리를 통해서 온고지신이라는 말을 떠올렸습니다. '옛 역사를 익혀서 새로운 시대를 준비하라' 라는 이 말은 마키아벨리에게 가장 잘 어울리는 표현입니다. 다른 무엇보다도 그가 우리에게 준 진리는 이것이 아닐까 생각합니다. 주변에서 들려오는 실패하는 사람들의 이야기를 들으면 내 이야기인 것인 양 가슴이 아픕니다. 그렇기 때문에 더욱더 과거의 잘못에서 새로운 것을 만들어내는 지혜가 필요합니다. 과거에 있었던 사례를 공부하고 위험요소를 제거하며 자신에게 더욱 유리한 환경을 만드는 과정을 반복한다면 실패보다는 성공의 확률이 더 높아질 것이라고 생각합니다. 물론 온고지신이란 말을 오해해서 과거의 것이 최고라 생각하는 자세는 지양해야 할 것입니다. 대표적인 사례로는 조선시대의 성리학자들을 들 수 있습니다. 이후 실학자들은 성리학자들의 이런 태도를 신랄하게 비판했습니다.

다만 저는 마키아벨리와 다르게 인생을 즐기고 싶습니다. 그는 약소국인 피렌체에 있으면서 항상 전쟁터에 그리고 소리 없는 총칼이 오고 가는 외교현장에 있었습니다. 이런 이유로 그는 즐거움을 구하는 방식 역시 우리와 달랐을 것입니다. 만약 북한이 뒤를 생각하지 않고 쳐들어온다면 아마 우리 역시 그와 비슷한 상황에 처할 수 있을 것입니다(사실 이런 일은 발생하지 않았으면 합니다).

저는 마키아벨리의 열정적인 자세를 배우고 싶습니다. 지혜를 탐구하고 자신의 한계를 극복하는 그의 모습을 모범으로 삼고 열심히 노력해서 내가 원하는 소망을 이룰 수 있도록 최선을 다할 것입니다. 이 글을 읽는 분들이 저와 같은 꿈을 꾸고 스스로를 개발하는데 힘써주신다면 제 입장에서는 너무나 감사할 것 같습니다.

세상의 모든 거북이들에게

2013년 7월 말에 개봉한 "더 테러, 라이브"라는 영화가 있습니다. 열심히 살았던 소시민이 세상에 불만을 품고 한강다리를 폭파하는 것으로부터 시작하는 이 영화를 보며 저는 많은 것들이 머릿속에 떠올랐습니다. 사회의 부조리, 가진 자들의 횡포 등 무겁지만 꼭 알아야 할 내용들이 있었기 때문입니다. 영화를 보면서 제가 떠올렸던 생각 중 가장 인상적이었던 것은 '토끼와 거북이' 이야기였습니다. 우리가 알고 있는 대로라면 거북이가 열심히 노력해서 경주에서 이기고 우승 상금을 획득하지만 현실은 동화와 많이 다릅니다. 토끼가 자면서 함정을 파놓기도 하고 지나가는 길에 압정을 깔아서 거북이에게 상처를 입히기도 하죠.

우리가 바라보는 세상은 아름다울 수도 혹은 그렇지 않을 수도 있습니다. 아이들은 어렸을 때 세상이 아름답다고 배우지만, 시간이 지나면서 세상의 어두운 면을 보고는 생각이 조금씩 바뀝니다. 선하다고 생각했던 이들이 알고 보니 악랄한 사람이었다는 사실을 깨닫는 순간 아이들의 시선은 급속도로 차가워집니다.

이는 "리바이어던"을 쓴 홉스의 견해와 일치합니다. 홉스는 '만인의 만인에 대한 투쟁'이라는 말로 자연을 상정하고 '모든 사람은 자신의 자연, 곧 생명을 유지하기 위해 자신이 원하는 대로 자신의 힘을 이용할 자유가 있다'고 주장했습니다. 따라서 사람들 사이에 불신이 생겨나고 그 불신으로부터 전쟁이 발생합니다. 기본적으로 사람들의 성향을 악한 것으로 보는 관점이 반영되었다고 할 수 있습니다.

저는 이 상황에서 '사람들은 모두 내 것을 빼앗으려 한다'라는 말과 '악한 사람들은 다양한 형태로 우리 주변에 머물고 있다'라는 두 가지 주장에 대해 생각해보고자 합니다. 우리의 소유물을 지킬 때 꼭 알아야 할 중요한 내용이기 때문입니다. 물론 이렇게까지 극단적으로 상황이 전개되지는 않겠지만 많은 성공학 서적이 강조하는 내용인 '최악의 경우를 상상하고 이 상황에서 벗어나도록 노력하라'라는 문장에 위의 질문이 부합되기에 그대로 진행해도 좋겠다는 느낌이 듭니다. 극단적인 예일지는 모르겠지만, 한 자기계발서의 작가는 '죽어라 열심히 일하는 것이 당신의 목표라면 적어도 한 가지는 보장받을 수 있다. 바로 늙어가는 것'이라는 절망적인 문구를 우리에게 공유하기도 했습니다.

내 것을 빼앗으려는 사람은 대개 세 가지 부류로 나뉩니다. 노골적으로 내 것을 빼앗겠다고 경고하는 사람들이 첫 번째, 관심 없는 척 다가와 몰래 뺏는 부류가 두 번째, 선의로 다가왔다가 마음을 바꾸고 내 것을 빼앗는 집단이 세 번째입니다. 어떤 방식이든 손해 보는 것은 나 자신입니다. 만일 내가 이들을 알아채지 못한다면 똑똑한 사람들이 다가와서 내 돈이나 능력을 빼앗아가는 안타까운 상황이 종종 생깁니다.

만약 제가 빼앗는 사람의 입장이라면 두 번째나 세 번째의 전략을 사용할 것입니다. 상대방이 알아차릴 수 없어야 전쟁에서 승리할 수 있지 않을까요? 저를 포함해서 대부분의 사람들이 해당 위험에 취약하기 때문에 우리는 항상 공부하고 대비해야 합니다. 자신의 만족과 발전을 위해 공부를 해야 하기도 하지만 이 경우에 해당하는 공부의 목적은 생존입니다.

가치투자로 잘 알려진 워렌 버핏은 투자의 법칙으로 2개를 말하는데 하나는 '돈을 잃지 마라' 이고 나머지는 '첫 번째 법칙을 지켜라' 입니다. 손자 역시 전쟁에서 이기더라도 손실이 많으면 지는 것만 못하다고 강조합니다. 그 말은 우리의 자원을 최대한 보호하며 이를 늘려나가기 위한 노력을 해야 한다는 사실을 뜻합니다.

저는 우리가 생각할 수 있는 다양한 사례를 참고하며 좋은 것들은 받아들이고 나쁜 것들은 내가 하지 말아야 할 반면교사로 삼았으면 좋겠습니다. 비록 삶이 토끼와 거북이의 사례와는 반대로 노력하는 사람에게 승리를 안겨주지 않을 때도 있겠지만, 못된 토끼에게 당하지 않도록 그들의 전략을 연구하면 세상을 지혜롭게 살 수 있습니다. 물론 전략을 제대로 연구하려면 끊임없이 책을 읽고 공부를 하는 습관을 지니는 것이 무엇보다도 중요합니다.

새로운 것을 받아들이는 자세

간헐적 단식

2013년 3월 18일에 방송된 SBS 스페셜은 한동안 한국 사람들을 단식 열풍으로 몰아넣었습니다. 일주일에 한 번 또는 두 번 굶으면 다이어트 효과도 볼 수 있고 건강도 찾을 수 있다는 내용을 소개했기 때문입니다. 많은 사람들이 이에 열광했고, "1일 1식"의 저자인 나구모 박사는 일약 스타덤에 올랐습니다. 요즘 다이어트는 온 국민의 열망입니다.

그러나 안타깝게도 우리는 하루 한 끼에 담긴 의미를 잘 이해하지 못하는 것 같습니다. 하루 한 끼를 먹으며 음식에 감사하고 경건한 마음을 가지며 세상의 행복을 느껴야 하는데 대부분 살이 빠진다는 이야기만 믿고 삶 자체에 감사함을 느끼지 않습니다. 그래서 대부분의 1일 1식 실천자들은 뭔가 부족해 보입니다.

그 이유는 우리가 일반적으로 채우는 것에 익숙해져 있기 때문입니다. 우리는 어렸을 때부터 부족한 것을 보완하는 훈련을 해왔습니다. 시험 결과가 나오면 점수가 나오지 않는 과목을 집중적으로 공부해서 성적을 올리고 대학교에서도 부족한 스펙을 메꾸기 위해 열심히 공부합니다. 실제로 우리는 스펙이 딸리거나 지능이 낮은 사람들을 머리가 비었다고 말합니다.

하지만 원래 비움은 우리 몸에 좋습니다. 아주 쉽게 찾아볼 수 있는 예로 기독교와 불교에서 실시하는 단식을 들 수 있습니다. 자신을 비우며 정신을 단련시키고 신체를 깨끗하게 하는 과정의 일환입니다. 알레한드로 융거 박사는 그의 저서인 "클린"을 통해 음식으로 건강을 유지하는 법을 소개했고 그는 우리가 건강해지려면 몸에 있는 독소를 빼야 한다고 중장했고, 그 방법 중 하나가 바로 단식이었습니다. 물론 단식을 성공적으로 마치려면 강한 인내심이 필요합니다.

비록 전문가는 아니지만 제가 생각하는 비움의 정의는 몸과 마음을 넓게 하여 새로운 것을 포용할 수 있는 능력을 만드는 일입니다. 새 술을 새 부대에 담기 위해서는 이전의 것을 다 버려야 합니다. 만약 몸과 마음이 더러운 것들로 가득하다면 아마 우리는 앞으로 나아갈 원동력을 얻지 못할 것입니다. 노자의 도덕경 11장에도 비슷한 내용이 있습니다. 수레바퀴, 그릇, 방에 빈 공간이 없다면 본래의 역할을 할 수 없는 것처럼, 우리 삶에도 비움이 필요한 때가 있습니다.

우리 모두는 다른 사람의 것을 빼앗으며 자신을 채우는데 익숙합니다. 언제부터 이런 태도가 정착되었는지는 잘 모르겠지만 저는 이 글을 읽는 모든 사람들이 스스로가 세상에 속한 소중한 존재라는 사실을 깨닫고 하루하루를 온 맘을 다해 살아갔으면 좋겠습니다. 이런 진리를 실행하려면, 빼앗는 것보다는 비우고 나누는 것이 훨씬 좋습니다.

인간이 그리는 무늬

저는 요즘 들어 "손자병법"과 "도덕경"에 관심이 많습니다. 어떻게 살 것인지에 대한 고민을 하는데 도움이 되기 때문입니다. 저뿐만 아니라 모든 사람들이 비슷한 고민을 하면서 살아갑니다. 아마 앞으로도 수많은 사람들이 이런 마음을 품고 살 것입니다. 인생을 잘 보내는 것은 누구에게나 중요합니다.

어떤 인생을 살 것인지에 대한 이상적인 대답은 '사랑하는 것'이라고 생각합니다. 먼저 자신을 사랑하고 이 마음을 바탕으로 주변의 사람들에게 좋은 영향을 미치면 사회에 기여할 수 있게 됩니다. 항상 간단한 것부터 시작해야 더 큰 물결을 만들어 낼 수 있다는 믿음이 요즘 들어 많이 생깁니다.

다른 사람들에게 좋은 영향을 미치기 위한 방법은 여러 가지가 있습니다. 예전에 칼뱅은 직업 소명설을 통해 '각자의 위치에서 최선을 다하면 다른 사람들에게 긍정적인 영향을 줄 수 있을 것'이라고 주장했습니다. 막스 베버의 "프로테스탄티즘 윤리와 자본주의 정신"이라는 책을 보면 관련 내용을 자세히 알 수 있지요. 기본적으로 저는 이 입장에 동의합니다. 다만 책을 읽으며, 내 직업이 정해져 있어 아무리 노력해도 미래를 바꿀 수 없다는 착각에 빠지는 것은 경계하고 싶습니다. 우리는 모두 스스로의 운명을 개척하며 멋진 인생을 살 수 있는 잠재력이 있으니까요.

우리는 대개 학교에서 암기식으로 공부를 하기 때문에 앞서 말한 내용을 잘 적용하지 못합니다. 요즘에는 이전의 지식을 많이 기억하는 것이 좋은 사례가 되지 않습니다. 비록 적은 지식이더라도 내 것으로 만들고 실생활에 응용하는 능력이 풍부하다면 그 사람은 사회에서 쓸모 있는 사람이 될 수 있습니다.

많이 아는 사람들은 대개 자신이 알고 있는 지식의 늪에 빠질 확률이 높습니다. 지식을 많이 익히면 이전의 지식을 전달하는 것만으로도 먹고 사는데 충분하기 때문에 쉽게 타성에 젖기 때문입니다. 당연히 이런 시스템이 이어지면 그 사람의 사고방식은 굳어집니다. 새로운 발상을 할 수가 없는 상태로 뇌가 변해버린 것입니다.

대개 국가가 처음 건립되면 체계를 세우기 위한 법학이 발달합니다. 이후에는 국가의 소통 및 외교와 관련된 신문방송 및 정치학이 그 뒤를 따릅니다. 새로운 것에 대한 욕망이 생기면 인문학이 발달하는데 지금 우리나라가 이 단계입니다. 개성을 존중하며 사람의 창조성을 바탕으로 발전하는 형식을 띠는 것이지요. 만약 한국이 이 시기를 벗어나지 못하면 이전과 같은 폭발적인 발전은 없을 것이라 예상하는 전문가가 많습니다.

이런 흐름을 알게 되면 내게 적용할 분야가 눈에 보이기 시작합니다. 그리고 이에 걸맞는 결과를 내놓으면 사회에 크게 기여할 수 있습니다. 일반적으로 커피 자판기는 프림과 커피, 설탕을 넣고 미리 설정된 배합비율에 따라 커피를 내놓습니다. 대부분의 사람이 이에 해당한다면 우리는 이보다 더 앞서가야 합니다. 시중에 나와있는 커피보다 더 다양한 종류의 음료를 개발하거나 아니면 기존 음료의 맛을 개량하는 방법이 대표적인 예시입니다.

"인간이 그리는 무늬"를 쓴 최진석 교수는 진정한 인간의 역사가 신에게서 벗어나려는 시도로부터 시작되었다고 주장합니다. 갑골문을 통해 신의 의지를 계승하던 은나라가 주나라에게 멸망 당한 사건이 가장 대표적입니다. 그는 이런 개념을 덕이라고 주장했습니다. 덕은 신에게서 벗어나려는 인간 본연의 마음이자 우리가 사람일 수 있는 이유입니다.

사람이 다른 동물들과 달리 크게 발전할 수 있었던 이유는 바로 새로운 것을 받아들이고, 이를 우리의 경험으로 녹여내며 지식을 확장시키는 노력을 지속적으로 실시했기 때문입니다. 동물들은 생존에 필요한 최소한의 능력만 익힙니다. 먹이를 구하는 법, 위험으로부터 자신의 몸을 보호하는 법 등이 대표적이죠. 아주 간단하게 생각해보아도 사람이 배워야 할 분야는 동물의 그것보다는 넓고 방대합니다. 새로운 것을 받아들이기 위해 마음 한 쪽을 조금만 비워두는 것은 어떨까요?

내 인생은 내가 만든다

빈부격차에 따른 사람들의 생각차이

세상에는 다양한 사람들이 살고 있습니다. 부자와 빈자, 약자와 강자로 나뉘어 세상에서 경쟁을 하고 있지요. 안타깝게도 대개 이 경쟁은 부자의 승리로 끝이 납니다. 슬픈 일이긴 하지만 세상의 속성이 그렇습니다. 요즘 사람들 사이에서 이슈가 되고 있는 영어 역시도 비슷한 상황입니다. 돈이 많은 사람들은 영어를 더 쉽게 익히고 가난한 사람들에게 영어는 전쟁입니다.

TV에서는 종종 재벌가의 상속인들 사이에서 벌어지는 일을 주제로 하는 드라마가 나옵니다. 대기업 총수의 서자나 가난한 사람이 스스로의 능력으로 재벌가의 아성을 무너트리려는 내용을 보고 있노라면 일반인의 기준으로는 상상하기 힘들 정도로 괴리감이 있습니다. TV는 사람들이 드라마를 많이 보도록 흥미 요소를 고려하기 때문에 프로그램 자체는 매우 재미있지만 우리는 이 삶이 현실에서 이루기 어렵다는 사실을 잘 알고 있습니다.

이전에 인터넷을 보다 재미있는 기사를 발견했습니다. 하버드 대학 4년 장학생인 카디자 윌리엄스에 대한 내용이었습니다. 그녀는 대도시의 뒷골목에서 태어나 노숙을 하면서도 꿈을 잃지 않았고 숱한 어려움 속에서도 그 꿈을 지켜나갔습니다. 그녀는 결국 피나는 노력과 주위의 후원으로 밝은 빛을 볼 수 있었습니다. 오프라 윈프리 쇼에도 출연하여 자신의 인생을 이야기하는 가운데 많은 사람들에게 감동을 주기도 했지요.

하지만 안타깝게도 이런 사례는 매우 예외적인 경우에 속합니다. 혹자는 이 사례를 보면서 나와는 맞지 않는다는 생각을 할지도 모릅니다. 그 이유는 간단합니다. 우리가 환경, 생각 그리고 주변의 조언에 매우 흔들리기 쉬운 존재이기 때문입니다. 부자와 가난한 사람들의 차이가 벌어지는 것도 이 때문입니다. 항상 부자들의 생각을 듣고 자란 긍정적인 아이와 가난한 이들의 푸념을 듣는 부정적인 아이가 같을 것이라고 생각해서는 절대 안 됩니다.

우리가 무기력을 학습하는 방식이 이와 같습니다. 사회적 계급이 없어졌음에도 우리는 대개 보이지 않는 계급이 있다고 생각하며 자신의 처지를 받아들입니다. 인도의 카스트 제도처럼 평생 그 신분이 자신의 족쇄가 되는 것이 아닌데도 그렇습니다.

그런 점에서 저는 자유로운 인생을 사는 사람들이 부럽습니다. 이전에 만났던 몽골 거래처의 사람들은 자신의 인생을 다른 사람들과 비교하지 않고 원하는 목표를 하나 둘씩 이루고 있었습니다. 말을 타고 초원 한가운데서 캠핑카에 누워 하늘의 별을 바라보는 삶을 사는 그들에게 세상사는 그저 흘러가는 일상일 것입니다. 그러나 우리나라는 관계성을 중시하고 다른 사람들의 시선에서 자유롭지 못합니다. 삶을 사는 기준이 다른 사람들로부터 오기 때문에 우리는 피곤합니다. 데이비드 리스먼이 쓴 책인 "고독한 군중"이 떠오르는군요.

우리는 주변의 상황을 통해 자신의 현 모습을 자각하고 앞으로의 일을 기획해야 합니다. 끊임없이 배우고 개인의 생각을 정립하며 미래를 설계하는 모습이 중요하다는 이야기입니다. 이 가운데 가장 중요한 것은 다른 사람들을 따라 하는 것이 아니라 자신만의 전략으로 행복을 쟁취하는 것입니다. 비교에 의해 자신이 돋보이는 목표를 설정하면 결국 내 인생은 불행으로 점쳐질 것입니다. 그 목표를 달성한다고 해도 새로운 비교대상이 생기기 때문입니다. 올바른 목표를 설정하는 일이 중요한 이유입니다.

누구도 우리의 미래를 대신 만들어주지 않습니다. 내가 스스로 문제를 해결하고 새로운 길을 개척할 수 있어야 합니다. 책을 통해 다양한 경험을 하고 이를 자신의 지식으로 변환시키는 능력을 갖추면 목표 달성이 더 쉬워질 것이라는 생각이 듭니다.

내 운명은 내가 만든다

거리를 다니면 점을 봐주는 곳이 많습니다. 타로카드나 사주팔자를 활용하여 인생을 엿볼 수 있다는 특징 때문에 많은 이들의 이목이 이곳으로 집중됩니다. 저도 이전에 재미로 한 번 본 적이 있는데 믿고 싶은 부분이 있었던 반면에 그렇지 못했던 부분도 있습니다. 사람들의 반응도 이와 크게 다르지 않습니다. 믿거나 혹은 재미로 넘어가는 것이 대부분입니다.

이 중에서 진지하게 점을 받아들이는 사람들은 대개 자신감이 결여되어 있어 자신의 생각보다는 남의 의견에 더 동요하는 경향을 보입니다. 이런 성격이 개인 한 사람에게만 국한되면 문제가 발생할 가능성은 적습니다. 그러나 이들은 대부분 스스로의 미래를 개척할 능력이 부족하며 자신의 감정을 주변에 지속적으로 확인하기 때문에 부정적인 감정이 전달되는 속도는 꽤 빠른 편입니다.

저는 이런 사람들의 대표적인 예로 도박하는 이들을 꼽고 싶습니다. 특히 재미있는 것은 많은 돈을 걸면서도 자신이 선택할 패를 다른 사람들에게 물어보는 이들입니다. 비록 조언을 듣기는 하지만 결국 돈을 걸고 그 결과에 책임을 지는 것은 자신임을 모르는 것 같습니다. 이런 현상은 절박함은 있지만 지식을 활용하는 법을 모르기 때문에 주로 발생합니다. 대개 한국사람들에게서 이런 성향이 자주 나타납니다.

'아무거나' 라는 메뉴 역시도 앞에서 말한 내용에 대한 좋은 예시입니다. 음식점이나 술집에 가면 종업원이 주문을 요청할 때 아무거나 달라고 말하는 이들이 많습니다. 아마 선택을 하기 싫어하는 한국인들의 심리가 반영된 결과가 아닐까 생각합니다. 더 웃긴 점은 요청한 대로 주인이 아무거나 만들어서 주면 이 요리에 대해 이러쿵 저러쿵 이야기한다는 것입니다. 선택을 다른 사람들에게 넘기고도 결과에 책임지지 않는 이중성이 보이는 것 같아 약간 아쉽습니다.

저는 이 사례를 보면서 운명을 개척하는 사람이 누구인지 생각해보았습니다. 여러 의견이 나오겠지만 저는 '스스로의 선택이 인생을 바꾼다는 사실을 인지하는 사람' 이 운명을 바꿀 수 있다고 생각합니다. 상투적인 이야기일수도 있겠지만 이 글을 쓰는 저는 이전까지의 제가 했던 선택들의 결과로 이루어졌습니다. 고대 그리스의 철학자 아리스토텔레스는 '우리는 우리가 지속적으로 하는 일에 따라 만들어진다. 그러므로 탁월함이란 다른 어떤 것도 아니라 습관에 따라 형성된다' 라는 말을 남겼습니다. 앞으로의 미래 역시 내 선택에 따라 바뀔 수 있다는 것을 시사하는 문구입니다.

그렇다면 우리의 고민은 하나입니다. 스스로 선택하며 미래를 만드는 능동적인 삶을 영위할 것이냐 아니면 다른 사람들에게 끌려 다니며 남의 꿈을 위해 내 능력을 희생할 것이냐를 결정하는 것이죠. 세상을 의미 있게 살고 싶은 사람이라면 이 질문에 대한 답을 찾는 일이 무엇보다도 중요합니다.

생각을 확장하는 방법

커피숍에서의 사색

지금 제가 있는 곳은 커피숍 스타벅스입니다. 노트북과 태블릿 피시를 구입하고 난 뒤부터 시간이 허락되는 때에는 바깥에 나와서 글을 씁니다. 안에만 있으면 놀고 있다는 느낌이 들기 때문입니다. 실제로 효과도 좋아서 이미 저는 이곳에서 많은 일을 했습니다. 다른 사람들의 시선이 주는 압박감이 작용한 탓이라 생각합니다. 많은 사람들이 모인 곳에서 졸거나 노는 모습을 보인다면 아마 많이 창피할 것입니다. 아마 사람은 다른 사람들의 시선을 먹고 사는 동물인지도 모르겠습니다.

그런데 일을 하다 보니 살짝 드는 생각이 있습니다. 지금 우리가 누리고 있는 모든 것들이 과연 어디서부터 왔을까 하는 질문입니다. 지금 제 옆에는 아메리카노 커피가 하나 있고 여러분들이 보고 있는 이 글은 태블릿 피시로 쓰고 있으며 인터넷 수신기 역할을 하는 아이폰과 심심할 때 읽으려고 가져온 영어원서 한 권이 있습니다. 물론 나무로 된 탁자와 의자도 소중하지요.

각각의 물품이 어디서부터 왔는지 알려면 많은 논리적 추론과 지식이 필요합니다. 일단 커피를 먼저 살펴보도록 하죠. 이 커피는 아프리카에서 왔을 수도 있고 남미 또는 동남아시아에서 왔을 수도 있습니다. 제가 스타벅스의 커피에 대한 지식을 알고 있다면 아마 이 부분은 더 쉬울 테지만 그렇지 않기 때문에 이 부분은 일단 넘어가도록 하겠습니다. 스타벅스의 창업자인 하워드 슐츠는 진한 커피향과 에스프레소에 광적으로 집착했었을 테니 아마 이 커피는 강배전으로 구웠을 것입니다.

제 옆에 있는 아이폰도 마찬가지입니다. 만든 곳은 스티브 잡스가 있었던 애플이겠지만 안에 들어가는 반도체와 소프트웨어는 다른 나라에서 수입한 것입니다. 삼성의 부품도 일부 포함되어 있지요. 갤럭시 S와 아이폰으로 서로 경쟁하는 사이임에도 부품은 같은 것을 쓴다는 사실이 참 재미있습니다. 이전에 읽었던 책에서 삼성의 매출 중 상당부분이 반도체에서 나왔다는 글을 본 적이 있습니다. 그런데 더 재미있었던 것은 이 반도체를 사간 주 고객 리스트에 애플의 이름이 있었다는 사실입니다.

책도 마찬가지입니다. 지금 저는 원서로 된 페이퍼백 책을 보고 있는데 페이퍼백은 사실 비싼 양장본을 살 돈이 없어서 전전긍긍하던 사람이 아이디어를 내서 제작한 제품입니다. 이렇게 하나하나 뜯어보면 각각의 스토리가 있어 신기합니다. 사람은 아는 만큼 보인다는 말이 사실인 것 같습니다. 읽은 책의 수가 많아질수록 제가 몸으로 이를 느끼고 있으니 옛 성현의 말은 틀린 게 하나도 없습니다. 꾸준히 책을 읽고 공부하며 이를 삶에 녹여내는 습관을 갖는다면 지금보다 훨씬 나은 사람이 될 것이라 생각합니다.

우리가 주변의 사물이나 어떤 사건을 보고 느끼는 바가 있으려면 일단 지식과 경험이 많이 축적되어야 합니다. 그러기 위해 가장 필요한 것이 바로 독서입니다. 많은 경험을 쌓기 위해 빨리 늙고 싶은 사람은 아마 아무도 없을 것입니다. 이런 점에서 오래 산 사람들의 인생과 생각을 엿볼 수 있는 책이란 도구는 우리에게 큰 재산으로 다가옵니다. 이를 잘 활용할 수 있는 사람은 자신의 인생을 능동적으로 개척할 힘을 얻습니다.

인문내공

생각하는 힘은 인문고전에서 나온다고 믿는 사람들이 많습니다. 저 역시 그런 사람들 중 한 명입니다. 아무것도 묻지 않고 시키는 대로 따라 하면 성공할 수 있다고 말하는 시대를 살면서 우리는 다른 사람들의 생각을 자신의 것이라고 느낍니다. 전형적인 주입식 교육의 폐해입니다.

하지만 타인이 원하는 대로 사는 것은 그리 바람직한 일이 아닙니다. 왜 우리의 귀한 인생을 주체적으로 살지 못하고 다른 사람들의 꿈을 이루는데 바쳐야 할까요? 만일 이런 본인의 일상에 불만을 느끼지 못한다면 고민하지 않고 주변의 사람들로부터 요청 받은 일을 처리하면 됩니다. 하지만 대부분의 사람들이 지닌 삶의 태도는 이와 많이 다릅니다.

그렇기 때문에 올바르게 생각하는 힘은 매우 중요합니다. 이런 능력을 키우기 위해 가장 필요한 것은 독서인데 책을 통해 인생을 바꾼 사람들은 대개 문학, 역사, 철학으로 대변되는 고전을 읽는 것이 좋다고 말합니다. 생각하는 힘은 사색에서 나오고, 사색능력은 우리의 능력보다 약간 어려운 책을 읽으면서 지속적으로 발전하기 때문입니다.

우리는 알게 모르게 책을 읽을 기회를 빼앗기면서 스스로 생각할 힘을 잃었습니다. 선거를 생각해보면 우리는 이 사실을 아주 쉽게 알 수 있습니다. 그냥 누가 싫으니까 누구를 뽑자는 생각은 지극히 유아적인 발상임에도 불구하고 주변을 둘러보면 의외로 이런 사람들이 많습니다. 원래 선거를 제대로 하려면 많이 알아야 하는데 우리는 알려고 하지 않습니다. 한 명이 열심히 공약을 따지고 좋은 리더를 선출하려 노력해도 다른 사람들이 그렇지 않다면, 좋은 지도자가 나오기는 현실적으로 어렵습니다.

그러면서도 우리는 뭔가 많이 아는 것처럼 행동합니다. 사람들을 비판하고 마음대로 세운 기준에 그들을 끼워 맞춥니다. 이 기준에 만약 다른 사람들이 모두 공감한다면 좀 낫지만 그렇지 않은 사람은 사회생활이 꽤 힘들어집니다. 우리 모두는 살면서 이런 사람들을 꼭 한 번씩은 만납니다. 그렇기 때문에 어떻게 하면 이들과 더 나은 상황을 만들어낼지 고민하는 것도 우리의 장기적인 인생을 위해 중요합니다.

저는 인문고전이 우리에게 같은 기준을 가지고도 우리주변의 사물과 현상을 다르게 바라볼 수 있는 힘을 준다고 생각합니다. 독서를 많이 한 사람은 기본적으로 타인에 비해 생각하는 방식과 깊이가 다릅니다. 또한 생각한 것을 말과 글로 정리하는 능력도 뛰어나기 때문에 세상이 요구하는 경쟁력을 갖출 수 있습니다. 삶을 살면서 이런 문제에 대해 깊이 생각해보는 것은 어떨까요? 우리는 정말 올바른 일을 하며 시간을 보내고 있는 것일까요? 정답은 자신만이 알고 있습니다.

생각 다시보기

거짓과 진실사이

1993년도에 사람들 사이에서 인기를 끌었던 곡이 있습니다. 그룹 피노키오의 "사랑과 우정사이"입니다. 이 노래는 사랑도 아니고 우정도 아닌 애매모호한 관계를 이야기했었습니다. 많은 이들이 공감해주었기 때문에 그 인기가 오랫동안 유지될 수 있있죠. 이십어 년이 지난 지금까지도 가수들은 이 노래를 다시 부르며 그 때를 추억하기도 합니다. 아마 진실과 거짓말 사이에서 줄타기를 하는 모습이 나름 신선하게 다가와서 그랬는지도 모르겠습니다.

그런데 사실 우리 일상을 보면 이런 일이 참 많이 일어납니다. 원가가 상대적으로 저렴한 커피가 밥 값보다 더 비싼 경우도 있고 공부를 열심히 했으면서도 친구들을 견제하기 위해 자신은 공부를 한 적이 없다고 거짓말을 하기도 합니다. 우리는 이처럼 알게 모르게 거짓말을 할 수 밖에 없는 환경에 무방비로 노출되어 있습니다.

짐 캐리가 주연을 맡은 영화인 "Liar, Liar" 역시도 이와 비슷한 내용을 담고 있습니다. 그는 아내와 아이가 있었지만 이혼하고 자신만의 삶을 즐기는 사람이었습니다. 소송에 이기기 위해서는 거짓말도 불사하지 않았기 때문에 그는 주변 사람들로부터 미움을 받습니다. 심지어 사랑하는 아들의 생일에 참석하지도 못했지요. 이에 실망한 아들은 하늘에 소원을 빕니다. 그의 소원은 '아빠가 24시간 동안 거짓말을 할 수 없게 해주세요' 였습니다.

영화의 이야기가 전개되려면 당연히 하늘이 아들의 소원을 들어주어야 합니다. 짐 캐리는 당연히 다음날부터 거짓말을 할 수 없게 되는데 공교롭게도 회사의 명운이 달린 거물 고객을 변호하는 재판에 참석해야 했습니다. 거짓말을 일부 하지 않으면 재판에서 이길 수 없는 상황이었기 때문에 그는 엄청난 딜레마에 빠집니다. 우리가 만약 그의 입장이라면 어떻게 해야 할까요?

사실 우리는 이런 상황에 자주 처합니다. 어쩔 수 없는 것이라 자신을 위로하며 타인에게 거짓말 하는 것을 정당화하는 사람이 있는 반면에 양심을 속일 수 없다며 진실만 이야기하는 사람도 있습니다. 이렇게 사람마다 생각이 다른 건 아마도 서로 중요하게 생각하는 것이 다르기 때문일 것입니다.

독일의 철학자 칸트는 사람이 지켜야 할 가치를 정언명령이라는 말로 표현했습니다. 칸트는 이를 두 가지로 요약했는데 첫째는 '스스로 세운 준칙에 따라 행동하되, 보편적 법칙이 되어야 한다고 주장할 수 있는 준칙이라야 한다' 이고, 둘째는 '나 자신이든 다른 어떤 사람이든 인간을 절대로 단순한 수단으로 다루지 말고 언제나 한결같은 목적으로 다루도록 행동하라' 입니다.

공부를 하는 동안 우리를 호도하는 거짓말의 실체를 파악하는 일은 매우 중요합니다. 물론 내 주변에 있는 사람들을 판단하는데도 큰 도움이 되죠. "방법서설"을 쓴 데카르트는 끊임없이 주변의 사물을 의심하며 생각한 결과 우리가 알고 있는 명언인 '나는 생각한다 그러므로 나는 존재한다' 라는 말을 남겼습니다. 기본적으로 학문은 자신의 생각을 표현하며 이를 다른 사람들에게 설득시키는 과정입니다. 상대방을 판단할 수 있는 지혜를 갖추게 된다면 아마 학문의 길이 더 즐거워지지 않을까 생각합니다.

중국 – 사상투쟁

사람과 동물의 가장 큰 차이점은 바로 '생각하는 능력' 입니다. 실제로 현대사회는 생각을 어떻게 활용하느냐가 일의 성패를 좌우합니다. 끊임없이 아이디어를 내고 시장에 적용하며 자신의 가치를 높여야 합니다. 다양한 방법으로 상상하고 받아들일 수 있는 영역을 넓혀야 하는 것도 우리의 의무입니다.

그러나 이런 상황에서 생각이 굳어있으면 큰 의미가 없습니다. 요즘 한국사회에 불고 있는 인문학 열풍이 이를 반영합니다. 철학을 공부해야 세상에서 버틸 수 있는 힘이 생긴다는 뜻입니다. 하지만 철학은 어떻게 배우느냐에 따라 그 의미가 전혀 달라집니다. 대개 우리는 철학을 생각하는 학문이라고 여깁니다. 그러나 만약 학습자가 사상가들의 생각을 그대로 외우고 답습하는 훈고학의 형태로 지식을 습득한다면 이는 올바른 공부법이 아닙니다.

EBS 인문학 특강 '현대철학자 노자'에서는 이를 중국의 역사에 빗대어 설명합니다. 물론 중국의 역사를 짧은 지면에 기록하는 것은 무리가 있습니다. 우리가 역사에서 기억해야 될 것은 새로운 것을 받아들이는 자세입니다. 이전에 없던 것이 새롭게 인식되는 가운데 삶이 어떻게 바뀌는지 관찰하면 현대에 우리가 어떻게 살아야 할지 어렴풋이 짐작할 수 있습니다.

기원 전 1세기경까지 중국에서는 다양한 사상이 자신의 영역을 구축하고 있었습니다. 대표적인 것으로 유가, 도가, 법가, 묵가, 종횡가 등이 있었습니다. 이들은 열심히 싸웠고 최종 승자는 유가였습니다. 이렇게 생긴 승자의 논리는 '사람의 본성은 정해져있다' 였습니다. 자신의 본래적 성질을 찾기 위해 최선을 다해야 한다는 뜻이었습니다. 공자는 이를 '인(仁)' 이라는 개념으로 표현했습니다.

그러나 불교가 유입되면서 상황이 정반대가 되었습니다. 새로운 그릇이 들어오며 이전 것과 섞이는 과정이 시작된 탓입니다. 본성이 정해져있다고 주장했던 유학과는 반대로 불교는 공(空) 사상을 강조했습니다. 전혀 다른 이야기를 하면서도 지역과 시대를 대표하는 사상이었기 때문에 이 둘은 당연히 충돌했고 중국의 사상사에 크게 일조했습니다.

중국은 이런 시기를 몇차례 더 겪게 되는데 그 중 가장 대표적인 예로 영국에 의한 식민지배와 뒤이어 따라온 막스레닌주의를 들 수 있습니다. 변증법의 원리를 걸치며 발전하긴 했지만 이전의 사상과는 완전히 다르기 때문에 해당 이론은 중국의 세계관과 융합하여 사회주의라는 구조적 틀을 만들어냈습니다. 물론 현재는 실패한 체제로 조금씩 변화의 바람이 불고 있지만 우리는 중국이 새로운 것을 받아들여 나름대로 자신의 문화에 맞게 해석했다는 사실에 주목해야 합니다. 개인이나 집단이 발전하는 방식이 정확하게 이와 일치하기 때문입니다.

우리는 사람들간에 존재하는 흐름을 파악하기 위해 인문학을 공부해야 합니다. 과학이 자연의 원리를 수나 나름대로의 논리로 풀어내는 학문이라면 인문학의 목적은 사람을 이해하고 세상에서 의미있는 삶을 살기 위해 필요한 부분을 생각하는 것입니다. 현대사회에서 필요로 하는 인재가 통합적으로 판단하는 사고능력이 있는 사람이라는 것을 전제했을 때 우리는 이 과정이 얼마나 중요한지 알 수 있을 것입니다.

이 중에서 저는 역사를 배우는 것이 제일 중요하다고 생각합니다. 앞서 살펴보았던 마키아벨리가 읽은 고전은 모두 역사서였습니다. "조선상고사"를 쓴 신채호 선생님 역시 역사를 잊은 민족에게는 미래가 없다는 말을 남겼습니다. 과거를 바탕으로 새로운 것을 만들어내도록 도와주는 역사의 능력을 두 사람 모두 믿었던 것입니다.

개인적으로 인문학을 공부하려는 사람들에게 저는 역사를 통해 생각의 이동 경로를 확인하는 과정이 중요하다는 말을 하고 싶습니다. 인문학은 어차피 사람을 다루는 학문이고 사람은 생각을 바탕으로 움직이기 때문에 그 시대에 어떤 생각을 갖고 살았는지 파악하는 일은 매우 의미있습니다. 관찰자의 입장으로 그 시대의 프레임을 조명하며 우리 사회에 빗대어 볼 수 있다는 점도 역사학의 큰 매력입니다.

세상의 모든 것들은 반대의견을 만나며 더 나은 방향으로 나아갑니다. 우리는 역사의 틀에서만 이 부분을 생각할 것이 아니라 스스로의 사상에도 이런 변화가 지속적으로 반복될 수 있도록 노력해야 합니다. 자신을 깨고 다른 사람들을 받아들이는 경계에 위치한 사람만이 더 나은 미래를 만들 수 있다는 사실을 기억해주시기 바랍니다. 그런 면에서 인문학을 하는 사람은 항상 생각의 경계에 서있게 될 기회를 잡을 가능성이 큽니다.

한 가지만 생각하지 말자

황금알을 낳는 거위

우리는 삶에서 균형을 추구해야 한다는 얘기를 많이 듣습니다. 그러나 어떻게 해야 이를 달성할 수 있을지는 정확하게 알지 못합니다. 실제로 배워본 적이 없기 때문입니다. 더 심각한 것은 우리가 이를 배우려고 하지 않는다는 점입니다.

저는 이를 황금알을 낳는 거위의 일화를 들어 설명해보고자 합니다. 이 이야기는 우리 모두가 알고 있지만 이해를 위해 다시 한 번 기록해보도록 하겠습니다. 예전에 읽고 느낀 점을 제외하고 스스로가 어떤 것을 깨달을 수 있었는지 찾아보는 것도 꽤 흥미로운 일이 될 것입니다.

"옛날에 가난한 농부가 살고 있었습니다. 그에게는 거위 한 마리가 있었는데 이 거위가 어느 순간부터 황금알을 하루에 하나씩 낳기 시작했

습니다. 농부는 부자가 되었습니다. 그러나 농부는 더 많은 재물을 탐
냈습니다.”

“그러던 어느날 농부는 거위를 죽이면 모든 황금을 한꺼번에 얻을 수 있
을 것이라는 생각이 들었고 바로 실행에 옮겼습니다. 그러나 안타깝게도
거위의 뱃속은 텅 비어있었고 농부는 금을 만들어주는 귀한 수단을 잃어
버렸습니다. 농부는 후회했지만 이미 지나간 일은 어쩔 수 없었습니다.”

저는 이 일화에서 황금알을 우리가 생산하는 재화, 거위를 생산성에 비
유하고 싶습니다. 자본을 만들어내려면 그에 따른 인프라가 필요합니다.
인프라가 중요한 것이라는 사실을 대부분의 사람들이 알고 있지만 이를
올바르게 구축하기 위한 노력에는 상대적으로 인색합니다.

거위가 황금알을 많이 낳는다고 무조건 좋은 것이 아닙니다. 거위의 건
강을 한 번 생각해보시기 바랍니다. 더 좋은 금을 만들어내기 위해 필요
한 것이 무엇인지 상식적으로 판단해보면 아마 거위의 건강이라는 대답
을 쉽게 이끌어 낼 수 있을 것입니다. 우리 역시도 마찬가지입니다. 아플
때보다는 건강할 때 업무 효율이 더 높고, 성과도 더 좋습니다.

최상의 결과물을 만들어내려면 이를 진행하는 사람의 모든 조건이 최
상이어야 합니다. 물론 이 원칙은 공부를 할 때도 적용됩니다. 아무리 즐
거운 것이라고 이를 오랫동안 지속할 수 없다면 그 방법을 바꾸어야 하
죠. 그렇기 때문에 몰입 전문가인 황농문 교수는 몰입을 할 때 가장 중요

한 요소로 운동을 강조했습니다. 건강을 해치지 않기 위해서입니다. 저는 이 글을 읽는 모든 분들이 이 사실을 명심해주셨으면 합니다. 우리가 살아가는 목적이 더 나은 삶이기 때문입니다.

자기계발서는 효과가 있는가?

요즘 우리는 이전에 비해 책을 많이 읽습니다. 불안한 미래를 준비하기 위해서 내가 뭘해야 하는지 알고 싶은 마음이 반영된 결과입니다. 결국 모든 사람들이 바라는 것은 물질적 성공이기에 시중에서는 어떻게 하면 돈을 벌 수 있는지에 대한 책이 많습니다. 그 중 대부분은 자기계발서입니다.

일반적으로 자기계발서는 사람의 발전을 돕도록 누군가가 쓴 지침서입니다. 그렇기에 우리가 어떻게 하면 되는지 매우 세세하게 제시합니다. 알려주는 대로 따라만 하면 성공할 수 있다는 자기계발서의 내용은 우리의 소비욕을 자극시킵니다. 책을 시기만 하면 이미 나는 성공한 것 같습니다.

그러나 우리는 자기계발서를 읽을 때 조심해야 합니다. 그 이유는 아주 간단합니다. 대부분의 자기계발서는 긍정적인 마음가짐을 강조하는데 이 내용이 악용될 우려가 있기 때문입니다. "열정은 어떻게 노동이 되는가?"라는 책에는 긍정적인 마음을 통해 청년들의 열정을 악용하는 기업의 사례가 담겨 있습니다. 허나 굳이 책을 보지 않아도 우리는 뉴스를 통해 관련 사례를 쉽게 확인할 수 있습니다. 개발을 좋아하는 한 IT 기업의 직장인은 몸이 좋지 않아 한시간 정도 일찍 퇴근해 병원에 가보겠다고 했지만 거절

당한 후 병이 깊어져 결국 한쪽 폐를 잘라내야 했습니다. '네가 좋아서 하는 일이니 감내해라' 는 경영자의 요구가 강압적으로 반영된 결과입니다. 긍정적인 마음가짐이 항상 좋은 결과를 가져오는 것은 아닙니다.

또한 자기계발서는 일부 특수 인사층에 대한 분석만을 다루고 있습니다. 우리가 흔히 볼 수 있는 옆집 아저씨의 이야기는 거의 찾아볼 수 없죠. 나폴레온 힐이 쓴 성공학 서적을 보면 카네기나 헨리 포드에 대한 언급이 많이 나오는데 이들이 갖는 공통점이 아무리 우리와 일치한다 한들 크게 와 닿지는 않습니다. 그냥 원래 대단한 사람이었던 것으로 생각한다는 의미입니다. 최근에는 평범한 사람이 성공하는 이야기도 많이 소개되고 있으나 그 사람 역시도 끊임없는 노력을 통해 성장했기에 평범한 사람들과는 약간 괴리감이 있습니다. 노력하면서 평범하지 않은 사람이 되는 것이죠. 우리는 이 사실을 꼭 기억해야 합니다.

그래서 저는 사람들이 자기계발서를 읽을 때 꼭 생각해야 될 것들이 몇 가지 있다고 생각합니다. 먼저 우리는 책을 읽으며 꿈이 이루어졌다는 착각을 버려야 합니다. 이상은 크게 가지더라도 현실은 냉철하게 바라보는 매의 눈이 중요합니다.

꿈을 이룬 사람들은 모두 하루를 충실하게 산 사람들입니다. 그러므로 우리는 목표를 성취하기 위한 세부 계획을 세우고 날마다 조금씩 노력해야 합니다. 발레리나 강수진은 그녀의 자서전 "나는 내일을 기다리지 않는다"에서 '하루가 쌓여 미래가 이루어진다' 라고 말했습니다. 그 말은 내가 오늘 선택하는 것에 따라 미래가 결정된다는 의미입니다.

그리고 더 중요한 것은 우리가 실천하는 계획이 하루 내에 완료 가능한 것이어야 한다는 점입니다. 할 수 없는 것을 억지로 하게 된다면 쉽게 질릴 것입니다. 물론 열정으로 극복할 수 있는 사람도 있을 테지만 힘들게 목표를 성취하는 것보다는 꾸준히 노력하는 사이에 자신도 모르게 현실이 되는 것이 더 멋지지 않을까요?

저는 '우리가 외부의 정보를 올바르게 받아들이기 위해서는 이를 판단할 수 있는 능력이 있어야 한다' 고 생각합니다. 성향을 고려하지 않고 다양한 정보를 받아들일 경우 우리는 쉽게 혼란에 빠집니다. 사람은 자체적으로 개인에게 필요한 정보를 걸러서 들을 수 있는 능력이 있지만 유독 자기계발서만큼은 그렇지 않은 것 같다는 생각이 강하게 듭니다.

공부는 사고력이다

중산층의 기준

사람들은 모두 부자를 꿈꿉니다. 좋은 차와 집 그리고 남들이 하기 어려운 것을 가능토록 만드는 능력 등이 부자의 조건에 포함될 것입니다. 아마 대한민국에 사는 사람이라면 모두 한번씩 생각을 해봤을 것입니다. 저 역시도 그렇습니다. 돈이 적은 것보다는 많은 것이 낫기 때문입니다. 대한민국 국민 모두는 중산층 진입을 원하고 이미 이 위치에 있는 사람들은 더 많은 돈을 벌고 싶어합니다.

한국인이 생각하는 중산층의 기준은 무엇일까요? 궁금해서 인터넷을 검색해 본 결과 나온 내용이 참 재미있었습니다. 한국사람들이 생각하는 중산층의 기준은 부채 없는 30평 이상의 아파트, 500만원 이상의 월 급여, 예금액 잔고 1억 이상, 2000cc 이상의 중형차입니다. 아마 이 글을 읽고 있는 2~30대의 청년들은 위의 생활을 영위하게 되길 진심으로 원할 것입니다.

그러나 유럽인이 생각하는 중산층의 기준은 우리와 반대입니다. 그들은 중산층의 기준을 경제의 측면에서 보지 않고 개인의 관점으로 묘사합니다. 일례로 프랑스 사람들이 생각하는 중산층의 기준은 외국어를 하나 정도 구사하며 폭 넓은 세계경험을 쌓기, 한 가지 이상의 악기와 스포츠를 즐기기, 다른 사람이 만들 수 없는 맛있는 요리 대접하기, 불의를 보면 사회를 위해 행동하기 등입니다.

왜 이런 차이가 생기는 것일까요? 다양한 의견이 있겠지만 저는 이런 문제의 원인이 '행복의 기준에 대한 관점차이' 때문이라고 생각합니다. 우리나라는 '비교' 문화가 발달하여 남들보다 내가 우위에 있으면 행복한 것이라고 생각하지만 외국의 경우 자신이 생각하는 행복의 정의를 그들 나름대로의 방법으로 실천하며 삶의 가치를 창출합니다. 이는 전적으로 생각하는 힘의 자이에서 기인합니다.

만약 한국에서 이런 풍토가 지속된다면 학교에서 수업을 받는 아이들(우리나라의 미래가 될)은 물질만능주의를 숭배하게 될 가능성이 큽니다. 미래를 생각한다면 우리는 아이들에게 스스로 생각하며 원하는 바를 이루려 노력하는 일이 얼마나 중요한지 알려주어야 합니다. 공교육과 사교육을 포함해서 이런 것들을 알려주는 곳이 거의 없다는 사실이 참 안타깝습니다. 어떻게 하면 이 문제를 해결할 수 있을까요? 교육자들뿐만 아니라 학습자들 역시 끊임없이 고민해야 할 부분이라고 생각합니다.

암기 vs 토론

'생각하는 사람' 이라는 작품이 있습니다. 이 멋진 예술품을 만든 로댕이 생각했던 바를 우리가 완벽하게 파악하기는 힘들지만 저는 그가 '사람은 생각을 하기 때문에 다른 동물들과는 근본적으로 차이가 있다' 는 느낌으로 작품을 만들었을 것이라 생각합니다. 실제로 '생각하는 사람' 은 인간의 내면에 있는 깊은 고뇌를 형상화 한 명작이라고 평가 받습니다.

그런데 요즘 들어서 사람들은 생각을 깊게 하지 않습니다. 아이러니하게도 옛 지식의 중요성을 강조하는 동양문화권에서 이런 현상이 더 심각하게 발생합니다. 인터넷과 스마트폰이 보급되면서 많은 사람들이 이런 시류에 편승했습니다. 아마 빠른 속도로 발전하는 가운데 옛 것을 지키지 못했기 때문이 아닐까 생각합니다.

동양에서 이런 문제가 발생한 데에는 앞서 말했던 이유를 포함하여 많은 원인이 있겠지만, 저는 이런 현상이 단기적 성과를 기대하는 입시 위주의 교육 때문이라고 생각합니다. 초등학생들은 뛰어놀 시간도 없이 10~11시까지 학원에 다닙니다. 중고생들의 사정 또한 이와 별반 다르지 않습니다. 기업을 경영할 때도 비슷한 현상이 발생합니다. 기업이 주주들의 단기적인 이익을 위해 움직이는 것이지요. 장기적인 계획 없이 순간의 수익에만 집착하다 성장동력을 잃어버리고 결국 파산을 하는 비극을 겪습니다. 만약 전 세계에서 한국이 겪는 어려움을 똑같이 경험하고 있다면 그나마 다행입니다. 하지만 이런 현상은 동양권에서 도드라지기 때문에 자세히 살펴볼 필요가 있습니다.

프랑스는 이를 방지하기 위해 학교에서 철학을 공부합니다. '바칼로레아'라고 불리는 대학시험에 철학 문제가 출제되기 때문에 고등학생들은 입시를 준비하려 시내에 있는 철학토론 카페를 찾습니다. 이 시험에 참여하는 학생은 짧은 질문 여러 가지 중 하나를 골라 4시간 동안 답변을 작성해야 하는데, 그동안 출제되었던 시험 문제로는 '스스로 의식하지 못하는 행복이 가능한가?', '예술 작품은 모두 인간에 대해 이야기하고 있는가?', '권리를 수호한다는 것과 이익을 옹호한다는 것은 같은 뜻인가?' 등을 들 수 있습니다.

사실 프랑스인은 부지런하지 않습니다. 유명인의 인터뷰나 지인들의 말을 종합해보면 프랑스는 '게으름'이 지배하는 나라입니다. 서류 한 번 발급받으려고 한 달을 기다리는 건 다반사고 식당에서 음식을 주문해도 나오는 시간은 제멋대로 입니다.

그러나 국가수준을 보면 상황은 완전히 역전됩니다. 프랑스의 국민소득은 2011년도를 기준으로 거의 4만불에 육박했습니다. 정확히 우리나라의 두 배입니다. 사실 우리는 이런 소식을 들으면 기분이 썩 좋지 않습니다. 회사에 열심히 충성하며 최선을 다해 일했는데 여유부리며 일한 사람들보다 못하다는 평가를 받아들이는 것은 사실 쉽지 않습니다. 저는 이런 결과의 원인이 '스스로 생각하는 힘을 지닌 사람들이 많은 국가'가 지닌 역량에 있다고 생각합니다. 철학으로 다져진 지성이 그들의 모든 활동의 기반에 깔려있는 것입니다. 경제나 문화, 예술 등 모든 것의 기본은 바로 생각하는 힘입니다.

오늘날 동양과 서양에서 실시하는 수업의 가장 큰 차이점은 바로 '토론하는 문화' 입니다. 동양은 대개 쓰고 외우는 활동에 강세를 보이고 서양은 자신의 생각을 논리적인 근거를 바탕으로 유창하게 설명하는 일에 익숙합니다. 유대인의 경우 자신의 논리를 설명하기 위해 싸움을 거는 사람처럼 큰 소리로 언성을 높인다는 사실은 이미 우리에게 잘 알려져 있습니다. 원래 동양도 토론하는 문화가 있었으나 서양의 문물을 받아들이면서, 이전까지 전통으로 지켰던 소중한 유산들이 거의 사라졌습니다. 안타까운 일입니다.

우리는 '스스로 생각할 수 있는가?' 라는 질문을 마음속에 품어야 합니다. 많은 지식도, 다양한 경험도 결국 판단력이 없다면 무용지물입니다. 새로운 것을 만들어 내는 힘과 이를 실생활에 유용하게 적용시키는 능력, 다른 사람들과 소통하는 능력 등은 생각하는 힘이 없다면 절대로 만들어지지 않습니다. 생각하는 힘이 중요한 이유는 현대 사회가 요구하는 창의력, 유연성, 소통능력, 비판적 사고 등이 모두 생각하는 힘과 깊은 연관이 있기 때문입니다.

다르게 바라보기

사라지는 미술학원과 피아노학원

미술학원과 피아노학원이 사라지고 있습니다. 경제가 어려워지면 학부모들은 가장 먼저 이 두 학원의 수강을 끊습니다. 저 역시 어린 시절에 피아노학원을 다녔지만 오래되지 않아 그만두었던 기억이 납니다. 이런 현상은 왜 일이나는 것일까요?

그 이유를 생각해보면 답은 의외로 쉽게 나옵니다. 이 두 학원보다 더 필요한 것이 있기 때문입니다. 오늘날 학부모들은 아이의 내신과 영어 능력을 가장 중요한 지표로 생각하고 관련 분야에 투자를 아끼지 않습니다. 방송에서는 아이들의 영어 능력이 중요하다는 내용을 지속적으로 이야기합니다. 이런 상황에서 아이를 영어학원에 보내지 않으면 주변에서는 이상한 시선을 보냅니다.

그런데 정말 이 두 가지가 중요한 것일까요? 그럴 수도 혹은 아닐 수도 있습니다. 오늘날 지식이 중요한 이유는 지식을 바탕으로 창조적인 활동을 하기 위함입니다. 그러나 주입식으로 익힌 지식은 대개 쉽게 잊혀집니다. 이전에 인터넷을 통해 해외 미대 입시에서 낙방하는 한국인의 이야기를 본 적이 있는데 그 이유가 쉽게 납득이 갔습니다. 학교의 시험 과제는 '책이 떨어지는 것을 그려라' 였는데 한국학생들은 사실적인 묘사에 급급했던 반면 외국 학생들은 창의력이 넘쳤습니다. 책에서 글자만 떨어진다거나 날개 달린 새 위에서 책이 떨어지는 등 그 모습도 다양했습니다.

그래서 저는 너무 일찍 시작되는 조기교육으로 인해 아이들이 그들에게 필요한 당연한 권리를 누리지 못한다고 생각합니다. 뇌는 크게 3단계로 구성되어 있고 지성에 해당하는 부분은 가장 늦게 발달합니다. 당연히 어린 시절에는 감성과 상상력의 뇌를 발달시켜야 하는데 이 때는 강제적으로 지식을 주입하면 안 됩니다. 애석하게도 우리나라에서는 이 순서를 정확하게 거꾸로 실행하고 있습니다. 당연히 힘이 배로 들고 효과도 좋지 않습니다.

이런 교육을 거치며 자신이 좋아하는 것을 발견하지 못한 아이들은 대부분 게임에 중독되어 있습니다. 게임은 다양한 것을 시도하지 못한 아이들이 에너지를 발산하는 유일한 방법입니다. 사실 게임에서도 문제를 해결하고 도전하며 과제를 수행하지만 안타깝게도 그 내용이 현실세계에 반영되지는 않습니다. 당연히 게임을 그만두면 상대적인 박탈감이 커집니다.

잠시 시간을 두고 주변의 사람들이 무엇을 원하는지 한 번 생각해보도록 합시다. 터무니없는 것일 수도 있고 현실적일 수도 있겠지만 일단 그 사람의 소망을 존중해주는 것은 어떨까요? 그가 원하는 것을 응원하고 또 이를 통해 그의 인생에 도움이 되는 무언가를 줄 수 있기 때문입니다. 일반적인 경우라면 모두가 다른 대답을 하겠지만 한국에서는 그렇지 않을 것 같아 많이 아쉽습니다. 그렇기 때문에 예술을 추구하는 이런 학원들이 없어지고 있는지도 모릅니다.

서양철학 vs 동양철학

공부의 가장 큰 목적은 세상에 유익한 사람이 되는 것입니다. 저는 다른 사람들에게 도움을 주려면 2가지를 갖추어야 한다고 생각합니다. 첫째는 타인을 도와 줄 수 있는 능력(행동력, 능력)이고 다른 하나는 상대방의 니즈를 파악하는 힘입니다. 이 두 가지 능력을 지속적으로 개선시키면 아마 어떤 사람이든 자신이 원하는 방향으로 발전할 수 있을 것입니다.

대개 서양사람들은 개인의 완성을 최고의 목적으로 생각합니다. 반면에 동양은 주변과의 관계 속에서 나를 어떻게 포지셔닝 할 것인지에 초점을 맞춥니다. 이는 나름대로 장단점이 있습니다. 미시건 대학교 심리학과 교수인 리처드 니스벳은 "생각의 지도"라는 책을 통해서 이 문제에 대한 다양한 견해를 내어 놓았습니다.

먼저 언어적인 측면을 보면 영어는 명사 중심이고 한국어는 동사 중심입니다. 그 말이 뜻하는 바는 의외로 간단합니다. 서양인은 우리가 생각하는 바 이상으로 완벽한 것이 있다고 판단했지만 동양인은 관계를 통해 찾아낸 보편적 진리로 세상을 조금씩 바꿀 수 있다고 믿었습니다.

　기본적으로 서양인들은 현상세계를 불완전한 것이라고 생각합니다. 그들은 완전한 세계를 꿈꾸며 현재를 완벽한 세계에 가깝게 바꾸어나가는 것이 자신을 수양하는 방법이라고 판단했습니다. 플라톤의 이데아나 토마스 모어의 유토피아 등이 이런 세계관을 반영한 대표적인 예입니다. 현실보다는 이상에 더 많은 무게를 두고 있었기 때문에 이상을 쫓아가는 사람들의 모습을 아름답다고 판단했던 것입니다.

　또한 고대 서양 사회에서는 다른 사람들 앞에서 말을 하며 자신의 영향력을 강화시켜야 했기에 자연스럽게 수사학과 논리학이 발달했습니다. 근본적으로 이성(Reason)에 대한 호기심을 불러일으킬 수밖에 없던 구조였다는 뜻입니다. 개인적으로 저는 이런 성향이 가장 잘 표현된 저서를 칸트의 "순수이성비판"이라고 생각합니다. 경험이 배제된 인식, 즉 선천적 인식으로 어디까지 사유할 수 있는가를 풀어낸 이 책을 바탕으로 많은 사람들이 자신의 생각을 발전시켰을 것입니다.

　그러나 동양은 이와 반대입니다. 경험을 바탕으로 오랫동안 자연이나 현상을 관찰하여 보편적인 법칙을 이끌어 낸 것입니다. 관찰을 오랫동안 했기 때문에 동양인은 사물과 현상의 관계를 찾아내는데 뛰어난 더듬이를 갖게 되었습니다. 이런 과정 속에서 동양인은 사물이나 사람의 관계 속에서 진리를 찾아야 한다는 사실을 유추했습니다. 노자의 "도덕경"이나 공자의 "논어" 역시 주장하는 바는 다르지만 이 둘을 관통하는 근원적 원리는 '상대성'입니다.

이런 이유 때문에 동양에서는 부작용도 만만치 않습니다. 다른 사람들의 눈치를 너무 많이 보는 것입니다. 한국에서는 특히 사는 집과 동네, 교육수준, 입는 옷에 이르기까지 신경 써야 할 부분이 너무 많습니다. 개성을 존중하려는 움직임은 전혀 보이지 않고 다르면 미운오리새끼 취급하는 것이 오늘날 우리가 볼 수 있는 일반적인 모습입니다. 이를 잘 보여주는 사례가 바로 '화난 원숭이 실험'입니다.

"원숭이들을 커다란 우리에 가두어 놓은 다음 천장에 바나나를 달아 놓고 줄을 매달아 놓습니다. 원숭이들은 천장에 있는 바나나를 먹으려고 줄을 기어오릅니다. 이 때, 사람들은 호스로 찬물을 뿌려서 원숭이를 떨어뜨립니다. 이 과정이 수 차례 반복되면 원숭이들은 줄타기를 포기합니다. 사람이 지키지 않아도 시도할 생각을 하지 않게 되는 것이죠."

"이 때 사람들이 우리 안에 있는 원숭이 한 마리를 내보내고 새로운 원숭이를 집어넣습니다. 새로운 원숭이는 위에 보이는 바나나를 향해 돌진합니다. 재미있는 현상은 이 때 발생합니다. 기존의 원숭이가 새로 들어온 원숭이를 말린 것입니다. 여러 차례 시도하던 새로운 원숭이는 결국 그들의 말을 듣고 바나나를 먹으려는 시도를 포기합니다."

저는 우리가 살면서 무엇을 할지 생각해야 한다고 강조하고 싶습니다.

우리는 앞서 살펴 본 원숭이처럼 다른 사람들의 의견에 끌려가지 않고, 스스로 끊임없이 사색해야 합니다. 중요한 것은 이런 생각을 통해 나온 결과가 내 삶에 직접적인 영향을 주며 인생을 긍정적으로 바꿀 수 있어야 한다는 점입니다. 통섭이 중요한 오늘날, 지식을 융합하여 새로운 것을 만들어내는 창조성이야말로 삶에 의미를 부여하는 중요한 가치 중 하나가 되지 않을까 생각합니다.

본질이 주는 즐거움

본질을 보는 눈

한 아이가 있었습니다. 친구들은 그에게 10센트와 50센트 중 더 비싼 것을 골라보라고 했습니다. 아이는 항상 10센트를 골랐습니다. 친구들은 아이를 멍청이라고 부르며 계속 놀렸습니다. 아이를 조롱하기 위한 방법은 항상 똑같았습니다. 10센트와 50센트 동전. 아이는 항상 10센트를 골랐기 때문에 친구들은 아이를 놀리는 재미로 살았습니다.

이를 보다 참을 수 없게 된 동네 할아버지가 아이에게 정말로 10센트와 50센트 중 더 비싼 게 무엇인지 모르냐고 물었습니다. 아이는 50센트가 더 비싸다고 말했습니다. 할아버지는 기분이 이상해졌습니다. 그렇다면 왜 아이는 바보가 될 것을 알면서도 10센트 동전을 계속 골랐을까요?

아이의 논리는 명쾌했습니다. 그는 50센트를 고르면 앞으로 자신이 돈을 받지 못할 것이라는 사실을 알고 있었습니다. 친구들이 놀리기는 하겠지만 10센트를 고른다면 지속적인 수입을 만들어 낼 수 있으니 괴롭힘은 10센트를 버는 대가라고 생각했던 것입니다. 이 아이의 이름은 에이브러햄 링컨입니다.(출저 참고_ 안상헌의 "내 삶을 만들어준 명언노트")

이 사례를 들어 생각해보면 우리들 대부분은 실리를 잘 취하지 못합니다. 문제의 본질을 보지 못하고 수박 겉핥기에만 급급한 것이 현실입니다. 운동을 하지 않고 굶어서 뺀 살이 요요현상으로 인해 얼마 지나지 않아 다시 찌는 것처럼 본질을 보지 못하는 사람은 문제를 올바르게 해결하지 못하고 그 주변을 맴돌기만 합니다.

실리를 취하려면 우선 스스로 투자하는 시간과 자원의 비율을 줄여야 합니다. 전쟁에서 이겼지만 피해가 막심할 경우 다음 일에 대비하지 못하는 것처럼 사람은 항상 일을 하면서 자신만의 여유를 확보해야 합니다. 또한 실리를 취하는데 중요한 것은 적이 원하는 부분을 떼어주고 내 의도대로 움직이게 하는 행위입니다. 이를 실천하는 가장 좋은 방법은 윈-윈입니다.

본질을 보는 능력이 생기면 세상을 살아가는데 필요한 것을 잡을 수 있는 기회가 생깁니다. 만약 다른 사람들보다 먼저 찾는다면 이로 인해 선점효과를 누릴 수 있습니다. 다른 사람들과 차별성이 생기며 관련이익을 독점하는 환경이 조성되기 때문입니다. 그렇기 때문에 저는 우리가 살면서 특정 문제의 본질을 파악하고 이에 대한 해결책을 내놓는 일이 매우 중요하다고 생각합니다.

똑똑한 식스팩

얼마 전부터 체중이 늘고 있습니다. 체중이 늘면서 가장 불편한 부분은 '체력'입니다. 10시만 넘어도 약 먹은 병아리처럼 꾸벅꾸벅 졸고, 하고 싶은 일을 하는 것도 매우 어렵습니다. 그래서 저는 항상 몸짱이 부럽습니다. 식스팩도 만들고 멋진 몸을 보여주고 싶은데 항상 말뿐인 스스로가 참 야속합니다. 하지만 우리가 부러워하는 몸짱 트레이너들은 그 몸을 유지하기 위해 엄청난 노력을 합니다.

한 번 자세히 살펴보도록 하겠습니다. 트레이너는 먼저 매일 하루 1시간 반에서 2시간 동안 꾸준히 운동을 합니다. 근육 운동, 유산소 운동을 포함하여 본인의 약점을 보완하기 위한 노력을 끊임없이 하는 것입니다. 이전에 건강한 몸을 만들고자 관련 운동법을 찾아본 적이 있었는데 근육 운동 하나만 해도 3분할, 크로스 핏 같은 대분류가 있었고 근육의 부위에 따라 하체, 상체, 허리로 나뉘며 하체를 키우기 위한 방법만 봐도 스쿼트, 레그 프레스, 카프 레이즈 등등 알아두어야 할 운동의 종류가 너무 많았습니다.

더 중요한 것은 식습관입니다. 기름진 음식을 피하고 야채에 드레싱은 절대 금물입니다. 근육을 키우기 위해 단백질 섭취가 중요하므로 닭가슴살이나 계란 흰자를 먹습니다. 이것도 모자란다고 생각했는지 요즘에는 단백질을 보충해주는 제품도 많이 나옵니다. 멋진 몸을 만들기 위한 사람들의 열망이 이정도인데도 불구하고 몸짱이 많지 않은 이유는 방법을 알고 있지만 실천하기가 쉽지 않기 때문입니다.

그런데 사람들은 의외로 정신 건강에 대해서는 깊게 생각하지 않습니다. 몸보다 중요한 것이 마음의 건강인데도 상대적으로 이를 소홀히 하는 것이지요. 아무리 몸이 건강해도 몸을 지배하는 마음이 연약하면 우리는 우울증, 공황장애 등의 정신병으로 고생합니다. 그렇기 때문에 많은 사람들이 몸과 마음의 균형적인 성장을 주장했습니다.

영상 번역가인 이미도의 "똑똑한 식스팩"에서는 트리플 A를 강조합니다. 이는 그가 주장하는 성공의 요인으로 Amusement(즐거움), Ability(능력), Accumulation(축적된 경험, 경력)의 3가지입니다. 성공하기 위해서는 나에게 즐거움을 주는 것을 해야 하고 이를 충분히 자신의 밥벌이로 삼을 수 있는 역량을 갖춰야 합니다. 또한 사람들에게 전문가로 인정받기 위해 오랜 시간을 이 일에 투자해야 합니다. 저자인 이미도는 마지막 조건인 축적경험(Accumulation)에 관한 인터뷰를 진행할 때 말콤 글래드웰이 "아웃라이어"에서 주장한 만시간 법칙을 언급했습니다. 아마 말콤 글래드웰은 우리가 열심히 노력하며 앞서 말한 3가지 A를 자신의 능력으로 구축해야만 성공할 수 있다고 생각했을지도 모릅니다.

우리는 멋진 몸을 만들기 위해 신경을 쓰는 것만큼 마음을 가다듬는 데에도 많은 노력을 기울여야 합니다. 내가 가진 힘을(그게 권력이든 육체적인 힘이든) 올바르게 사용하려면 마음속에 있는 생각의 틀이 바르게 형성되어야 합니다. 나를 다스릴 수 있는 사람이 가족과 사회를 다스릴 자격이 있다는 옛 선현의 말처럼 우리의 몸과 마음의 균형을 바탕으로 올바른 삶의 태도를 보이도록 열정을 갖고 하루를 살아가게 되길 기원합니다. 물론 저부터 이를 실천해야겠습니다.

안전지대가 변하고 있다

의사는 더이상 선망의 직업이 아니다

예전에는 열심히 공부해서 국가에서 치르는 시험에 통과한 뒤 의사, 약사, 변호사, 검사와 같은 전문직이 되는 것이 성공의 지름길이었습니다. 개천에서 용난다는 말이 이에 꼭 부합했었지요. 일단 위에서 말한 직업 중 하나를 이루면 돈과 명예가 따라왔기 때문에 성공 후 조강지처를 버렸다는 내용을 주제로 하는 드라마가 그 당시에는 참 많았습니다.

그러나 요즘에는 과거의 성공방식만 쫓는다고 성공할 수 없습니다. 월급의사를 그만두고 나와 차린 병원이 수없이 문을 닫고 큰 기대와 꿈을 안고 개업한 변호사 사무실에 파리만 날리는 상황이 이어집니다. 이런 상황에서 그들이 어떻게 할 수 있을지를 고민하는 것은 정말 자연스러운 현상이라고 생각합니다. 물론 미래의 우리가 이런 상황을 겪지 않으리라는 법은 어디에도 없습니다.

마케팅 전문가 세스 고딘은 이를 안전지대와 안락지대라는 개념으로 표현했습니다. 안전지대는 우리가 일을 할 때 안전하게 보호받을 수 있는 곳을 뜻하고, 안락지대는 우리가 일을 할 때 편안함을 느끼는 장소를 의미합니다. 문제는 안전지대는 계속 변하는데 우리가 안락지대에서 벗어나려는 생각을 하지 않을 때 발생합니다. 만일 지속적으로 노력을 기울이지 않으면 우리는 안락지대에 머무르며 자생력을 잃어버립니다.

다시 의사와 변호사의 이야기로 돌아가보겠습니다. 의사와 변호사의 소비자 구조는 어떻게 변하고 있을까요? 간단하게 말하자면 그다지 좋지 않습니다. 환자나 변호가 필요한 사람들의 수는 정해져 있는데 관련 직업인의 수가 계속 증가하고 있기 때문입니다. 얼마 전 저는 시내를 돌아다니다 치과 4곳이 한 건물에 있는 것을 발견했습니다. 이렇게 되면 애덤 스미스가 "국부론"에서 말한 수요와 공급의 법칙에 따라 가격이 하락합니다. 스미스에 따르면 가격이 하락하는 경우는 공급이 많아질 때와 수요가 적어질 때입니다. 현새는 인다깝게도 두 가지 현상이 동시에 진행되고 있습니다.

그렇다면 이런 문제를 어떻게 해결해야 할까요? 만약 초기 투자 비용이 크다면 회수하는데 시간이 걸립니다. 의학분야는 안타깝게도 의료장비와 병원부지 때문에 투자 비용이 큰 편입니다. 그렇기 때문에 현재 의사가 집중하는 분야는 새로운 먹거리입니다. 의사의 영역으로 본다면 미용, 성형, 검진센터, 요양센터 등이 대표적인 예시입니다(이미 이 시장들에 대한 점유율도 상당히 높아져 있습니다). 만약 다른 사람보다 먼저 이런 파이를 만들어낸다면 상대적으로 꽤 오랫동안 반사이익을 누릴 수 있습니다. 창의적인 발상이 중요한 이유입니다.

예전이나 지금이나 열심히 공부해야 된다는 사실은 변하지 않았습니다. 그러나 요즘은 죽은 지식을 공부하면 안 된다는 인식이 생겨나고 있다는 점이 예전과 다릅니다. 우리는 자신이 가진 것을 활용하여 새로운 가치를 끊임없이 창출하는 능력을 익혀야 합니다. 또한 안전지대가 계속 변하고 있다는 사실을 인지하고 새로운 영역을 배워야 합니다. 그렇게 해서 새로운 프레임을 짤 수 있는 사람이 결국 성공의 단맛을 볼 수 있습니다.

거꾸로 교실

우리는 모두 학교에서 교육을 받습니다. 수업 방식은 생각보다 간단합니다. 선생님이 먼저 개념을 설명하고 학생이 이를 암기한 뒤 문제를 풀면 해당 단원의 진도는 끝납니다. 우리는 별 의심을 하지 않고 선생님이 가르쳐주는 대로 수업에 참여해왔습니다. 이런 교육방식은 일제시대 때부터 도입되어 100년이 넘도록 별다른 의심 없이 그대로 사용되고 있습니다.

이런 수업 방식의 가장 큰 단점은 응용력을 기를 수 없다는 점입니다. 정답이 정해져 있고 진리는 오직 하나라는 논리가 학생들의 심리에 조금씩 자리잡습니다. 중국에서도 이런 생각을 바탕으로 철학을 했던 인물이 있는데 바로 공자입니다. 공자는 사람들의 마음에 모두 보편적인 기준이 있고 이를 완전히 꽃피운 사람을 성인으로 보았습니다.

그러나 사람은 모두 성격이 다릅니다. 그렇기 때문에 아무리 이상적인 기준이 생긴다 할지라도 그것은 곧 폭력으로 변합니다. 성인이 되는데 절대적인 기준이 있다면, 사람들은 기준을 잘 따르는 부류와 그렇지 못한 쪽으로 나뉩니다. 기준을 잘 따르지 못하는 사람들에게 쏟아지는 것은 세상의 비난입니다. 아이러니지요.

이전에는 이처럼 기준에 잘 따르고 생산성이 높으면 사회인으로서 제 기능을 다 할 수 있었습니다. 하지만 최근에는 이런 추세가 점점 변하고 있습니다. 창의성과 상상력이 개인과 기업을 지배하는 시대가 왔기 때문입니다. 만일 우리가 사장의 입장이라면 열심히 일하지만 회사의 이익에 기여하지 못하는 사람보다는 놀면서 일을 하더라도 회사의 성장에 도움이 되는 사람을 더 좋아할 것입니다. 이런 능력을 갖추려면 창의성과 문제해결력이 필수입니다. 우리를 움직이는 패러다임의 축은 이처럼 조금씩 바뀌고 있습니다.

만약 학생이 흥미로운 주제에 대한 과제를 먼저 받고 이를 각종 자료를 통해 스스로 이해하며 설명하고 선생님이 보충해주는 방식으로 수업이 진행된다면 어떨까요? 선생님은 안내자의 역할에만 충실하면 되고 학생들은 좋아하는 것에 더 몰입할 수 있습니다. 가장 중요한 것은 아이들이 문제를 스스로 해결할 수 있는 방안을 찾는 힘이 생긴다는 점입니다.

우리가 주변의 세상을 바꾸려면 사람들의 머릿속을 지배하는 틀, 즉 고정관념을 타파해야 합니다. "데미안"에서 말했던 대로 새는 알을 깨고 나옵니다. 기존의 것(알)을 파괴하지 않고서는 다른 것을 보기 어려운 것처럼 우리 역시 다양한 시도를 통해 더 큰 것을 얻을 수 있는 기회를 잡아야 합니다.

고인 물은 시간이 지나면 썩습니다. 똑같은 일을 반복하는 집단은 퇴보합니다. 기업이 살아남기 위해서는 지속적으로 새로운 것을 만들고 이를 시장에 테스트 해보아야 합니다. 물론 성공보다 실패 확률이 높을 수도 있지만 세상을 바꿀 수 있는 멋진 작품이 나올 가능성도 분명히 있습니다. 우리에게 중요한 것은 시도하는 동안 발생하는 손실을 최소한으로 줄이는 일입니다.

사람들이 모두 공감할 만한 것을 만들어내려면 먼저 내가 갖고 싶은 상품이나 서비스를 만드는 것이 제일 좋습니다. 공감을 얻으며 내 영향력이 확대되고 사람들에게 칭송받는 과정이 역사 속에서 지루할 정도로 반복되었다는 사실 하나만으로도 우리는 이를 중요하게 생각해보아야 할 필요가 있습니다.

좋아하는 일을 하면 생각이 달라진다

4시간만 일해도 부자가 될 수 있을까?

사람들은 모두 잘 살고 싶어합니다. 일단 부유하면 그 조건 중 일부를 갖췄다고 볼 수 있습니다. 그러나 어떻게 하면 돈을 많이 벌 수 있을지에 대한 의견은 모두 제각각입니다. 직업과 좋아하는 일이 다르기 때문입니다. 이는 전적으로 내가 삶의 기치를 어디에 두느냐에 따라 바뀝니다. 그러나 대부분 한 달에 200만원 버는 사람보다는 400만원 버는 사람을 좋아합니다.

그러나 제가 만약 여기에 조건 한가지를 걸면 여러분들의 생각이 달라질 수도 있습니다. 400만원 버는 사람은 야근이 많고 업무 강도가 높다는 가정 말입니다. 200만원 버는 사람은 일에 여유가 있고 퇴근시간이 자유로워서 나만의 인생을 설계할 수 있다면 우리는 어떤 선택을 해야 할까요? 가장 좋은 건 업무강도가 낮고 돈을 많이 버는 건데 이게 생각만큼 쉽지는 않습니다.

　만약 이 질문에 대답하기 어렵다면, 저는 티모시 페리스라는 인물을 참고할 것을 권합니다. 그의 책인 "4시간"을 읽으며 많은 것을 배울 수 있기 때문입니다. 책의 제목인 "4시간"은 일주일에 저자가 일하는 시간으로 '업무량이 적으면서도 자신이 원하는 삶을 누리는데 필요한 최소의 시간' 입니다.

　그가 이와 같은 라이프 스타일을 유지할 수 있는 핵심 개념은 업무대행, 환차익 그리고 인터넷입니다. 일하는 시간을 줄이려면 자신을 대신할 누군가가 당연히 필요할 것이고 이익을 극대화하기 위해서는 언어가 통하면서도 임금이 저렴해야 합니다. 이런 업무 시스템이 이루어지려면 필연적으로 전세계의 사람들을 만나야 하는데 이 때 필요한 것이 인터넷입니다.

　예를 들면 이런 식입니다. 제품을 판매하고 있는 미국인의 경우 채널을 확장시키기 위한 가장 안전한 방법은 홈페이지를 개설하고 영어를 할 수 있는 인도인 직원을 고용하는 것입니다. 재고 부담을 덜기 위해 생산지에서 바로 배송하는 시스템을 확보하고 이 플랫폼이 잘 돌아가는지 일주일에 한 번 정도 체크합니다. 이 때 걸리는 시간이 4시간입니다.

　우리가 티모시 페리스의 아이디어를 삶에 적용시키려면 몇 가지 문제를 해결해야 합니다. 그 이유는 간단합니다. 저자인 티모시가 영어사용자이기 때문입니다. 글로벌 언어인 영어 플랫폼이 전세계적으로 구축되어 있기 때문에 미국인은 상대적으로 이 방법을 사용하기가 쉽습니다.

만일 우리가 이를 적용하려면 온라인을 활용하여 수익을 올리고 상대적으로 물가가 저렴한 지방에 내려가 사는 형식의 라이프스타일을 구축해야 합니다. 글을 쓰며 지역에 구애받지 않는 삶을 영위하는 것도 좋은 방법 중 하나입니다. 그런 점에서 그의 아이디어는 우리에게 창의적인 사고를 할 수 있도록 도와주는 하나의 계기로 다가옵니다. 생긱의 지평을 넓히고 이를 현실화하는 능력이 중요한 시대에 티모시 페리스의 발상은 많은 것을 시사하고 있습니다.

지도광이 알려주는 창의적 사고능력

오타쿠라는 개념이 있습니다. 대개 한국에서는 부정적인 의미로 사용됩니다. 한국인이 인식하는 오타쿠의 의미는 대인관계가 부족하고 집안에만 처박혀 다른 사람들과 교류를 하지 않는 폐쇄적인 인간입니다. 하지만 원래 '오타쿠'라는 말은 좋은 뜻입니다. 어떤 일에 집중하고 노력하여 원하는 결과를 성취하는 집중형 인간을 의미하기 때문입니다.

이를 설명하기 위해 저는 맵헤드라는 개념을 소개하고 싶습니다. 영어를 잘하는 사람들에게도 이 개념은 생소한데 그 이유는 이 단어가 "맵헤드"의 저자인 켄 제닝스에 의해 새롭게 만들어 진 개념이기 때문입니다. 맵헤드는 지도광을 뜻하며, 제닝스의 책은 이런 사람들의 예로 넥타이에 있는 작은 지도를 모아서 세계지도를 완성한 사람들이나 높은 곳을 찾아다니며 지도를 만들어내는 사람들을 소개합니다.

원래 지도의 용도는 길을 찾는 것입니다. 간단히 훑어보아도 쉽게 알 수 있긴 하지만 자세한 내용을 알고 싶을 경우에는 열심히 공부해야 합니다. 사람들이 요즘 관심을 갖고 있는 인문학과 상당부분 비슷합니다. 사람을 이해하고 자신의 위치를 확인하기 위해 역사, 문학, 철학 등을 공부하는 이들 역시도 맵헤드처럼 무언가에 몰두하는 습관이 있습니다.

오늘날은 지도를 포함한 아날로그적 매체에 관심이 별로 없습니다. 판단하지 않고 직접적으로 무언가를 받아들이는 사람들이 많아졌기 때문입니다. 책은 이런 성향을 지닌 사람들을 지도맹이라는 말로 표현했습니다. 원래는 지도를 잘 읽지 못하는 사람이라는 뜻이지만 더 깊게 보면 어떤 글이나 그림에 기록된 의미를 제대로 파악하지 못하는 사람들이라는 뜻도 됩니다.

아이러니하게도 요즘은 앞서 언급된 지도맹처럼 인생의 올바른 목표를 찾지 못하는 이들이 참 많습니다. 학교에 입학하면서 위에서 시키는 대로만 한 탓입니다. 깔린 도로를 달리면서 좋은 인생을 체험할 수는 있을지 몰라도 도로를 만들기까지 어떤 과정이 있었는지는 알지 못합니다. 앞으로 살아가는데 도움이 되는 정보를 얻을 수 있는데도 이런 기회를 쉽게 날려버립니다.

만약 사람들에게 네비게이션과 지도가 있다면 대개 사람들은 네비게이션을 선택합니다. 입력만 하면 알아서 길을 찾아주기 때문입니다. 지도는 네비게이션보다 불편합니다. 하지만 우리가 네비게이션에 모든 것을 맡기게 되면 스스로 판단하는 능력을 상실합니다. 일반적으로 지도는 네비게이션보다 불편하지만 우리에게 길을 찾아가는 과정에서 생각하며 판단할 수 있는 기회를 제공합니다. 현대인에게 필요한 것은 아마 이 능동성이 아닌가 생각해봅니다. 지도를 인생의 방향성에 비유한 좋은 글귀가 있어 여러분들과 공유하고자 합니다. 읽으면서 무언가를 깨달을 수 있었으면 좋겠습니다.

500달러짜리 GPS 기기는 당신의 위차를 알려줄 수 있지만, 10달러짜리 도로 지도책은 맥락을 알려준다는 점에서 여전히 강력한 도구이다."

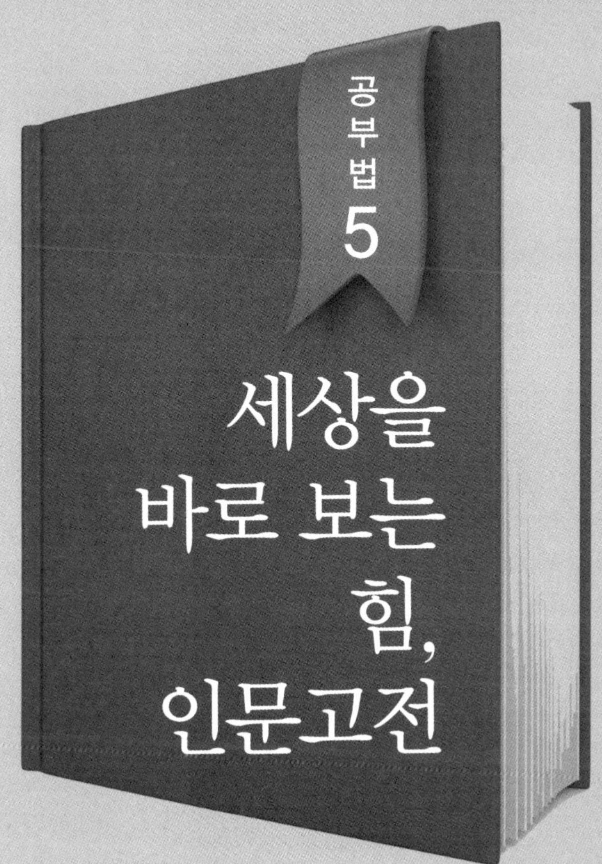

세상을 바로 보는 힘, 인문고전

❖ **격몽요결** _올바른 공부는 어떻게 이뤄지는가?
❖ **손자병법** _전쟁에 참여한 이들처럼 치열하게 살아라
❖ **일리아스** _사람 사이의 관계를 어떻게 이해할 것인가?
❖ **오디세이아** _시련을 겪으며 성장하는 한 인간의 이야기
❖ **파우스트** _인간은 노력하는 한 구원받을 수 있다
❖ **인간불평등기원론** _사유재산은 없어져야 하는가?
❖ **자유론** _우리는 다양한 모습으로 풍요롭게 발전해야 한다
❖ **수레바퀴 아래서, 데미안** _주체적인 삶의 진정한 의미
❖ **귀곡자** _상대방을 먼저 생각하라
❖ **유토피아** _이상적인 세계는 진정 있는가?

격몽요결
올바른 공부는 어떻게 이뤄지는가?

우리는 어떤 자세로 공부해야 할까요? 학교를 생각해봅시다. 가장 먼저 지겨운 선생님의 말이 떠오르는 사람도 있을 것이고 즐거운 기억이 생각나는 사람도 있을 겁니다. 사람의 성격이 모두 다르듯이 우리가 공부를 생각하는 관점도 모두 제각각입니다. 즐거움을 찾는 사람은 시험 성적이 좋을 것이고 그렇지 않을 경우에는 반대의 결과가 나옵니다.

그러나 우리는 효율적으로 공부하는 법을 배우는 일에 상대적으로 인색한 경향이 있습니다. 그렇다고 학교에서 공부하는 법을 가르쳐주는 것도 아닙니다. 공부는 배우지만 공부하는 법은 배우지 않는 아이러니한 상황이 벌어지는 것이지요. 이 문제를 해결하기 위해 우리는 무엇을 해야 할까요?

앞서 드린 질문의 해답은 이율곡의 "격몽요결"이라는 책 안에 있습니다. 격몽요결은 율곡 이이가 공부를 처음 시작하는 사람들에게 방법을 알려주기 위해 지은 것으로 '어리석음을 없애는 비결'이라는 뜻이 있습니다. 율곡은 '초학이 향방을 모를 뿐 아니라, 굳은 뜻이 없이 그저 아무렇게나 이것저것 배우면 피차에 도움이 없고 도리어 남의 조롱만 사게 될까 염려하여, 대략 마음을 세우는 것, 몸가짐을 단속하는 일, 부모를 봉양하는 법, 남을 접대하는 방법을 가르쳐, 마음을 씻고 뜻을 세워 즉시 공부에 착수하게 하기 위하여 이 책을 지었다.'라고 말했습니다.

그렇다면 이 책을 지은 율곡은 어떻게 공부했을까요? 가장 먼저 율곡은 독서를 강조했습니다. 그는 '독서는 죽어서야 끝이 나는 것'이라는 말을 남기며 스스로 이를 실천하는 모습을 보였습니다. 요즘처럼 급변하는 사회에서 생존의 무기는 다름아닌 독서입니다. 율곡은 또한 책을 읽을 때 다독보다는 정독을 강조했습니다. 하나의 내용을 완전히 이해하기 전에 다른 것을 받아들이게 되면 제대로 된 지식을 익힐 수 없다는 이유였습니다. 공자기 주역을 너무 많이 읽어 책을 꿰맸던 끈이 세 번이나 떨어졌다는 것을 의미하는 '위편삼절(韋編三絶)'이 이를 가장 잘 표현하는 예시입니다.

또한 율곡은 이에 대해 생각을 정리하고 글로 기록한 뒤 이 내용을 다른 사람들과 나눌 수 있는 토론을 실시하라고 말합니다. 조선시대에는 독서모임이 많았기에 선비들은 이곳에서 책을 읽고 의견을 나눌 수 있었습니다. 오늘날에도 공부를 깊게 생각하는 학부모들은 학원에 보내는 것보다 독서를 더 중요하게 생각합니다.

율곡은 격몽요결에서 공부를 위해 버려야 할 습관으로 여덟 가지를 들었습니다. 공부를 할 때 도움이 되는 내용이므로 해당 부분을 기록하여 옮긴 뒤 인쇄해서 붙여 넣어도 좋을 것입니다. 율곡이 말한 여덟 가지의 악습은 다음과 같습니다.

첫　째, 게으르고 편안함만 추구하고 의지가 강하지 못해 자기절제를 하지 못하는 악습

둘　째, 조용하게 앉아있지 못하고 밖으로 분주히 드나들고 쓸데없는 이야기로 시간을 허비하는 행동

셋　째, 유행에 민감한 부류의 친구들과 어울리고 가끔 공부 결심을 해도 친구들로부터 따돌림을 당할까 두려워 금세 포기하는 습관

넷　째, 책 읽는 것을 과시하고, 멋진 말을 자기 것으로 만들지 못하고 허세만 부리는 버릇

다섯째, 겉멋에 연연하는 글씨와 편지쓰기에 신경 쓰고 음악과 술에 빠지는 생활습관

여섯째, 바둑이나 장기 등 잡기에 빠지고, 먹고, 논쟁만 일삼는 버릇

일곱째, 재산이 많고 지위가 높은 것을 부러워하고 가난하고 신분이 낮은 것을 부끄럽게 여기는 생각

여덟째, 욕심을 절제하지 못하고 돈과 노래와 이성친구에 빠져 헤어나지 못하는 경우

이 가운데 우리는 얼마나 많은 것을 지키고 있는지 생각해봅시다. 글을

잘 보면 알겠지만 그때나 지금이나, 사람들의 마음을 빼앗는 것은 거의 비슷합니다. 우리는 이 내용들이 현대에도 그대로 적용될 수 있다는 사실을 쉽게 확인할 수 있습니다. 그렇기 때문에 우리는 공부하는 자세를 생각하고 이를 통해 내 주변에 어떤 유익함을 줄 수 있을지 생각해보아야 합니다.

대부분의 한국인은 공부의 목적을 좋은 대학교에 가는 것이라고 생각합니다. 만약 그것이 목적이라면, 좋은 대학교에 들어간 다음에는 무엇을 해야 할까요? 지극히 당연한 호기심이지만 우리는 학교에서 이 질문에 대답할 기회조차도 갖지 못합니다. 이제 좋은 대학교와 탄탄한 직장이라는 프레임은 무너진지 오래되었는데도 기성세대의 대부분은 '명문대-대기업'으로 이어지는 인생이 최고라고 생각하고 있습니다.

저는 이 시간을 통해 우리가 스스로 판단할 수 있는 기준에 대해 생각해보았으면 좋겠습니다. 자신만의 기준으로 10만 양병설을 주장했던 율곡 이이의 강한 마음이 우리에게는 없는 것일까요? 지금까지 우리는 그런 기회를 갖지 못했습니다. 책을 통해 호기심을 갖고 이를 해결하면서 개인의 역량을 강화시키고 이를 사회를 위해 환원하는 사람이 많아지면 우리가 사는 세상이 조금 더 멋지게 변하지 않을까 생각합니다.

손자병법
전쟁에 참여한 이들처럼 치열하게 살아라

전쟁을 다룬 유명한 서양고전으로 우리가 가장 많이 꼽는 것은 아무래도 클라우제비츠의 "전쟁론"이 아닐까 합니다. 투키디데스의 "펠로폰네소스 전쟁사"도 빼놓을 수 없지요. 헤로도토스의 "역사" 또한 페르시아 전쟁을 주로 기록하고 있습니다. 물론 서양에만 전쟁에 관련된 책이 있는 것은 아닙니다. 중국에는 무경칠서(손자병법, 오자병법, 사마병법, 울요자, 이위공문대, 육도, 삼략)가 있고, 우리나라에도 무오병법, 김해병서, 오위진법, 동국병감 같은 훌륭한 책들이 많이 있지요.

이토록 동서양에 전쟁에 대한 책이 많은 이유는 무엇일까요? 저는 이에 대한 원인으로 사람들이 자신의 욕심을 실현시키는 방식에 차이가 있다는 점을 말씀드리고 싶습니다. 내가 하고 싶은 것이 있는데 주변의 다른 이들 때문에 원하는 대로 하지 못하는 것이지요. 이 상황에서 가장 좋은 방법은 서로의 이익을 최대한 존중하면서 각자의 목적을 달성하는 것입니다. 요즘 말로 '윈-윈'이라고 하죠.

하지만 우리는 살면서 이렇게 하지 못하는 경우를 종종 접하게 됩니다. 이런 때 우리는 어쩔 수 없이 다른 사람들과 자신의 이익을 놓고 한 판의 싸움을 벌여야 합니다. 그렇기 때문에 전쟁에 대비하는 방법을 알고 있으면 다른 사람들에 비해 우위를 점할 수 있지요. 동서양을 막론하고 최고의 병법서라 불리는 "손자병법(孫子兵法, The Art Of War)"을 통해 그 비법을 엿보는 것도 재미있는 공부가 될 것입니다.

"손자병법"의 저자는 손무입니다. 우리나라에서는 손자로 잘 알려져 있지요. 그는 춘추시대의 전략가로 오나라왕 합려를 섬겼습니다. 기원전 515년 오자서의 추천으로 오나라의 군사가 된 것이죠. 손무를 처음 본 오왕 합려는 그를 믿지 않았기 때문에 궁녀들을 훈련시켜 강한 군사로 만들 것을 그에게 요구했습니다. 궁녀들의 대장으로는 자신이 아끼는 후궁 두 사람을 임명했지요. 훈련을 시키는 가운데 궁녀들이 말을 듣지 않자, 군령에 따른 책임을 묻기 위해 오왕인 합려가 아끼는 후궁 두 명을 손자가 죽인 일화는 매우 유명합니다. 확실한 신상필벌의 체계를 통해 그는 궁녀들을 원하는 목적을 달성할 수 있는 군대로 훈련시킬 수 있었습니다. 오왕 합려는 손무가 자신의 후궁을 죽인 것이 못마땅했지만, 그에게 군사를 훈련시킬 기회를 부여합니다. 궁녀들을 정예병으로 만든 그의 능력을 보았기 때문입니다.

손자는 오나라의 군대를 자신의 철학에 의거하여 강하게 훈련시킵니다. 이후 손자는 자신을 오나라에 추천했던 오자서와 함께 초나라 원정을 개시한 뒤 초를 거의 멸망 직전까지 몰아붙이는 성과를 냈습니다. 만일 진나라의 개입이 없었다면 이 때 초나라는 멸망했을지도 모릅니다. 이 시기는 춘추전국시대로 각 지역에서 권력을 가지고 있던 제후들이 서로 천하를 차지하기 위해 치열하게 싸우던 때였습니다. 손자는 그 시기의 한가운데에서 태어났습니다.

재미있는 건 이런 전란의 와중에서도 사상적으로는 큰 발전을 이루었다는 것입니다. 이 시기의 가장 큰 특징으로 꼽는 것이 바로 '제자백가'인데 혹자는 전국시대에 나온 이 사상들만 다 머릿속에 기억하고 있어도 현대를 살아갈 지혜를 얻을 수 있다고 생각했습니다. 실제로, 삼성의 1대 창업주인 이병철 회장의 경우 '나의 행동이 논어에서 벗어나지 않더라도, 나는 이에 만족한다' 라는 말을 남겼습니다. 논어는 제자백가 사상가들 중 공자의 말이 담긴 고전입니다.

손자병법은 총 13장으로 구성되어 있습니다. 시계(始計), 작전(作戰), 모공(謀攻), 군형(軍形), 병세(兵勢), 허실(虛實), 군쟁(軍爭), 구변(九變), 행군(行軍), 지형(地形), 구지(九地), 화공(火攻), 용간(用間)이 바로 그 내용이지요. 손자병법에는 전쟁을 언제 해야 하는지, 전쟁의 승패는 어떻게 예측할 수 있는지, 전쟁 시 어떻게 움직이고 적에게 어떤 것을 보여주어야 하는지, 간첩은 어떻게 활용하며, 불을 쓰기 위한 이상적인 방법은 무엇인지에 대한 내용들이 적혀 있습니다. 한자로 기록된 손자병법은 A4 2장 내외의 적은 양이지만, 그 안에 담긴 내용은 무궁무진합니다.

　책의 처음에는 전쟁의 승패를 판단할 수 있는 조건이 나옵니다. 도천지장법(道天地將法)이 바로 그것입니다. 도(道)는 '명분', 천(天)은 '적절한 시기', 지(地)는 '주변 환경', 장(將)은 '전쟁에 나서는 장수의 역량', 법(法)은 '상벌체계'를 의미합니다. 기본적인 것이지만 우리가 진쟁에서 무시하면 안 되는 중요한 내용입니다. 위의 다섯 가지 조건은 전쟁뿐만 아니라 우리 사회에도 적용할 수 있습니다. 새로운 일을 시작하거나, 기존에 하고 있는 일의 정당성을 확인하는 기준으로도 위의 다섯 가지는 큰 의미가 있습니다. 일을 진행할 지의 여부를 판단하는데도 꽤 유용하지요.

　'전쟁은 속임수다'라는 문장 역시도 손자병법에서 많은 사람들이 즐겨 인용하는 문구입니다. 자신을 모두 드러내지 않으면서 적에게 결정적으로 피해를 줄 수 있는 한 방을 숨겨야 한다는 것이지요. 속이기 위해서는 빈틈을 보이지 말아야 힙니다. 다른 사람들에게 전략을 짤 수 있는 기회를 제공하게 된다면 결국 불리한 것은 우리들이기 때문입니다. 최대한 철저한 모습을 보이면서 계략을 짜되, 이를 다른 사람들이 알아채지 못하도록 해야 전쟁에서 유리한 고지를 선점할 수 있습니다. 대응할 시간을 주지 않으면서 주도권을 우리 쪽으로 가져온다면 아마 전쟁에서 큰 이득을 취할 수 있을 것이라 생각됩니다.

　그렇지만 전쟁을 많이 하게 될 경우 우리에게 좋은 것은 하나도 없습니다. 피해가 막심하기 때문입니다. 그렇기 때문에 손자는 가급적이면 전쟁을 하지 않고 강한 힘으로 상대방의 전의를 상실시키는 것을 가장 좋은 계책으로 생각합니다. 우리가 전쟁을 하는 목적은 상대방을 무너트리는 것이 아니라, 상대방의 힘을 그대로 흡수하여, 더 강한 힘을 확보하는 것입니다. 전쟁 중에 벌어지는 피해는 고스란히 승자의 몫으로 돌아가기 때문에 피해를 최소화하며 전쟁을 진행해야 된다는 손자의 말은 우리가 크게 생각해야 될 부분이라고 생각합니다.

개인이 가진 지식보다 이를 어떻게 활용할지에 대한 부분이 중요해지고 있는 지금 시기에, 손자병법의 마지막 부분인 '용간(用間)' 편은 우리에게 시사하는 바가 많습니다. 손자는 간첩을 향간(鄕間, 고장 주민), 내간(內間, 적의 관리), 반간(反間, 이중간첩), 사간(死間, 허위사실을 믿게 하여 전달하는 간첩), 생간(生間, 정탐 후 살아서 돌아와 그 내용을 보고하는 간첩)의 5가지로 구분하고 각 간첩에 대한 활용법을 알려줍니다. 오늘날 많은 곳에서 문제가 되고 있는 산업스파이나 내전 중인 나라에서 자신의 정보를 다른 곳에 팔아 넘기는 사람들이 전쟁의 승패를 결정하는 것들을 비슷한 예시로 들 수 있겠습니다. 중요한 것은 우리가 내 주변의 정세를 유리하게 만들 수 있도록 해당 간첩을 적절히 활용하는 일입니다. 정보를 잘 조정하고 이를 바탕으로 다른 사람들보다 뛰어난 성과를 내는 것이지요. '지피지기면 백전불태(적을 알고 나를 알면 백 번 싸워도 위태롭지 않다)'라는 말 역시 정보의 중요성을 강조한 말입니다.

기업을 운영하는 사람이나 어떤 일에서 특출난 성과를 내길 원하는 사람들은 손자를 공부해야 합니다. 비록 그가 전쟁의 전문가이긴 하지만 그 원리는 오늘날 기업 현장에서도 적용할 수 있으며, 개인의 성과를 끌어올리는데도 큰 역할을 합니다. 물론 학습에도 적용할 수 있지요. 지금 내가 하고 있는 공부가 올바른 것인지, 그리고 효율적으로 하고 있는지를 손자병법을 읽은 뒤 생각해보는 것은 어떨까요? 아마 큰 도움이 될 것이라고 생각합니다.

우리가 전쟁을 하는 이유는 무엇일까요? 정복욕에 불타 자신의 영역을 넓히기 위한 목적도 있겠지만, 가장 큰 이유는 바로 스스로를 방어함과 동시에 개인의 영향력을 넓히기 위해서입니다. 물론 옳지 않은 방법으로 일을 진행하게 되면 나중에 큰 곤란에 처하게 됩니다. 그런 점에서 인생은 전쟁이라고 할 수 있습니다. 다양한 권모술수가 난무하고 많은 사람들이 이에 피해를 보고 있지요. 하지만 손자병법의 가장 처음에 이야기한 '도(道, 명분)'에 어긋나는 행동은 하지 말아야 합니다. 명분이 갖추어져 있지 않은 싸움은 어떤 것이든 패배하게 되어있습니다. 비록 승리하더라도 얻을 수 있는 것은 많지 않죠.

저는 여러분들이 전쟁으로 인생을 바꾼 손자가 남긴 기록을 통해 삶을 살아가는데 필요한 지식을 익힐 수 있었으면 좋겠습니다. 단순히, 기록을 암기하는 것에서 끝나지 않고 지식을 통해 얻은 모든 지혜를 새로 돌아보고 삶에 적용하시기 바랍니다. 그렇게 하면, 앞으로 살아가는데 도움이 되는 주옥같은 지혜를 얻을 수 있을 것입니다. 배운 지식을 열심히 활용하며 내 것으로 만들려는 노력을 지속하는 사람에게 손자는 위대한 스승이 될 것입니다. 지금부터 그의 삶과 글 속으로 함께 빠져보도록 합시다. 후회하지 않을 것입니다.

일리아스
사람 사이의 관계를 어떻게 이해할 것인가?

요즘에는 흔치 않지만 예전에는 할머니가 손자들을 모아놓고 화로 앞에서 옛날이야기를 들려주는 경우가 많았습니다. 그 당시 딱히 놀 것이 없던 아이들에게는 할머니가 만들어주는 간식과 따뜻한 불이 최고의 낙이었습니다. 물론 요즘은 재미있게 즐길 수 있는 것들이 많아졌기 때문에, 그 시절을 기억하는 사람들은 이제 많지 않습니다.

이처럼 이야기는 대부분 한 사람의 입에서 다른 사람의 입으로 전해지는데 이런 방식을 구전(口傳)이라고 합니다. 대개 옛날이야기나 전설 등이 이에 해당됩니다. 우리가 전해 듣는 소문도 엄밀히 따지자면 구전의 형태를 띠고 있습니다.

고대에도 이처럼 구전으로 전해진 작품이 있었습니다. 바로 호메로스가 정리한 "일리아스와 오디세이아" 입니다. 그리스 신화 속에 나오는 아킬레우스와 오디세우스의 이야기가 담긴 작품이지요. 그렇다면 이 작품이 우리에게 주는 의의는 무엇일까요? 먼저 고대 영웅 아킬레우스의 이야기를 담은 "일리아스"를 살펴보도록 하겠습니다.

일리아스를 온전히 이해하기 위해서는 먼저 이야기와 연관된 신화를 살펴보아야 합니다. 작품의 배경이 그리스 신화에 나오는 트로이 전쟁(혹은 트로이아 전쟁)이기 때문이지요. 이 사건은 불화의 여신 에리스로부터 시작되었습니다. 테티스의 결혼식에 초대받지 못한 그녀가 혼인 잔치 중 하객들을 향해 황금사과를 던졌던 것입니다. 사과만 던졌다면 문제가 될 것이 없었겠지만, 사과에는 '가장 아름다운 여신께' 라는 말이 적혀 있었습니다.

그러자 그곳에 있던 세 여신인 헤라와 아프로디테, 아테나가 서로 그 사과의 주인이 자신이라는 주장을 펼칩니다. 싸움에 끼어들고 싶지 않았던 제우스는 세 여신들을 이데 산으로 데려간 뒤 그곳에서 양을 치던 목동, 파리스에게 가장 아름다운 여신을 고르도록 합니다.

여신들은 파리스에게 선택 받기 위해, 그에게 좋은 것을 주겠다고 약속합니다. 헤라 여신은 권력과 부를, 아테나 여신은 전장에서의 명예와 명성을, 아프로디테 여신은 세상에서 가장 아름다운 여자를 아내로 삼을 수 있도록 돕겠다는 조건을 제시했습니다. 아름다운 사람과 행복하게 살고 싶었던 파리스는 아프로디테의 제안을 선택했습니다. 자연스럽게 나머지

두 여신과는 적이 되었지요.

그런데 문제가 생겼습니다. 세상에서 가장 아름다운 여자가 이미 결혼을 했기 때문입니다. 그녀는 그리스 스파르타의 왕인 메넬라오스의 아내 헬레네였습니다. 그러나 파리스는 아프로디테의 도움으로 그녀를 꾀어낸 뒤 궁궐에서 빠져나와 트로이로 가버렸습니다. 이튿날 헬레네가 없어진 것을 알게 된 메넬라오스는 격분했습니다.

사실, 그녀는 결혼 전에도 구혼자가 많았습니다. 구혼자들은 그녀가 남편을 선택하기 전, 구혼자 중 하나인 오디세우스의 제안에 따라, 누가 뽑히든 모두 힘을 합하여 이 여성을 보호할 것을 약속했습니다. 그런데 갑자기 듣도 보도 못한 양치기 한 명이 헬레네를 납치(?)했으니 기가 찰 노릇이었을 겁니다. 결국 모든 그리스가 연합하여 파리스의 나라를 치기로 결심합니다. 그 유명한 트로이 전쟁은 이 사건으로부터 시작되었습니다.

트로이를 치기 위해 그리스에서 속속 조력자들이 도착했습니다. 그러나 정작, 이를 제안한 오디세우스는 페넬로페라는 여인과 결혼하여 행복하게 살고 있었기 때문에 참전을 원치 않았습니다. 그래서 미치광이 흉내를 냈지만 거짓이란 게 들통나 전쟁에 참여하게 됩니다. 일에 말려든 그는 자신처럼 자진해서 나서지 않는 사람들을 설득했고, 특히 테티스의 아들이었던 아킬레우스에게 많은 공을 들였습니다. 결국 그를 설득한 오디세우스는 그와 함께 전장으로 발길을 옮겼습니다.

그러나 전쟁은 그들이 생각했던 것만큼 순탄치가 않았습니다. 오랜 기간 동안 철저하게 준비했지만 그리스 함대가 항구에서 움직이지 못했던 것입니다. 원인은 총사령관인 아가멤논이 사냥을 나갔다가 죽인 사슴 한 마리였습니다. 그 사슴은 달과 사냥의 여신인 아르테미스에게 봉헌되었던 제물이었습니다. 그랬기 때문에 아르테미스는 그 벌로 전염병을 퍼트려 군대의 수를 줄이고, 바람을 멎게 하여 출항을 방해했습니다.

아가멤논은 예언자 칼카스를 통하여 아르테미스 신의 분노를 잠재울 방법은 처녀를 제단에 산 제물로 바치는 길이라는 사실을 확인합니다. 꼭 죄를 지은 자의 딸이어야 했기 때문에 그는 오랫동안 방황합니다. 그러나 이 전쟁은 그리스의 사활이 걸린 문제였기 때문에 결국 아가멤논은 자신의 딸인 이피게니에를 제물로 바치는 것에 동의합니다. 딸을 데려오기 위한 구실은 전쟁영웅인 아킬레우스와 짝지어주겠다는 것이었습니다.

하지만 그녀의 운명은 아르테미스에게 비쳐질 제물에 지나지 않았습니다. 그러나 제물로 바쳐질 순간 아르테미스 여신은 가여웠던지 처녀를 거두고 그 자리에 암사슴 한 마리를 놓은 뒤, 이피게니에를 자신의 신전에 기거하는 여사제로 만들었습니다. 결론적으로 그녀는 죽지 않았지만, 이 때문에 총사령관인 아가멤논과 아내의 관계는 극도로 악화되었습니다.

또한 아가멤논은 전쟁 중에 더 큰 악재를 만납니다. 휘하의 장군이었던 아킬레우스와의 사이가 멀어진 것입니다. 승전 중에 얻은 전리품을 분배하는 과정에서 갈등이 생긴 것이지요. 더 정확하게 말하면, 전리품으로 넘어온 처녀인 크리세이스 때문이었습니다. 아가멤논의 소유가 된 크리세이스는 원래 아폴론 신관의 딸이었습니다. 신관은 딸을 풀어줄 것을 원했지만 아가멤논은 이를 거부했습니다. 이에 신관은 자신이 믿는 아폴론 신에게 자신의 딸을 돌려받을 때까지 그리스 군에게 본때를 보여줄 것을 기도했습니다. 기도에 응답한 아폴론은 그리스 군에 전염병을 창궐시킵니다.

아가멤논은 어쩔 수 없이 크리세이스를 풀어줄 수밖에 없었습니다. 그런데 크리세이스를 풀어주면서, 아킬레우스의 전리품이었던 브리세이스라는 처녀를 빼앗아갑니다. 아킬레우스가 전염병의 원인이 크리세이스를 풀어주지 않은 아가멤논에게 있다고 강력하게 주장했기 때문에 그의 기분이 상했던 것이지요. 아킬레우스는 이에 응하는 대신 전쟁에 관여하지 않을 것을 선언합니다.

이후 그가 전쟁에 참여하게 된 계기는 친구인 파르토클로스의 죽음이었습니다. 전쟁에 참여하지 않았던 그는 친구에게 갑옷까지 빌려주며 승전을 기원했지만 적장인 헥토르의 손에 전사하고 맙니다. 분노에 찬 아킬레우스는 전쟁에 참여하여 적장인 헥토르를 죽이고 그의 시체를 마차에 매달아 끌고 다닙니다. 그리스에서는 죽은 사람에 대한 장례를 매우 중요하게 생각했기 때문에 이는 많은 사람들의 공분을 불러일으켰습니다. 결국 보다 못한 제우스 신의 개입으로 시체는 트로이의 왕이었던, 프리아모스 왕에게 돌아가게 됩니다. 이후 그는 아들인 헥토르의 장례를 무사히 치를 수 있었습니다. 여기까지가 일리아스가 담고 있는 내용입니다. 이후 전쟁은 우리가 영화에서 자주 보았던 트로이의 목마로 인해 종식됩니다. 트로이의 목마를 고안한 오디세우스의 이야기는 다음에 이야기할 작품인 "오디세이아"에서 다루게 됩니다.

일리아스를 읽는 동안 우리는 여러 관계 속에서 벌어지는 갈등을 자주 접하게 됩니다. 황금사과를 놓고 싸우는 여신들, 헬레네를 놓고 벌어진 트로이 전쟁, 아가멤논과 아킬레우스의 갈등, 헥토르의 시체를 놓고 벌어진 프리아모스왕과 아킬레우스의 대립 이외에도 우리가 일리아스를 통해 확인할 수 있는 갈등은 무수히 많이 있습니다. 트로이 전쟁의 씨앗이 불화의 여인 에리스였기 때문일까요? 그 진실을 가장 잘 아는 사람은 아무래도 그 사건의 당사자들일 것입니다.

우리는 이 작품을 통해 사람의 본성에 대해 생각할 수 있습니다. 우리가 갈등을 해결하기 위해서 확인해야 될 것들은 무엇일까요? 먼저 우리는 이익에 따른 사람의 행동 패턴을 공부할 필요가 있습니다. 마키아벨리는 "군주론"에서 '사람들이 이익을 위해 움직인다는 사실을 인지한다면 사람들의 행동패턴은 어느 정도 예측이 가능하다.' 라는 말을 남겼습니다. 우리는 결국 자신의 이익이나 다른 사람들의 이익 또는 공공의 이익을 위해 움직이는 존재입니다. 대개 철학자들은 공공의 이익을 실현하는 것이 가능하냐에 대한 논쟁을 많이 하는 편인데 이 때 중요한 것은 사람의 본성을 보는 자세입니다. 어떤 이는 선으로 보고 또 어떤 이는 악으로 판단합니다.

사람들이 사건을 바라보고 해석하는 방식을 고민하는 일은 매우 생산적입니다. 냉정하긴 하지만 사람들은 대개 이익을 위해 움직입니다. 사람들이 진정으로 원하는 바를 확인하는 일은 이런 이유에서 중요합니다. 가장 좋은 것은 과거의 사건을 살펴보는 방법입니다. 저는 과거의 사례를 참고하여 모든 사람의 이익을 위해 움직이는 것이 가장 좋은 방법이 아닐까 생각합니다. 세상을 혼자 살아갈 수는 없으니까요.

실제 일리아스의 배경이 된 그리스 신화는 이후 다양한 작품의 소재가 됩니다. 다음 장에서 언급될 "오디세이아", 독일의 대문호 괴테가 쓴 "파우스트"와 타우리스 섬의 "이피게니에", 베르길리우스의 "아이네이스" 등이 대표적인 예입니다. 저는 여러분이 이 이야기를 통해 사람을 이해하고 그 내용을 삶에서 적용할 수 있었으면 합니다. 우리가 무언가를 배우는 가장 큰 목적은 지식과 행동의 일치(知行合一)이기 때문입니다.

이야기가 전해지는 이유는 우리에게 무언가를 알려주기 위해서입니다. 그 무언가는 교훈일수도 혹은 단순한 즐거움일 수도 있습니다. 그건 받아들이는 우리의 역량에 따라 결정됩니다. 끊임없이 공부하며 삶의 의미를 찾는 사람만이 이야기를 통해 교훈을 얻을 수 있습니다. 여기 있는 모든 분들이 앞서 얘기한 내용을 이해하고 최선을 다해 배우고 익힐 수 있었으면 합니다.

오디세이아
시련을 겪으며 성장하는 한 인간의 이야기

우리는 살면서 많은 어려움을 겪습니다. 그 고통은 가족으로 인해 생기기도 하고, 돈 때문에 생기기도 합니다. 세계에 있는 모든 사람들은 이처럼 살아가기 위해 나름대로의 과제를 해결합니다. 사람들은 모두 어려움과 싸워 이겨나가야만 성장할 수 있습니다.

그런데 요즘은 이런 추세가 조금씩 사라지고 있습니다. 아이들의 도전할 기회를 빼앗는 어른들이 많아지고 있기 때문입니다. 숙제와 청소를 대신해주고, 공부만 할 수 있도록 좋은 환경을 만들기 위해 아이들을 지극정성으로 뒷바라지 하는 분들이 많습니다. 책의 서두에서 말씀드렸던 헬리콥터 맘이 대표적인 예시입니다. 아이의 학원을 이리저리 전전하며 일정을 관리하고 건강을 신경 써주는 엄마인 헬리콥터 맘들의 이런 행태는 사실 아이와 엄마 모두에게 좋지 않습니다.

저는 이런 상황을 노지재배와 온실재배로 비교하고 싶습니다. 노지재배는 자연 상태 그대로 재배하는 것을 말하고, 온실재배는 따뜻한 곳에서 좋은 환경을 만들어주며 작물을 기르는 방식입니다. 이 둘 중 어느 것의 맛이 좋을까요? 예상한 대로 노지재배로 기른 작물의 맛이 더 좋습니다. 하지만 그 식물은 노지재배과정을 겪으며 자연의 험난함을 맨몸으로 받아들입니다. 차가운 바람과 뜨거운 태양을 견뎌야 함은 물론, 땅에 있는 물을 적극적으로 흡수해야만 합니다. 이렇게 하지 못하는 작물은 쉽게 죽습니다.

앞의 사례를 통해 우리는 인내의 가치를 알 수 있습니다. 스스로 무언가를 이뤄나가는 과정을 겪어보지 못한 사람은 이룰 수 있는 것이 적습니다. 반면에 혼자서 어려움을 극복하고 성장하는 사람은 전자와 근본적인 차이점을 보입니다. 시간을 두고 익는 과일처럼 우리의 인생도 고난을 통해 성숙합니다. 마르틴 하이데거가 그의 저서 "존재와 시간"에서 강조한 '시간'의 개념도 이와 관련이 있습니다.

그렇다면 어려움을 극복할 때 우리에게 가장 필요한 것은 무엇일까요? 이에 관해 우리가 살펴보아야 할 고전이 있어 소개하고자 합니다. 이전에 살펴본 일리야스의 후속편이죠. 바로 "오디세이아"입니다.

"오디세이아"의 주인공은 오디세우스입니다. 트로이 전쟁을 종식시킬 때 결정적인 역할을 했던 목마를 고안한 사람이지요. 트로이의 목마는 그리스 군대가 전쟁의 끝을 두고 고착상태에 빠져있을 무렵, 오디세우스의 머리에서 떠오른 생각에서부터 시작되었습니다. 그는 커다란 목마를 만들고 그곳에 병사들을 숨겨놓은 뒤 트로이 성을 포위하고 있는 군대를 철수시켰습니다.

포위가 풀린 뒤 성문을 열고 나온 병사들의 눈에 보인 것은 후퇴하는 그리스 군의 함대였습니다. 자신들이 이긴 것으로 판단한 트로이 군사들은 매우 기뻐한 뒤 그리스 군이 남긴 목마를 끌고 들어갔습니다. 목마의 옆구리 부분에 아테나 신에게 바친다는 문구가 크게 쓰여있었기 때문에 그들은 이 목마를 제물로 생각하고 아무런 의심을 하지 않았습니다. 그러나 밤이 되고 숨어있던 그리스 군대가 트로이 성을 점령했을 때 그들은 땅을 치고 후회했습니다.

트로이가 함락되자 그리스 병사들도 고향에 돌아갈 수 있게 되었습니다. 오디세우스 역시 그리스 땅을 밟기 위해 발을 옮겼으나, 수많은 시련을 거쳐 10년 뒤에나 집에 돌아갈 수 있게 되지요. 오디세이아의 주된 내용을 차지하는 것이 바로 이 부분입니다. 그 10년 동안 오디세우스는 어떤 어려움을 겪었을까요? 그가 겪은 10년을 짧은 지면에 담아내는 것은 무리가 있으므로 이들 중 몇 가지만 살펴보도록 하겠습니다.

그의 시련은 포세이돈의 저주로부터 시작되었습니다. 집으로 돌아가려는 오디세우스가 탄 배에 폭풍우가 몰아친 것입니다. 며칠 간 바다를 표류한 뒤 그들이 도착한 곳은 연꽃(Lotus)을 먹는 사람들의 나라였습니다. 이 연꽃은 사람들에게 편안한 느낌이 들도록 만들고, 영원히 그곳에 머물고 싶다는 꿈을 꾸게 하는 효능이 있었습니다. 열매를 먹은 병사들은 그들의 사명을 완전히 잊어버렸고, 이에 오디세우스는 그들을 배에 꽁꽁 묶은 뒤 그곳을 떠났습니다.

이후 오디세우스는 키클로프스(외눈박이 거인)의 나라에 상륙한 뒤 동굴 안에서 먹을 것을 구하다 그만 동굴의 주인인 폴리메포스라는 거인에게 사로잡히게 됩니다. 하루에 두 사람씩 잡아먹는 그에게서 끈질기게 살아남던 오디세우스는 술에 취하여 잠든 그의 눈을 날카롭게 깎은 곤봉으로 찌른 후, 부하들을 양떼의 배에 매달아 탈출시킵니다.

우여곡절을 겪으며 여행을 계속하던 오디세우스는 어느 날 세이렌의 섬을 지나치게 됩니다. 세이렌은 바다에 사는 마수로 그들의 노래를 듣는 사람은 그 아름다운 선율에 반해, 바다에 뛰어들거나 방향감각을 잃어버리게 됩니다. 오디세우스는 이에 대비하기 위해 부하들의 귀를 밀랍으로 채웠습니다. 그러나 오디세우스는 세이렌의 목소리를 듣고 싶었기 때문에 부하들을 시켜 자신의 몸을 배에 꽁꽁 묶었습니다. 세이렌의 노래를 들은 오디세우스는 뛰쳐나가고 싶은 마음이 생겼지만 몸이 자유롭지 못했기 때문에 노래를 들으면서도 무사히 섬을 지날 수 있게 되었습니다.

그렇게 고향으로 돌아가던 오디세우스는 또 다시 태풍을 만나 바다의 님프, 칼립소가 사는 오기기아 섬에 표류합니다. 일행은 님프들의 환대에 행복한 나날을 보내게 되죠. 그 기간이 무려 7년이나 됩니다. 그 사이 칼립소는 오디세우스를 사랑하게 됩니다. 오디세우스와 평생 함께 있고 싶었던 그녀는 그래서 그가 떠난다고 말했을 때, 자신과 평생 동안 함께 있으면 영생을 주겠다는 조건을 제시합니다.

그러나 오디세우스는 가족이 있는 곳으로 돌아가야 한다는 마음을 버리지 않습니다. 수긍하지 않던 칼립소도 제우스가 보낸 헤르메스의 설득 끝에 오디세우스의 마음을 이해하게 됩니다. 결국 오디세우스는 파이아케스인이 사는 섬을 거쳐 고향인 이타카로 돌아옵니다. 하지만 이타카의 상황은 그다지 좋지 못했습니다. 이타카의 왕인 오디세우스가 없었던 기간 동안 그가 죽었다는 소문이 돌았기 때문에 왕비 페넬로페에게 공개구혼을 한 사람의 수가 백 명이 넘었고 왕인 자신의 입지도 좁아져 있었던 것이죠. 그러나 그는 자신의 능력으로 공개구혼자를 모두 물리치고 아내와 행복한 미래를 맞이하게 됩니다.

우리가 오디세이아에서 배울 수 있는 것은 무엇일까요? 저는 이 이야기를 통해 우리가 삶에서 위기를 맞이했을 때 생각해야 될 5가지 조건을 확인할 수 있었습니다. 그것은 바로 '게으름, 위험, 유혹, 힘과 권력' 입니다. 연꽃 열매를 먹고 현실을 도피했던 사람들의 태도는 위기를 맞이했을 때 필요한 자세가 아닙니다. 외눈박이 거인을 만나서 탈출할 때 많은 고민을 했던 오디세우스처럼 우리 역시 위기를 맞이하게 되었을 때 다양한 방법을 고민하고 실행하는 결단력이 있어야 하고 단단하게 자신을 배에 묶은 채 세이렌의 유혹에 맞서 싸우는 강건함을 지녀야 합니다. 또한 힘과 권력을 주겠다는 말에 사로잡혀 본래 내가 갖고 있었던 사명을 잊어버리는 실수는 하지 말아야 합니다.

오디세이아라는 작품을 통해 볼 수 있는 것은 한 인간의 치열한 성장과 정입니다. 사람은 시련을 통해 발전하며 자신의 고뇌를 극복하고 결국 목적을 달성하는 존재입니다. 저는 수천 년 전, 이 작품을 쓴 호메로스가 우리에게 '사명감으로 무장한 채 때로는 강하게, 때로는 지혜롭게 어려움을 헤쳐나가도록 해라' 라고 우리에게 말해주는 것 같다는 느낌이 듭니다. 여러분들은 어떤가요?

오디세이아는 우리가 어떤 방식으로 인생을 보내야 할지 알려줍니다. 우리는 어려운 일을 마주했을 때 어떤 방식으로 대처해야 할까요? 우리가 주인공인 오디세우스와 같은 시련을 겪지 않으리라는 법은 없습니다. 그렇기 때문에 우리는 항상 삶을 대하는 자세에 대해 생각해야 합니다.

허나 우리들의 생각과 행동만으로 시련을 이겨내기에는 어려움이 많습니다. 알고 있는 것도 적고 경험도 거의 없기 때문에 방안을 마련하는 일이 쉽지 않기 때문입니다. 세이렌의 노랫소리를 이겨내기 위해 배에 자신을 묶어야 할 수도 있고, 영생을 주겠다는 유혹을 뿌리치고 자신의 사명을 완수하기 위해 노력해야 하는 경우도 있을 것입니다. 인생은 생각처럼 만만한 것이 아닙니다. 그렇기 때문에 옛 사례를 본받고 새로운 것을 익히는 온고지신(溫故之新)의 자세를 갖추어야 합니다.

더 중요한 것은 이렇게 익힌 지식을 실생활에서 활용하는 것입니다. 인생에서 고난을 겪은 사람들은 이 진리를 본능적으로 알고 있습니다. 그러나 깨달음이 꼭 고행을 통해서만 오는 것은 아닙니다. 깨달음을 얻기 위해 일부러 고행을 자초한다면 세상에는 아픈 사람들로 가득 찰 것입니다. 많이 생각하며 자신의 가치를 찾아나가도록 끊임없이 노력해보시기 바랍니다. 그렇게 되면 인생은 여러분에게 아름다운 선물을 줄 것입니다.

파우스트
인간은 노력하는 한 구원받을 수 있다

우리는 살면서 많은 유혹을 받습니다. 힘든 상황에 처한 사람에게, 옳지 않지만 더 편한 방법을 권유하는 작은 수준의 유혹도 있고 나라에 치명적인 위협이 될 수 있는 상황에서 결단해야 하는 경우도 있습니다. 후자의 경우 자명고 앞에서 고민한 낙랑공주가 대표적인 사례가 될 것입니다. 슬프게도 그녀는 결국 나라 대신 자신의 사랑을 선택합니다.

일반적으로 이런 상황에 처한 사람이라면 그 죄를 용서받기 힘듭니다. 나라를 팔아넘긴 역적이니까요. 상식적으로 생각해보아도 이 말은 일리가 있습니다. 하지만 중세시대에서는 죄를 용서받을 수 있는 합법적인 길, '면죄부' 가 있었습니다. 그 시대에는 돈을 내고 면죄부를 사면 어떤 죄를 짓더라도 용서받을 수 있었습니다. 중세 교회의 도덕성이 땅바닥에 떨어진 대표적인 사건이죠. 하지만 죄는 돈으로 용서받을 수 있는 것이 아닙니다.

만일 우리가 비슷한 상황에 처해있다면 어떤 선택을 해야 할까요? 많은 사람들에게 피해를 주고 삶을 불행하게 만든 죄인을 진심으로 용서하는 것이 옳은지 아니면 죄값을 치르도록 하는 것이 옳은지 그 의견은 사람마다 각각 다를 것입니다.

사실 이런 고민은 예전부터 있어왔습니다. 많은 작가들의 소재가 되기도 했지요. 그 중에서 저는 독일의 위대한 작가인 요한 볼프강 폰 괴테를 이야기하고 싶습니다. 그가 거의 50년이 넘도록 열정을 기울여 집필한 "파우스트"라는 작품을 통해 우리는 이 문제를 함께 생각해 볼 수 있습니다.

괴테는 독일의 대문호로 실러와 함께 독일 문학사에서 절대적인 위치를 차지하고 있는 인물입니다. 실제 독문학 수업을 듣게 되면, 수업의 40%는 괴테와 실러로 채워져 있다는 사실을 발견하게 됩니다. 물론 괴테는 세계적으로 유명한 작품들을 많이 남겼습니다. "젊은 베르테르의 슬픔", "빌헬름 마이스터의 수업시대", "타우리스 섬의 이피게니에", "파우스트" 등이 그의 대표작입니다.

"파우스트"는 우리가 한 번쯤 들어 봄직한 이야기로 시작됩니다. 신과 악마가 서로 내기를 하는 것이지요. 악마는 인간이 자신의 유혹에 넘어갈 것이라고 호언장담 하지만, 신은 인간을 믿는다는 말을 합니다. 서로 밀고 당기던 중 악마는 신에게 한 가지 제안을 합니다. 사람이 유혹에 빠지더라도 자신의 길을 찾을 수 있는지를 확인하자는 것이었습니다. 신은 수락했고 악마인 메피스토펠레스는 자신의 이념을 시험하기 위한 인간을 찾아 나섭니다.

메피스토펠레스가 열심히 신을 설득하고 있던 사이 지상에서는 한 철학자가 고민합니다. 열심히 공부하며 진리를 찾던 중 절망한 것이죠. 아무리 노력해도 진리가 눈앞에 드러나지 않았습니다. 그 철학자의 이름은 파우스트였습니다. 철학, 법학, 신학, 의학 등 인간의 거의 모든 지식을 익힌 파우스트는 영적인 계시를 얻기 위해 지령까지 부르지만 이마저도 실패합니다. 절망에 빠져있던 그에게 찾아온 것은 개로 분장한 악마 메피스토펠레스였습니다. 그는 파우스트에게 하나의 거래를 제안합니다.

거래의 조건은 이 세상에서 메피스토가 파우스트의 종노릇을 하며 인생의 즐거움을 느끼게 해주는 동안 단 한 번이라도 파우스트가 현실에 만족하여 미래를 포기할 경우, 파우스트는 '시간아 멈추어라, 너는 정말로 아름답다!' 라고 외치게 되고 그 순간 메피스토펠레스가 그의 영혼을 빼앗게 된다는 것이었습니다. 간단하게 말하면 인생의 즐거움이라는 거래를 받아들인 파우스트가 행복을 느끼며 삶에 만족하게 되면 그 순간 메피스토펠레스가 그의 영혼을 가져가게 된다는 것이지요. 파우스트는 진리를 찾기 위해 그의 계약을 받아들입니다.

계약이 끝난 뒤 파우스트의 인생은 영화처럼 전개됩니다. 마녀의 비약을 먹고 젊어진 그는 하인리히라는 가명으로 그레트헨이라는 여성을 만나 구애를 하고 결국 좋은 관계로 발전합니다. 그러나 그레트헨은 메피스토의 음모로 인해 오빠 발로틴을 잃는 비극을 겪습니다. 더 슬펐던 것은 오빠를 죽인 인물이 바로 파우스트였다는 점이었습니다. 메피스토의 음모는 여기서 끝이 아니었습니다. 그레트헨은 자신의 손으로 어머니를 죽이고, 결혼하지 않은 처녀의 몸으로 파우스트의 아이까지 갖게 되지요. 절망한 그레트헨은 아이를 물에 넣어 죽이고 감옥에 갇히게 되지만 마지막에는 파우스트를 용서합니다.

그레트헨을 보내고 나서 파우스트는 그리스의 미녀 헬레나를 만납니다. 헬레나는 그리스 로마신화에서 언급된 트로이 전쟁의 원인이 된 여성으로 메넬라오스의 아내입니다. 파우스트는 조수인 바그너가 만든 인조인간 호문클루스와 함께 헬레나를 찾아가 사랑에 빠진 뒤 결국 아들인 오이포리온을 낳습니다. 그러나 하늘을 날고 싶어했던 오이포리온이 부모의 발치에서 죽는 사고가 발생했습니다. 파우스트는 상심했고 헬레나는 떠나갔습니다.

이후 파우스트는 독일 궁성의 황제가 하사한 해안지대를 경작하기 위해 노력합니다. 근심의 영이 그의 눈을 멀게 했어도 그는 멈추지 않았습니다. 오히려 깊어진 심안을 바탕으로 평온해진 사회를 바라보며 '시간아 멈추어라, 너는 정말로 아름답다!' 라고 외친 뒤 쓰러집니다. 메피스토펠레스는 자신이 이겼다고 생각하며 파우스트의 영혼을 가져가려 했으나, 하늘의 은총을 받은 그레트헨의 사랑이 그의 영혼을 구원합니다.

우리는 이 이야기를 통해 무엇을 생각해야 할까요? 저는 먼저 유혹을 바라보는 신과 악마의 이념차이를 생각해보려 합니다. 악마는 기본적으로 사람이 유혹에 빠질 수밖에 없는 존재라고 말하지만 신은 그럼에도 불구하고 사람이 지닌 마음 속 가치를 믿었습니다. 사람은 이처럼 신이 인정한 가능성을 누구나 지니고 있습니다. 물론 가능성을 현실에 드러내기 위해서는 열심히 노력해야 합니다.

여성적인 사랑에 대해서도 이야기 해 볼 필요가 있습니다. 파우스트가 악마와의 계약을 통해 영혼을 빼앗길 위기에 처해있을 때 그를 구해준 것은 파우스트가 버렸던 그레트헨이었습니다. 버림을 받았음에도 불구하고 그를 사랑하고 아껴줘야겠다는 마음이 있었기에 그녀는 파우스트를 지킬 수 있었습니다. 파우스트의 마지막에는 '미칠 수 없는 것, 여기에서 이루어지고, 형언할 수 없는 것, 여기에서 성취되었네. 영원히 여성적인 것이 우리를 이끌어 올리도다' 라는 말이 기록되어 있습니다. 괴테는 영원히 여성적인 것을 이상적인 가치로 삼았습니다. 아마 괴테가 말한 여성적인 가치는 모든 것을 포용하는 사랑이 아니었을까 하는 생각이 듭니다.

파우스트가 승천할 때 함께 있던 천사는 '언제나 갈망하며 애쓰는 자, 그는 우리를 구원할 수 있다' 고 말합니다. 이는 신이 메피스토펠레스에게 했던 말인 '인간은 노력하는 한 방황한다' 라는 문구와 이어지는 부분입니다. 이 말처럼 사람은 누구나 실수를 하게 마련입니다. 실수하지 않으면 성공할 수 없다는 말이 귀에 박히도록 들리는 이 상황에서 우리는 지금 어떤 생각을 해야 될지 마음이 복잡합니다. 성공을 하고 싶지만 실수하기는 싫기 때문이 아닐까요? 우리는 안정적인 것을 좋아하는 성향이 있어서, 성공을 하더라도 실수는 최대한 줄이고 싶어합니다. 자연스러운 현상입니다.

이런 상황에서 돌이킬 수 없는 큰 실수를 했다면, 어떻게 해야 할까요? 책임을 회피하고 도망 갈 수도 있고, 그 책임을 온전히 감당하며 큰 비난을 받게 될 수도 있습니다. 만약 파우스트를 읽고 난 나음의 저리면 책임을 회피하지 않고 비난을 받는 것이 옳다고 말할 것입니다. 최선을 다해 일을 하려 했고 비록 그것이 좋은 결과로 나오지는 않았지만, 언젠가 영원히 여성적인 것이 나를 구원해주고 좋은 것을 줄 수 있다는 확신이 파우스트를 통해서 생겼기 때문이지요.

물론 파우스트가 악마와 계약한 뒤 지은 죄가 정당화 될 수는 없습니다. 우리가 여기에서 주목할 점은 그가 가졌던 '진리를 탐구하려는 아름다운 자세와 노력'입니다. 우리는 이를 통해 세상이 더 아름다워질 수 있다는 생각을 갖고 주변의 사물을 관찰하며 자신의 아이디어로 끊임없이 표현하는 자세를 지녀야겠습니다.

만약 어느 날 당신에게도 메피스토펠레스가 계약을 하기 위해 찾아온다면 여러분들은 무슨 선택을 하시겠습니까? 악마의 유혹은 무조건 나쁜 것이니 계약을 하지 않을 수도 있고, 도움이 필요할 때가 생길지도 모르니 계약이 나쁘지 않다고 판단하는 사람도 있을 것입니다. 계약을 하던 하지 않던 인간이 가져야 될 자세는 삶에 대한 감사와 삶을 더 아름답게 살아가고자 하는 스스로의 노력입니다. 아마 괴테는 우리에게 '이런 노

력과 여성적인 사랑을 통해 우리는 구원받을 수 있다' 라고 말하고 싶었
을지도 모르겠습니다.

인간불평등기원론
사유재산은 없어져야 하는가?

세계 어느 곳을 가더라도 부자와 가난한 사람들의 삶은 많이 다릅니다. 가난한 사람들은 오늘 하루 먹을 것을 걱정하지만, 부자들은 자신의 삶을 어떻게 하면 더 윤택하게 꾸릴 것인지를 고민합니다. 좀 강하게 말하자면, 가난한 사람들의 문제는 '생존'이고 부자들의 문제는 '풍요와 번영'이죠. 정부에서는 다양한 방법으로 빈부격차를 해소하기 위해 노력하지만 아직까지는 해결된 과제보다 해결해야 할 과제가 더 많은 상황입니다.

이런 상황에서 사람들은 노력이 재력을 이길 수 없는 사회라는 자조 섞인 한숨을 내쉽니다. 열심히 공부해서 원하는 위치에 올라갔는데 돈과 정치권력으로 이미 그 자리를 차지하고 있는 친구를 통해 자괴감을 느끼는 사람들의 수가 늘어났기 때문이라고 생각합니다. 우리나라에서는 이미 이런 사태를 풍자하는 드라마도 상당수 제작되었습니다. 권력의 부조리,

돈 때문에 생기는 정치싸움 등의 사건을 보게 되면 우리가 생각할 것들이
참 많아집니다.

　그렇다면 이토록 사회 불평등이 심화된 원인은 어디에 있을까요? 예전
에는 사람들이 평등한 관계 속에서 살았던 것일까요? 고대의 철학자들에
게도 이 질문은 중요한 철학적 과제였습니다. 그들은 어떤 생각을 했을까
요? 그리고 최후에는 어떤 결론을 내렸을까요? 우리는 그에 대한 대답을
르네상스 시기의 철학자였던 루소를 통해 살펴볼 수 있습니다. 과연 그는
어떤 생각을 했던 것일까요?

　많은 사람들은 불평등의 원인을 재력과 정치력이라고 생각합니다. 힘
이 있는 사람들은 자신의 기반을 후손에게 물려주기 위해 다양한 수단을
동원합니다. 막대한 돈을 들여 자녀를 교육시키고, 합법적으로 많은 재산
을 물려주기 위해 열심히 노력합니다. 이 혜택을 받은 아이들은 자연스럽
게 앞으로의 일을 편하게 진행할 수 있습니다.

　반면 힘이 없는 사람들의 삶은 이와 정 반대입니다. 공부를 하고 싶어
도 돈이 없어 열심히 아르바이트를 하며 돈을 모으고 코피를 쏟으며 자신
이 하고 싶은 일에 에너지와 열정을 투자합니다. 몸이 망가져가는 것이지
요. 비록 뼈를 깎는 노력을 통해 성공했다고 하더라도 문제가 모두 풀리
는 것은 아닙니다. 해결해야 될 과제가 너무 많이 남아있지요. 간단하게
말하면 힘이 없는 사람들의 삶은 그다지 편하지 않습니다.
　앞서 문제를 제기했던 대로 위의 질문에 고민했던 철학자는 루소였습

니다. 우리는 그가 생각했던 해답을 "인간불평등기원론"이라는 책에서 확인할 수 있습니다. "인간불평등기원론"은 17~18세기 절대왕정을 구가하면서 상류층과 하류층 사이에 생긴 간극의 확대로 곪아가던 앙시엥 레짐(ancien regime)에 커다란 타격을 일으켰습니다.

루소가 바라보았던 불평등의 원인은 크게 2가지 였습니다. '자연적, 신체적 불평등'과 '사회적, 정치적 불평등'이 바로 그것입니다. 사실 자연적으로 타고난 성향은 우리가 어찌할 수 없는 것이니 이 부분에 대해서는 누구도 이의를 제기할 수 없을 것입니다. 그러나 사회적, 정치적인 문제의 경우에는 대답이 다릅니다. 사회와 정치는 사람 사이에서 이루어지는 것이기 때문에 우리가 생각해 볼 여지가 있기 때문입니다.

먼저 우리가 루소의 "인간불평등기원론"을 이해하려면 그가 바라보는 인간의 성향이 어떤지를 먼저 살펴보는 것이 좋습니다. 루소는 인간을 기본적으로 가련한 정을 지닌 자연인이라고 생각했습니다. 다만 동물들과는 다르게 자기 개선의 능력을 갖고 있어서, 살아가는데 필요한 다양한 기술을 배울 수 있다고 판단했습니다. 죽음과 노쇠를 피할 수는 없어도 주변의 자연환경을 이용하여 살아가는데 도움이 되는 도구를 만들고, 동물들의 본능을 모방하는 것이지요. 이러한 단계에서 인간은 동물과 비슷한 감각만을 갖고 있었을 것입니다. 오늘날과 비교하면 이 사실은 훨씬 더 명확해집니다. 아이가 언어를 배울 수 있는 이유는 바로 부모와 주변 사람들이 아이에게 이를 가르쳐주기 때문입니다. 누군가가 익혔던 경험을 공유하며 아이가 언어를 배우는 것이지요. 그러나 원시시대의 인간은 지금의 우리처럼 지식을 오랫동안 전하지 못했기 때문에 동물과 비슷한 생활을 했다는 추측은 어찌 보면 지극히 당연한 일입니다.

시간이 지나면서 사람들 사이에서 축적된 지식이 각 환경과 역할별로 차이를 보이기 시작합니다. 그런데 이렇게 전승된 지식이 생존전략에 따라 상대적 우위가 생깁니다. 모두에게 소중하다고 생각했던 지식이 다른 사람들에게는 쓸모없게 되는 경우가 많았던 것입니다. 예를 들면, 수렵생활을 주로 하는 부족이라면 사냥하는 법이나 사냥에 필요한 도구를 만드는 법이 중요하겠지만, 농사를 짓는 민족의 경우에는 작물이 잘 자라도록 돕는 방법이나, 수확한 곡식을 썩지 않도록 잘 보관하는 기술이 필요했을 것입니다.

인간의 지성이 발전하며 그와 동반해 사회가 형성되는 과정은 거의 대부분 부정적입니다. '토지에 울타리를 두르고 이것은 내 땅이다' 라고 말하며 이를 다른 사람들이 쉽게 믿을 것이라는 사실을 알았던 사람은 사회에서 상당한 우위를 차지할 수 있게 되었습니다. 자신을 믿는 사람들을 뒤로 한 채 스스로의 이익을 위해 자유롭게 활동할 수 있었을 테니까요.

이런 과정 속에서 우리가 살펴보아야 할 두 가지 사건이 있습니다. 하나는 사유재산의 성립이고 다른 하나는 철기문명과 농업으로 인한 생산력 확대입니다. 인류의 최우선 과제가 생존이던 옛날에는 사람들이 모든 것을 함께 공유했습니다. 생산되는 것 자체가 적으니 혼자 가질 수 있는 것도 없었습니다. 당연히 그 때의 사람들에게는 불평등이 적었을 것입니다.

그런데 농사를 짓게 되면서 상황은 완전히 역전됩니다. 농사를 지으며 1년 동안 먹을 수 있는 것들을 확보하고도 남는 농작물이 생긴 것입니다. 이것들이 차곡차곡 쌓여가면서 사람들은 농작물을 많이 가진 사람과 그렇지 못한 사람들로 나뉘게 됩니다. 농작물이 없는 사람들은 먹을 것을 구하기 위해 농작물이 많이 있는 사람들의 일을 대신해주며 그들로부터 먹을 것을 얻습니다. 노예의 노동과 과도한 사치, 열악한 환경에서의 비참한 노동이 생겨난 때가 이 시점입니다.

루소는 이런 사회적인 불평등이 총 3단계의 과정을 거쳐 심화된다고 판단했습니다. 1단계는 법률과 소유권의 확립을 통한 부의 불평등입니다. 부유한 사람들의 자신의 기득권을 보호하기 위해 다른 사람들을 부추겨 만든 것이죠. 2단계에서는 앞에서 정한 법률과 그 규정이 지켜질 수 있도록 대리인을 내세우며 그에게도 권한을 부여합니다. 정치가 경제에 예속된 형태입니다. 마침내 3단계에서는 강한 자가 약한 자를 지배하는 합법적인 시스템이 구축됩니다. 윤리적으로는 옳지 않지만 말입니다.

우리는 루소의 책을 통해 현 세계의 사회구조에 대해 깊이 생각해 볼 수 있습니다. 루소는 왜 이런 책을 썼을까요? 기록된 내용에 의하면 이 책의 집필 목적은 디종 아카데미의 현상 모집에 지원하기 위해서였습니다. 하지만 저는 루소가 단순히 이 목적만을 위해 책을 집필했다고 생각하지 않습니다. 루소는 불평등이 극한 상태에 이르게 되었을 때 일어날 새로운 혁신을 기대했던 것이 아닐까요? 실제로 루소가 살고 있던 시기는 불평등이라는 말이 더 잘 어울렸습니다. 어떻게 보면 "인간불평등기원론"은 루소가 바꾸고 싶은 사회에 대한 열망이 담긴 책이라고도 할 수 있습니다.

　사람들이 어떤 속성을 지니고 있는지 생각해봅시다. 여러분들이 생각하는 인간의 속성은 선한가요? 악한가요? 저는 사람이란 끊임없이 배우는 존재이며, 교육을 받지 못한 사람은 사회에서 제 역할을 할 수 없다고 생각합니다. 대개 일반적인 사람들은 남보다는 자신을 먼저 생각합니다. 자신의 것을 지키려는 사람들 사이에서 우리는 어떻게 해야 할까요? 이익을 챙겨야 할까요? 아니면 혼자서 모든 것을 다 가져야 할까요?

　우리는 "인간불평등기원론"을 통해 인류의 기원과 인류가 평등하지 못하게 된 이유를 알아보았습니다. 하지만 원인을 단순히 루소의 견해에서만 찾는 것은 근시안적인 태도입니다. 제러드 다이아몬드의 "총균쇠", 쑹홍빙의 "화폐전쟁", 장하준의 "나쁜 사마리아인" 등의 책을 통해서도 인간이 평등하지 못한 원인을 찾아볼 수 있지요. 다만 저는 우리가 루소의 견해를 통해, 사람의 심리와 평등에 대해 모든 사람들이 느껴야 할 가치를 생각해보았으면 합니다. 고귀하고 모두가 행복하게 살 수 있는 세상을 바라며 지금 주어진 자리에서 최선을 다하면 반드시 좋은 결과가 있을 것이라고 생각합니다.

자유론
우리는 다양한 모습으로 풍요롭게 발전해야 한다

"얼마나 이 더러운 사궁창을 기어왔는지 모르겠다. 아마 2 킬로미터쯤 되었을까? 이미 코의 감각은 없어진지 오래고 오물로 질펀거리는 물도 이제는 편안하다. 가끔 쥐가 나왔으면 할 정도다. 이 길의 끝에는 어떤 미래가 기다리고 있을까? 이 지긋지긋한 곳을 벗어날 수 있다면 이런 고통쯤이야 얼마든지 참아낼 수 있다."

"내리는 비가 몸을 적시며 사궁창에서 수십 년 동안 지냈던 교도소가 뒷편에 보인다. 지난 날이 주마등처럼 스쳐 지나간다. 레드는 무엇을 하고 있을까? 혹 내가 탈옥한 것에 대한 책임을 지고 모진 고초를 당하고 있지는 않을까? 그가 출소하여 잘 살 수 있도록 나는 밖에서 잘 준비하지 않으면 안 된다. 우선 이 곳을 탈출해서 몸을 숨기는 것이 먼저다."

앞의 장면은 영화 "쇼생크 탈출"에서 주인공인 앤디 듀플레인이 교도소를 탈옥하는 부분을 묘사한 글입니다. 누명을 쓰고 감옥에 갈 수밖에 없었던 그에게 자유는 일생일대의 목표였습니다. 마음 속 깊이 생각하며 계획을 실행할 날을 꿈꿨을 것입니다.

우리는 인생에서 자유를 누리며 살지만 정작 자유에 대해 깊이 생각하지는 않습니다. 진정한 자유란 무엇일까요? 그리고 자유를 누리기 위해 우리는 어떤 노력을 해야 할까요?

우리가 '자유' 하면 떠올려야 될 사람으로 저는 존 스튜어트 밀을 꼽습니다. 그는 유명한 저서인 "자유론"의 저자이며 공리주의자입니다. 최근 우리나라에서는 그는 치열한 인문고전 독서를 통해 천재가 된 인물로 더 잘 알려져 있습니다. 그의 아버지인 제임스 밀은 자녀 교육에 관심이 많았습니다. 그래서 그는 아들이 태어난 이후 혹독한 훈련을 통해 자녀를 양육했습니다. 세 살이 될 때부터 그리스어 원전으로 된 인문고전을 읽히고, 이에 대해 토론을 실시했던 것이지요. 아들인 스튜어트는 이 영향으로 다른 사람들보다 더 많은 것을 생각할 수 있는 기본 바탕을 마련할 수 있었습니다. 물론 강압적인 교육 탓에 정신쇠약으로 고생하는 부작용을 겪기도 했습니다.

그의 작품인 "자유론"은 말 그대로 자유에 관한 그의 생각이 반영된 책입니다. 우리가 일반적으로 생각하는 자유의 기준을 다시 한 번 생각하게 하지요. 그렇다면 그가 정의하는 자유는 어떤 내용일까요?

"자유론"은 '인간이 가장 풍요롭게 그리고 다양한 모습으로 발전하는 것이야말로 절대적으로 그리고 본질적으로 가장 중요하다' 라는 훔볼트의 말로 시작합니다. 그는 우리가 생각하는 자유의 의지보다는 시민이 갖추어야 할 자유에 대한 생각을 기반으로 자유론을 썼습니다. 그렇기 때문에 이 책에는 우리가 자유를 어떻게 생각해야 하는지, 내 자유와 사람들의 자유를 어떻게 받아들여야 하는지 등의 내용이 포함되어 있습니다. 훔볼트의 서문처럼 인간 모두의 풍요를 기원하는 그의 생각이 반영된 결과입니다.

밀은 서론에서 자유를 '우리가 타인의 행복을 빼앗으려 하지 않는 한, 또한 행복을 손에 넣으려는 타인의 노력을 방해하려고 하지 않는 한, 자기 자신의 행복을 자신의 뜻대로 추구하는 것' 으로 정의한 뒤 이어 2장에서 사상과 언론의 자유를 강조합니다. 밀은 그 근거로 4가지를 이야기했는데 오늘날에 비추어보아도 이는 상당한 설득력을 지니고 있습니다. 해당 근거는 다음과 같습니다.

첫째, 권력이 탄압하려는 의견이 진리일 때, 우리가 이것을 강제로 침묵하게 하거나 청취를 거부하는 것은 자신의 절대적 무오류성을 가정하는 잘못을 저지르는 것이다.

둘째, 침묵시킨 의견이 틀렸을 경우라도, 그것은 약간의 진리를 가질 수 있고 또 대체로 가지고 있다. 만일 그러한 의견에 대해 침묵할 것을 강요하는 것은 우리가 파악한 진리의 완전 무결성을 가정하는 잘못을 저지르게 되는 것이다.

셋째, 우리가 파악한 진리가 가령 완전한 것이라고 할지라도 그에 대한 반대 의견을 발표하는 것이 허용되지 않는다면, 그 진리를 수용하는 방법은 합리적 근거를 통한 이해가 아니라 오히려 편견의 형태가 될 것이다.

넷째, 마찬가지의 경우로 그 진리에 담긴 개념의 명확성과 생명력이 상실되어 그것이 우리에게 미치는 영향력 역시 생동감이 뚜렷하게 약화될 것이다."

밀은 위와 같은 논리를 들어 '차별성이 존재하는 것이 오히려 유익하다'라고 말합니다. 우리가 가진 능력이 다르기 때문에 각자의 영역을 존중해야 한다는 뜻입니다. 그는 '어느 한 국가가 정체되어 있다는 것은 그 국가의 국민들이 개성적이지 않다는 것을 의미한다'라고 말했습니다. 현재 우리나라의 상황과 많이 비슷하다고 생각하지 않나요? 똑같은 사람들이 있는 곳에서는 창의적인 아이디어가 나오지 않기 때문에 급변하는 세상에서 적응하기 어렵습니다. 기업들이 창의력과 인문학을 강조하는 이유가 여기에 있습니다. 좀 쉽게 말씀 드리자면 순종보다는 잡종이 세상을 살아가기에는 더 유리하다는 뜻입니다.

사람들이 생각하는 자유는 대개, '내가 하고 싶은 대로 일을 진행하는 것'입니다. 그러나 밀은 사람들의 생각에 몇 가지를 더 추가합니다. 바로 '자유롭게 하고 싶은 것을 하되 상대방에게 피해를 주지 않으면서 사회 발전에 보탬이 되는 일을 찾기'입니다. 개인적인 면을 최대한 존중하면서도 사회의 발전을 위해 자유가 어떻게 하면 활용될 수 있을지를 고민한 그의 노력이 반영된 결과입니다.

밀은 자서전에서 이 책에 대해 '하나의 진리를 설명한 철학교과서 같은 것'이라고 스스로 평하며 '내가 쓴 다른 어떤 저술보다 생명력이 길 것이라고 생각한다' 라는 말을 남겼습니다. 1859년에 이 책이 출판되었으니 대략 150년 정도가 지난 셈인데 현대에 읽어도 도움이 되는 내용이 많으므로 우리는 자유론을 깊게 생각하며 연구해 보아야 합니다. 글의 서론에서 보았던 자유론의 첫 문장을 다시 한 번 읽어보시기 바랍니다. 처음 읽을 때와는 다른 시선으로 해당 문장이 다가올 것입니다.

"인간이 가장 풍요롭게 그리고 다양한 모습으로 발전하는 것이야말로 절대적으로 그리고 본질적으로 가장 중요하다."

여러분들은 자유가 무엇이라고 생각하시나요? 단순히 현재 내가 하고 싶은 일을 하는 것이라는 생각으로 자유를 정립했다면 지금부터는 이 개념을 새롭게 생각하는 시간을 가져보는 것은 어떨까요? 자유라는 개념이 지닌 독립성도 물론 중요하지만 이를 바탕으로 일어나는 창의적 활동과 사회발전 역시도 우리에게 매우 중요한 개념이기 때문입니다.

우리는 스스로 하고 싶은 것을 하면서 다른 사람들에게 유익함을 주는 건전한 사회를 만들기 위해 최선을 다해야 합니다. 자신의 자리에서 원하는 일을 하나 둘 이뤄나가며 이 과정을 통해 많은 사람들이 긍정적인 생각을 갖고 노력하게 된다면 아마 더 아름다운 사회가 만들어지지 않을까 생각합니다. 지금 여러분들의 인생은 자유로운가요? 만약 그렇지 않다면 우리가 자유를 누리기 위해 필요한 것이 무엇인지 지금 생각해보도록 합시다. 또한 이런 인생을 누리며 다른 사람들에게 어떤 도움이 될지 생각해보는 것도 개인이 생각하는 자유의 개념을 다시 정립하는데 큰 도움이 될 것입니다.

수레바퀴 아래서, 데미안
주체적인 삶의 진정한 의미

우리는 흔히 청소년기를 가리켜 질풍노도의 시기라고 표현합니다. 질풍노도는 몹시 빠르게 부는 바람과 무섭게 소용돌이치는 물결이라는 뜻입니다. 사춘기는 신체적으로도 어린이에도 어른에도 속하지 않는 정서적으로 불안정한 상태입니다. 감정기복이 심하기 때문에 외부의 조그마한 사건에도 큰 상처를 받습니다.

청소년들은 질풍노도의 시기를 겪으며 자신을 완성해 갑니다. 단순히 시간을 보내며 몸만 자라는 경우도 있지만, 인생을 생각하고 스스로에게 주어진 사명이 무엇인지 고민하며 성숙하는 이들도 있지요. 대개 사람이 성장하기 위해서는 많은 어려움을 겪어야 합니다. 잔잔한 바다가 숙련된 잠수부를 만들 수 없는 것처럼, 세상에 보탬이 되는 사람이 되려면 다양한 분야에 대한 경험을 쌓고 실패를 딛고 일어서는 노력이 필요합니다.

그러나 우리는 현실적으로 이런 어려움을 모두 겪을 수 없습니다. 만일 우리가 그렇게 하게 되면, 돌이킬 수 없는 상처를 입고 재기하기 어렵게 됩니다. 모든 피해를 내 몸으로 감당해야 되기 때문입니다. 그렇기 때문에 제가 강조하고 싶은 것은 간접경험입니다. 세상에 주어진 고뇌와 갈등을 다른 사람들이 어떻게 풀어갔는가에 대한 내용을 보고 개인의 생각을 정리하는 일은 인생을 알고자 하는 사람들에게 큰 도움이 됩니다. 다행스럽게도 우리는 주변에서 이런 문학작품을 많이 찾아볼 수 있습니다.

저는 그런 작가 중 하나로 독일의 문학가인 헤르만 헤세를 들고 싶습니다. 헤세는 경건주의적 기독교 신앙을 지닌 친가와 외가의 영향을 많이 받았습니다. 또한 양가 모두 인도에서 선교사로 오랫동안 지냈었기 때문에, 헤세는 동양을 여행하고 온 사람들과 동양의 책들을 쉽게 접할 수 있었습니다. 그가 어릴 적 가장 좋아했던 것은 할아버지의 서재였는데 그 이유는 자신이 읽고 싶은 책들의 대부분이 그곳에 있었기 때문입니다. 서양의 인물이 대부분 동양의 사상에 대해 접할 기회를 거의 갖지 못했던 것과 달리 헤세는 논어, 시경, 역경, 여씨춘추 등 중국고전을 읽으며 독창적인 세계관을 형성해 나갔습니다. 헤세의 가장 유명한 작품으로는 곧 이야기 할 데미안, 수레바퀴 아래서를 비롯해 유리알 유희, 싯다르타, 클링조어의 마지막 여름 등이 있습니다.

저는 먼저 대한민국의 학부모님이 꼭 읽었으면 하는 헤세의 작품으로 "수레바퀴 아래서"를 추천하고 싶습니다. 비록 오래 전에 쓰인 소설이긴 하지만 현실의 문제점을 너무나도 잘 담고 있기 때문입니다. 수레바퀴 아

래서의 주인공 한스 기벤라트는 부모님의 기대와 자신의 욕망 사이에서
고민합니다. 그의 재능이 풍부하다고 생각한 아버지가 아들을 엘리트 코
스로 내보내겠다는 욕망으로 주인공에게 엄청난 양의 공부를 하도록 만
들었기 때문입니다.

한스는 다행히 부모의 기대에 부응하여 마울브론 신학교에 입학허가
를 받습니다. 그러나 입학 준비 때문에 좋아하는 물놀이나 낚시를 하지
못하게 된 그는 고독에 휩싸여 말라갔고 스트레스성 두통까지 생겼습니
다. 학교에 입학해서도 성적이 떨어졌고 신경질환까지 앓게 되어 결국 고
향으로 돌아올 수밖에 없었죠. 안타깝게도 학교에서는 주인공의 학력을
중도퇴학으로 처리하였습니다. 집으로 돌아온 한스는 이후 기계 공장에
취직하여 일을 하다, 술을 많이 마시고는 강물에 빠져 죽습니다.

이야기를 읽고 어떤 생각이 떠오르시나요? 다른 사람들이 정한 꿈을
향해 달려가는 안타까운 상황이 머릿속에 그려지는 것은 저뿐인가요? 이
미 우리나라에서는 주입식 교육의 병폐로 인해 많은 학생들이 자신의 꿈
보다는 성적을 올리며 어른들이 요청하는 스펙을 채우기에 여념이 없습
니다.

수레바퀴 아래서가 개인과 가족 간의 갈등을 통해 성장하는 것을 그리
고 있다면 인생의 의미와 선악을 생각하는 좀 더 큰 스케일의 작품도 있
습니다. 바로 "데미안"입니다. 평범한 청년인 싱클레어가 다양한 사건을
겪으면서 인생과 선악을 생각한다는 내용입니다. 책의 제목인 "데미안"

은 사람의 이름으로 싱클레어의 멘토 역할을 하며 그에게 많은 도움을 주는 친구입니다.

　싱클레어는 본래 부모의 따뜻한 보살핌을 받는 존재였습니다. 부모가 품어주는 밝은 세계 속에서 자랐지만 사실은 바깥의 세계에 더 관심이 있었습니다. 물론 바깥의 세계는 우리가 예상한대로, 차갑고 냉정한 현실로 가득 차있습니다. 그러던 그가 어두운 세계에 발을 들여놓게 된 계기는 프란츠 크로머라는 친구 때문입니다. 뜻하지 않은 거짓말로 트집을 잡히게 된 싱클레어는 부모의 돈을 훔쳐 계속 크로머에게 바칩니다. 선악의 이분법적 세계에 갇혀 이러지도 저러지도 못하는 상황에 처한 것이지요.

　그러던 그가 인생을 바꾸게 된 계기는 멘토인 데미안과의 만남이었습니다. 데미안이 싱클레어에게 준 가장 큰 것은 바로 세상을 다르게 보는 힘입니다. 예를 들어 성경에 나오는 카인과 아벨의 이야기를 살펴보면 대부분의 사람들이 카인을 나쁘다고 생각하지만 데미안은 무조건 카인이 나쁘다는 입장에서 벗어나, 그가 신에게서 벗어나기 위해 나름대로의 노력을 했다는 의견을 냅니다. 의견의 옳고 그름이 중요한 것이 아니라 천편일률적으로 전해지는 지식에서 벗어나려는 시도를 해보자는 것이죠. 예수님이 십자가에 못박혀 돌아가실 때의 일도 데미안에게는 다른 시선으로 바라볼 수 있는 하나의 사례가 됩니다. 그 당시 예수님의 양 옆에는 강도가 있었고, 죄를 뉘우친 사람이 하늘에 올라갔다고 성경에는 기록되어 있습니다. 그러나 데미안은 죄를 뉘우치지 않은 사람의 경우 자신의 신념을 끝까지 지켰다는 입장으로 그를 바라보고 있습니다. 이토록 다른 시선으로 볼 수 있다는 것은 세상을 재구성하는 자신만의 프레임을 갖고 있다는 사실을 의미합니다.

이후 주인공인 싱클레어는 지식을 지닌 자는 책임의식이 있어야 한다는 무게감을 안고 상급학교에 진학합니다. 고독과 냉소 가운데 많은 이들과 어울리며 술과 향락에 빠져지내죠. 그것들은 싱클레어의 몸을 즐겁게 해주었지만, 다른 한 편으로는 죄책감을 함께 느끼도록 만들었습니다. 오랫동안 방황했던 그는 마침내 자신의 의지로 선한 세계를 세우기 위해 절제하는 삶을 살기로 합니다. 그 와중에 싱클레어는 데미안에게 자신이 그린 '알을 뚫고 날아가는 매'의 그림을 보냅니다. 데미안은 이에 대한 답장으로 '새는 알을 뚫고 나오기 위해 싸운다. 알은 세계다. 태어나려는 자는 하나의 세계를 깨뜨려야 한다. 알을 뚫고 나온 새는 신에게로 날아간다. 신의 이름은 아프락사스'라는 말 그에게 보냅니다. 많은 사람들이 알고 있는 데미안의 명구이지요.

이후 그의 삶은 아프락사스를 발견하기 위한 여정으로 바뀌었습니다. 많은 갈등을 겪으며 나름대로 아프락사스의 의미를 이해한 그는 이 내용을 스스로의 삶에 반영합니다. 이후 일어난 전쟁에 참전한 것입니다. 싱클레어는 전쟁터에서 큰 부상을 당하지만 자신의 운명을 용기 있게 대면하여 얻은 이 결과를 받아들입니다.

그렇다면 그가 추구했던 아프락사스의 의미는 무엇일까요? 본래 아프락사스는 '신적인 것과 악마적인 것을 결합하는 어느 신성의 이름'을 뜻합니다. 세상에는 선한 것과 악한 것이 공존합니다. 우리는 대개 이 가운데서 어떻게 살아야 할지에 대한 고민을 하지 않습니다. 고민을 하며 싱클레어처럼 방황에 빠지지도 않고, 주변의 누군가가 깔아놓은 길을 그대로 간 뒤 자신이 원하지 않았다고 말하는 경우를 우리는 꽤 자주 찾아볼수 있습니다. 지금 이 글을 읽는 여러분들은 어떤 삶을 살고 있는지요?

데미안은 '태어나려는 자는 하나의 세계를 깨뜨려야 한다' 고 말했습니다. 우리 주변에 있는 알은 무엇일까요? 다른 사람들의 편견일 수도 있고, 나 자신이 정한 한계일 수도 있습니다. 중요한 것은 한계를 돌파하기 위해서는 우리가 이 사실에 주목하고 관련된 어려움을 이길 수 있도록 노력해야 한다는 사실입니다. 이 가운데 가장 중요한 것은 다른 사람들이 주입한개념이 아니라 스스로 결정한 마음속의 이념에 따라 행동해야 한다는 사실입니다. 아마 수레바퀴 아래서의 주인공도 같은 것을 원했을지도 모르겠습니다. 우리는 그의 생각을 아래의 대화를 통해 확인할 수 있습니다.

"태어날 때부터 나는 어린 양과 같아서 비눗방울처럼 떠다니기 쉬웠지만 규율에 대해서는 어떤 종류의 것이건, 특히 소년 시절에는 항상 반항적인 태도를 취했다. '너는 무엇을 해야 한다'는 말을 듣기만 해도 나의 마음은 완전히 그것을 외면하려 했고, 성격도 점점 더 고집스러워졌다. 이런 특성이 나의 학교 시절에 얼마나 큰 불리함으로 작용했는지는 상상하기 어렵지 않을 것이다."

"내가 사랑하는 유일한 덕목의 이름은 '제멋대로' 이다. 제멋대로인 자가 복종하는 것은 신성한 자기 속에 있는 유일하고 무조건적인 규칙, 곧 자기가 가진 그대로의 마음이다."

　물론 모든 것에 반항적인 태도는 좋지 않습니다. 다만, 주변에서 당연하다고 생각하는 것에 의문을 갖고 이를 해결해보는 것은 어떨까요? 진정한 학문의 시작은 그곳에서부터 시작됩니다. 옳다고 생각하는 일을 행하는 가운데 우리의 마음을 다잡고 내가 세상에 온 이유를 찾아내는 것도 큰 도움이 될 것입니다. 우리는 모두 이렇게 할 수 있는 능력을 갖고 있습니다. 헤세의 생각 또한 우리와 다르지 않았습니다.

"실제로 내가 살아보려고 시도한 방법은 저절로 내 안에서 나왔을 뿐이다. 어째서 그것이 그렇게까지 힘들었을까?"

귀곡자
상대방을 먼저 생각하라

일을 할 때 사람들이 고려해야 될 조건은 참 많습니다. 그 중에서도 우리가 중요하게 생각해야 될 것은 바로 '사람과의 관계'입니다. 사람들의 도움을 통해, 어려웠던 상황에서 새로운 힘을 얻기도 하지만, 내가 무심코 사람에게 했던 실수 하나 때문에 큰 손해를 보게 되는 경우도 있기 때문입니다. 그렇기 때문에 사람들은 예로부터 인간관계를 잘 활용하기 위해 많은 노력을 기울였습니다.

서양에서는 특히 데일 카네기가 유명합니다. 그는 자기관리론, 인간관계론 등을 통해 개인을 다스리고 다른 사람들에게 좋은 영향을 미치려면 어떻게 해야 되는지를 상세하게 설명하고 있습니다. 데일 카네기는 사람들과 이상적인 관계를 유지하려면 먼저 그 사람이 무엇을 원하는지 파악하고 내가 이를 만족시킬 수 있는 시스템을 구축해야 한다는 말을 합니다. 원래 사람들은 다른 이들로부터 무언가를 받기를 간절히 원합니다.

인간관계를 중시하는 동양에서도 당연히 이에 대한 연구가 이루어졌습니다. 대개 동양은 서양보다 관계를 중시하기 때문에 이는 어찌 보면 당연한 일이었습니다. 그렇다면 어떤 방법을 통해 사람과의 관계를 개선시킬 수 있을까요? 이를 알아보기 위해 함께 고대 중국으로 이동해보도록 합시다.

중국 전국시대의 인물 중에 장의와 소진이라는 사람이 있습니다. 우리가 한 번쯤 들어본 합종, 연횡술을 창안한 사람들입니다. 합종은 남북을 연합시킨다는 뜻이고, 연횡은 옆으로 이어진다는 뜻입니다. 이들이 이처럼 다양한 방법으로 연합했던 이유는 간단합니다. 혼자서 이길 수 없는 큰 적을 상대할 때 여럿이 힘을 합쳐 상대하는 것이 힘의 소비도 적고 효율적이기 때문입니다. 그래서 후대의 사람들은 이 두 사람을 가리켜 종횡가라는 표현을 사용했습니다.

그런데 그들에게는 스승이 있었습니다. 귀곡자라는 이름을 사용했던 인물로 전설에 따르면 그의 성은 왕씨고 이름은 후인데 귀곡에서 은거했기 때문에 귀곡자 또는 귀곡 선생이라 불렸습니다. 그의 사상이 담겨있는 책이 "귀곡자"이지요. 귀곡자는 사람의 심리를 잘 파악하고 특정상황에서 필요한 것을 정확하게 알아채는 능력이 있었습니다. 때로는 상대의 허점을 이용하기도 하고 상대방에게 꼭 필요한 것을 주며 유익한 관계를 만들어나가기도 했지요. 사실 귀곡자는 전국시대 최초의 심리학자라고 할 수 있습니다.

귀곡자를 통해 우리가 알 수 있는 것은 일을 시작하고 마칠 때 필요한 전반적인 사항입니다. 지켜야 할 것과 버려야 할 것들이 적절히 표현되어 있어 읽으면 큰 도움이 되지요. 사람들과의 관계에서 어려움을 겪는 사람들 역시도 이 책을 통해 큰 도움을 얻을 수 있습니다. 그렇다면 우리가 귀곡자에서 배울 수 있는 내용은 무엇일까요?

먼저 귀곡자에서는 일의 시작단계에서 중요한 개념으로 패합(捭闔)을 말합니다. 패는 열고, 합은 닫는다는 뜻이지요. 나와 함께 있는 사람들의 의도를 듣고 그 사람과 앞으로 같이 할 것인지 아닐지를 결정해야 한다는 의미입니다. 만약 목적이 자신과 일치한다면 열어서 그 사람을 받아들이고 그렇지 않다면 닫고 내게 들어올 가능성을 미리 차단해두는 것이지요.

이후에는 반응(反應)과 내건(內揵)을 통해 상대방을 이해하고 더 좋은 관계를 형성하도록 해야 합니다. 주로 상대방의 의견을 들으며 이 사람이 어떤 성향을 가졌는지를 분석하고(反應) 나와 맞는 부분이 있다는 판단이 들면, 그 사람과의 관계를 돈독하게 만들어야 하는 것이지요(內揵). 이때 가장 중요한 것은 내 의견을 말하는 것보다는 상대방의 생각을 이해하고 상대의 생각과 나의 마음을 일치시키는 것입니다. 예로부터 다른 사람을 설득할 때 가장 중요한 요소는 상대방의 숨은 의중을 아는 것이었지요. 그런 점에서 귀곡자는 상대방을 이해하면 이를 통해 더 좋은 결과가 나온다는 것을 경험을 통해 알고 있었는지도 모릅니다.

그 다음에는 무엇을 해야 할까요? 귀곡자는 다음 단계로 위험을 없애고 시대의 흐름을 따라가야 한다는 개념인 저희(抵巇)와 오합(忤合)을 강조합니다. 저희는 향후에 있을 위험을 미리 대비한다는 점에서 우리에게 시사하는 바가 많습니다. 대부분의 기업에서 사업의 성공 가능성을 점치며 많은 부분을 조사하지만 생각만큼 사업이 번창하지 못하는 경우가 있는데 그 원인은 대개 위험요소를 예상하는데 차질이 있었거나, 관련 대안을 마련하는데 실수를 했기 때문입니다. 그리고 열심히 준비했지만 시대에서 요구하는 바가 아닌 경우에도 대개 일은 실패하기 마련입니다. 만일 스마트폰이 20년 전에 나왔다면 어땠을까요? 아마 지금만큼 사람들의 관심을 끌기는 어려웠을 것입니다. 그냥 단순히 재미있는 기계로 남았을 가능성이 크지요.

이후에 귀곡자는 정보에서 우위를 보여야 한다는 췌마(揣摩), 상대방을 높여서 꼼짝 못하게 만들어야 한다는 뜻의 비겸(飛鉗), 말의 힘으로 상황을 주도하는 권(權), 사람을 움직여 일을 성사시키는 모(謀) 등을 강조합니다. 물론 더 많은 내용들이 귀곡자를 채우고 있지요. 궁금하신 분은 귀곡자를 읽어보시기 바랍니다. 저자는 귀곡자이지만 번역한 사람과 이에 대한 생각을 담아 책으로 낸 사람들이 각각 다르니 이 사람들의 생각 차이를 확인하며 대조하는 것도 좋은 경험이 될 것입니다.

저는 "귀곡자"에서 가장 중요하게 생각해야 될 부분이 일의 시작을 결정하는 패합편이라고 생각합니다. 우리는 일의 시작단계에서 제일 많이 고민합니다. 내가 하고 있는 일이 바른 것일까? 나는 좋은 사람들과 일하게 되는 것일까? 등등 우리가 생각하고 있는 고민을 덜 수 있는 부분이 패합이기 때문에 우리는 이 부분을 세심하게 읽어볼 필요가 있지요.

영국의 철학자 베이컨은 '아는 것이 힘이다' 라는 말을 했습니다. 우리는 이 말을 단순히 공부를 잘하라는 뜻으로 이해하면 안 됩니다. 베이컨이 의미한 바는 간단합니다. 단순히 지식을 아는 것에서 벗어나 사물의 원리와 현상을 이해하고 이를 삶에 적용시킬 수 있어야 한다는 뜻이지요. 우리는 전자는 많이 배우지만 후자는 거의 익힐 기회가 없어서 대학교를 졸업하고도 스스로 생각할 수 없는 경우가 많습니다.

그런 면에서 귀곡자는 우리에게 많은 귀감이 됩니다. 전국시대에 많은 사람들이 활용해서 효과를 본 방법이기 때문입니다. 익히고 내 것으로 만들어서 더 좋은 방향으로 발전시키는 것이 좋지 않을까 하는 생각이 들었습니다. 우리는 끊임없이 무언가를 배우는 존재이니까요. 실수를 할 때도 있고 생각하는 것만큼 결과가 나오지 않을 때도 있습니다마는 그 과정을 통해서 성장하고 향후에 더 좋은 결과를 낼 수 있습니다.

실수를 줄이는 가장 좋은 방법은 과거의 경험(그 중에서도 실수)을 배우는 일입니다. 그런 점에서 귀곡자의 저서는 우리에게 좋은 사례가 되지 않을까 생각해봅니다. 일의 준비단계부터 우리가 알아야 할 주옥 같은 지식이 담겨있으니 읽으면서 이를 다시 한 번 생각해보시기 바랍니다. 사람을 만나고 좋은 관계를 형성하는 것이 어려운 사람들에게 귀곡자는 큰 도움이 될 것입니다. 이 글을 읽고 나서 귀곡자를 제대로 만나보는 것은 어

떨까요? 어떤 때는 친구로서, 어떤 때는 엄한 스승으로서 귀곡자는 우리
에게 많은 가르침을 줄 것입니다.

유토피아
이상적인 세계는 진정 있는가?

플라톤 철학에서 이데아는 매우 중요한 개념입니다. 세상의 모든 사물에는 가장 이상적인 형태가 존재하지만, 그 형태는 이 세계에 존재하지 않습니다. 흔히 이데아는 동굴의 비유로 설명됩니다. 플라톤은 동굴 안에, 몸이 묶여 바깥쪽을 보지 못하는 죄수가 있다고 가정합니다. 입구에서 무언가가 움직이게 될 경우 죄수들이 볼 수 있는 것은 그림자뿐이지요. 하지만 죄수들은 그림자를 실체라고 생각합니다. 플라톤은 이런 상황을 예로 들며 죄수들이 보는 그림자를 '현상세계' 동굴 바깥의 실체를 '이데아'라고 말합니다.

플라톤 이후 이 이데아는 많은 사람들에 의해 연구됩니다(물론 지칭하는 이름은 조금씩 다릅니다). 비슷한 개념으로 기독교의 천국, 불교의 극락을 들 수 있습니다. 물론, 도가에는 선계가 있지요. 우리가 이들의 생각을 이해하는 것은 매우 중요합니다. 이런 이상세계를 현실에서 이룰 수 있을지 없을지가 중요한 것은 아니지만, 이들이 각각의 이상세계를 도출하게 된 배경을 알면 현실을 이해하는데 큰 도움이 되기 때문이지요. 그 시대 사람들의 생각이 담겨있다는 점에서 이데아는 연구할 만한 가치가 있습니다.

1500년대의 영국에서도 플라톤과 비슷한 고민을 했던 사람이 있습니다. 바로 토머스 모어이지요. 그는 왜 이상세계에 대해 고민하게 된 것일까요? 그의 생각을 통해 우리는 무엇을 배울 수 있을까요? 하나하나 알아보도록 합시다.

토머스 모어가 한 말 중 가장 유명한 것은 아마도 '양이 사람을 잡아먹는다' 일 것입니다. 양이 난폭해지기라도 한 것일까요? 왜 그는 양이 사람을 잡아먹는다고 말한 것일까요? 그 이유는 영국에서 진행된 인클로저(enclosure) 운동과 관련이 있습니다. 인클로저 운동은 산업혁명이 태동하는 시점에 영국에서 일어난 대표적인 변화입니다. 수많은 농민들이 쫓겨나 빈민으로 몰락하게 된 계기를 제공한 운동이지요. 사실, 인클로저 운동의 초기 목적은 목축업의 자본주의화였습니다. 그런데 그 방법이 공용지의 땅에다 남이 사용할 수 없도록 말뚝을 박는 것이었습니다. 좀 비상식적이라고 해야 할까요? 땅을 빼앗긴 농민들은 공장이 많이 세워진 도시로 건너간 뒤, 하층 노동자로 전락하게 됩니다. 일제 강점기에 우리를 지배했던 일본이 실시한 '조선토지조사사업' 역시 비슷한 결과를 가져왔습니다. 조선의 농민들은 땅을 빼앗기고 빈민층으로 전락하게 되죠. 아마 이를 기획한 사람은 영국의 역사를 정확하게 알고 있었다는 생각이 듭니다. 그 방법이 인클로저 운동과 매우 흡사했기 때문이지요.

다시 인클로저 운동으로 돌아가보겠습니다. 영국은 이렇게 빼앗은 토지를 양을 기르는데 사용했습니다. 그 당시에는 양모(양털)가 매우 귀했기 때문에 생산량이 많으면 비싼 값에 팔 수 있었기 때문이지요. 결국은 양모로 벌어들인 돈 때문에 많은 농민들이 죽음의 위기에 직면했습니다. 양이 직접적으로 사람을 잡아먹는 행동은 하지 않지만 양으로 인해 사람들이 죽게 된 것이지요. 이런 사태를 모어는 '양이 사람을 잡아먹는다' 는 말로 비판한 것입니다. 이 말은 그의 작품인 "유토피아"에 기록된 것이지요.

유토피아는 그리스어의 ou(없다), topos(장소)를 조합한 말로, '어디에도 없는 장소' 라는 의미입니다. 즉, 현실에서는 존재하지 않는 이상적인 사회를 일컫는 말이지요. 그가 어디에도 없는 세계를 정의한 이유는 무엇일까요? 우리가 토마스 모어의 마음을 읽을 수는 없겠지만 저는 인클로저 운동으로 황폐화 된 현실을 그가 비판하고 싶었기 때문이 아닌가 하는 생각을 해보았습니다. 이상세계는 어디에도 없고 우리가 살고 있는 현실은 비합리주의적이라는 우회적인 비판인 것이지요.

토마스 모어는 유토피아를 어떻게 묘사했을까요? 먼저 유토피아는 상상의 섬으로 총 인구는 10만 명입니다. 주민들은 가족 단위로 편성됩니다. 50가구가 모여서 하나의 집단을 이루고 '시포그란트(대표)' 를 선출합니다. 이들이 모여 평의회를 이루고 '왕' 을 선출하지요(이 왕은 전제군주가 되면 퇴위를 당합니다). 유토피아에는 자폴렛이라는 용병이 있는데 전투

중에 적들과 함께 죽기 때문에 군사독재는 일어나지 않습니다. 화폐가 없고, 모든 사람들은 하루 6시간 동안 노동을 해야 합니다. 집은 똑같고 자물쇠는 없으며, 타성에 젖지 않기 위해 10년에 한 번씩 이사를 해야 하죠. 필요한 물건은 시장에서 가져다 쓰면 그것으로 충분합니다.

물론 이런 견해는 사람의 욕망을 제외한 순수한 형태라는 점에서 오늘날 많은 사람들의 동의를 구하기는 어렵다는 한계가 있습니다. 주민들이 집단을 이루어 시포그란트를 선출하게 될 경우, 일반적으로 우리들이 생각할 수 있는 것은 이들이 자신에게 속한 주민들의 이익을 위해 다른 사람들이 누리고 있는 것을 빼앗아 올 수도 있다는 점입니다. 똑같이 노동을 하는 것도 문제입니다. 사람들은 대개 노동을 하지 않고 편안한 삶을 누리려 하기 때문에, 어떻게든 다른 누군가를 이용하려고 하기 때문이죠. 토마스 무어가 유토피아를 어디에도 없는 세계라고 말한 이유가 이 때문인지도 모릅니다.

어디에도 없는 세계를 우리가 알아야 하는 이유는 무엇일까요? 중요한 것은 이를 통해 저자인 토마스 모어가 말하고자 하는 바를 이해하는 일입니다. 그는 유토피아를 쓰면서, 당시 영국의 비상식적인 행동이 멈추기를 바랬을 것입니다. 자신이 생각한 방법이 이상적인 것은 아닐지라도 정책을 집행하는 사람들에게 경각심을 주길 바랬던 것이지요. 많은 사람들이 소극적인 방법이라고 비판을 할 수도 있겠지만 이런 방식으로라도 현실에 참여하려고 했던 그의 노력이 엿보이는 점이라 할 수 있겠습니다.

우리가 고전을 읽는 이유는 간단합니다. 우리는 고전을 통해 그 시대의 저자가 생각했던 현실의 문제를 다시 살펴볼 수 있습니다. 그의 생각이 어떻게 전개되는지 확인하고 이를 현실사회에 적용시킬 수 있는 것이지요. 만약 이런 자료들이 없다면 우리는 처음부터 이 모든 것들을 새롭게 생각해야 할 것입니다. 대개 이런 생활양식을 유지하는 것은 동물입니다. 사람은 동물과 달리 지식을 전승하고 발전시킬 수 있는 유일한 존재입니다. 현재 우리가 누리고 있는 문명의 이기와 편리한 생활도 이전부터 전해진 지식의 힘이 아닐까 하는 생각이 듭니다.

지금 우리가 살고 있는 곳은 유토피아일까요? 유토피아는 '어디에도 없는 곳'이니 지금 우리가 살고 있는 곳도 당연히 유토피아가 아닐 것입니다. 사실 지금 우리가 살고 있는 세상은 유토피아와 거리가 멉니다. 세계 곳곳에서는 자신의 이익을 관철시키기 위해 전쟁이 발생하고 있고, 약한 자의 것을 빼앗는 강자의 횡포가 기승을 부리고 있지요. 슬프지만 우리나라에서도 이런 일은 비일비재하게 발생하고 있습니다.

우리가 살고 있는 세상을 유토피아에 가깝게 만들기 위해 필요한 것은 무엇일까요? 단순히 선의만을 가지고 원하는 바를 이루기는 어렵습니다. 세상이 이전과 다르게 복잡해졌을 뿐만 아니라 생각해야 될 점도 많아졌기 때문이지요. 이상적인 세계를 만들기 위해서 가장 필요한 것은 현실을 철저하게 이해하는 것입니다. 이후 일어날 여러 가지 대안을 통해 더 나은 것들을 만들어나가는 과정이 절실히 요구됩니다. 우리는 무엇을 할 수 있을까요? 이에 대한 해답으로 유토피아라는 고전이 도움이 되기를 간절히 바랍니다.

에필로그

마이크로소프트를 창업한 빌 게이츠의 이미지를 한 번 생각해봅시다. 우리가 떠올릴 수 있는 것은 정말 많습니다. 돈이 많은 사람, 자선단체를 운영하며 세계에 유익함을 전하고 있는 사람, IT 기술의 최전선에서 혁신을 몸으로 실천하고 있는 사람 등 다양한 모습이 머릿속을 스칩니다. 사실 우리가 그로부터 떠올리는 이미지는 부정적인 것보다는 긍정적인 것이 더 많습니다. 범인의 기준으로 볼 때 그는 세상의 모든 것을 다 가진 듯 보입니다.

그러나 그도 두려워하는 것이 있습니다. 우리는 이에 대한 힌트를 1998년 워싱턴주 레드먼드시에서 50대 중반의 칼럼니스트가 그에게 던진 질문을 통해 얻을 수 있습니다. 빌 게이츠는 '가장 두려운 장애물이 무엇인가요?' 라는 질문에 '누군가가 차고에서 전혀 새로운 무언가를 개발하고 있지 않을까 두렵군요' 라고 답했습니다. 컴퓨터 황제에게서 뜻밖의 답변이 나오자 사람들은 의아해했습니다. 그가 무언가를 두려워하고 있다는 사실도 충격적이었는데다가 답변도 우리의 상식과는 많이 달랐기 때문입니다.

공교롭게도 그 해 7월 래리 페이지와 세르게이 브린이란 두 학생이 차고에서 회사를 설립합니다. 검색엔진에 관심이 많았던 그들은 인터넷 페이지에 연결된 링크를 활용하여, 사용자에게 유익한 정보를 빠른 속도로 찾아낼 수 있는 솔루션을 만든 뒤 큰 성공을 거둡니다. 우리가 잘 알고 있는 대로 이 회사는 현재 '구글'이라는 이름을 사용합니다. 검색광고, 스마트폰에 사용되는 안드로이드 운영체제, 구글 맵스, 구글 어스, 구글 글래스, 조립식 스마트폰 개발 프로젝트인 '아라' 등 세상을 바꿀 혁신적인 아이디어들이 이 회사에서 끊임없이 생산되고 있습니다.

우리의 예상과는 다르게 미국에는 차고에서 시작된 대기업이 많습니다. 포드 자동차, 아마존, 휴렛 팩커드(HP), 디즈니 등 미국 굴지의 기업을 일군 사업가들 모두가 이곳에서 첫 업무를 시작했습니다. 비록 시작은 초라했지만, 그들의 마음가짐은 이와는 비교할 수 없을 정도로 강했습니다. 세상을 바꾸고자 하는 열정으로 자신이 하는 일을 사랑하고, 주어진 시간을 한 순간도 허투로 쓰지 않으면서 자신의 재능이 세상에 꽃피우게 될 날을 꿈꿨습니다.

이 글을 읽는 모든 사람들이 알고 있다시피 한국의 환경은 미국과 많이 다릅니다. 무언가를 이루어보겠다는 꿈보다는 돈을 많이 벌어 잘살고 싶다는 마음을 더 많이 품습니다. 사실 그렇게 된 데는 다양한 원인이 있습니다. 학교나 학원에서 이루어지는 교육, 국가의 정책 등등 학생들의 가치관을 변화시킬 수 있는 요인이 주변 곳곳에 산재해 있습니다. 안타깝게도 학생들은 이런 위험에 거의 무방비로 노출되어 있지요. 그렇기 때문에 이제는 기존의 교육방식을 벗어나 새로운 변화를 모색할 때입니다. 하지만 이는 생각처럼 쉬운 일이 아닙니다. 만약 혼자의 힘으로 학교 수업 자체를 바꿀 수 없다면, 자신을 바꾸어야 하는데 사실 이 작업이 만만치 않습니다. 이 문제를 해결하려면 책을 읽고 공부하며 내가 가야 할 길이 무엇인지 끊임없이 생각해야 합니다.

저는 이 책을 통해 글을 읽는 모든 분들이 공부를 다른 시각으로 바라보는 시간을 가졌으면 합니다. 현재 우리 주변에 산재한 어려운 상황을 극복하기 위해 내 능력을 어떻게 활용해야 할지, 만일 능력이 부족하다면 어떤 방식으로 이 문제를 해결할 것인지 등을 고민해봅시다. 우리가 열심히 공부하는 목적은 삶에 유익한 무언가를 만들어내는 것입니다.

세상에는 좋은 것과 나쁜 것이 있을 뿐 네 것과 내 것은 없습니다. 부족한 것을 익히고 필요한 부분을 보완하며 앞으로 다가올 미래를 준비하는 것은 어떨까요? 우리 주변을 살펴보면 온전히 우리가 만들어 낸 것은 거의 없습니다. 그들 중 대부분이 예전에 다른 곳에서 들여온 기술인데도 불구하고 우리는 있는 것만 그대로 지키는 것에만 골몰한 나머지, 이를 발전시킬 생각을 전혀 하지 못했습니다.

우리의 능력도 마찬가지입니다. 학교나 단체에서 배운 내용이 세상의 전부라고 생각하지 말고, 끊임없이 개인의 능력을 향상시키는데 노력을 기울이시길 바랍니다. 이를 통해 깨달은 바를 주변과 나누며 이상적인 곳을 만들어 나갈 수 있다면 많은 사람들에게 큰 기쁨이 될 것입니다. 공부를 통해 자신의 행복을 찾는 사람들이 많아졌으면 합니다. 그 가운데 이 책이 조금이나마 도움이 될 수 있다면 제게는 큰 기쁨이 될 것입니다.

21세기 공부법

: 공부를 다른 시각으로 바라보는 공부법

1판 1쇄 발행 2015년 4월 10일
편저 정의석　**펴낸곳** 북씽크　**펴낸이** 최석원
주 소 서울시 성동구 행당동 192-29 성동샤르망 1019호　**전 화** 070-7808-5465
등록번호 제206-86-53244
ISBN 978-89-97827-60-0　**이메일** bookthink2@naver.com
Copyright ⓒ 2015 정의석

＊잘못된 책은 구입처에서 교환해 드립니다